Digitalisierung von Gesundheitsleistungen für Senior:innen

Adelheid Susanne Esslinger
Holger Truckenbrodt
Hrsg.

Digitalisierung von Gesundheitsleistungen für Senior:innen

Leistungsempfänger: innen gezielt ansprechen, gewinnen und unterstützen

 Springer Gabler

Hrsg.
Adelheid Susanne Esslinger
Hochschule Coburg
Coburg, Deutschland

Holger Truckenbrodt
Angewandte Sozialwissenschaften
Technische Hochschule Würzburg-Schweinfurt
Würzburg, Deutschland

ISBN 978-3-658-42114-4   ISBN 978-3-658-42115-1 (eBook)
https://doi.org/10.1007/978-3-658-42115-1

Die Deutsche Nationalbibliothek verzeichnet diese Publikation in der Deutschen Nationalbibliografie; detaillierte bibliografische Daten sind im Internet über https://portal.dnb.de abrufbar.

Planung/Lektorat: Margit Schlomski
Springer Gabler ist ein Imprint der eingetragenen Gesellschaft Springer Fachmedien Wiesbaden GmbH und ist ein Teil von Springer Nature.
Die Anschrift der Gesellschaft ist: Abraham-Lincoln-Str. 46, 65189 Wiesbaden, Germany

Das Papier dieses Produkts ist recyclebar.

Inhaltsverzeichnis

Adelheid Susanne Esslinger und Holger Truckenbrodt

Mit der Erwartung auf ein langes Leben eröffnet sich den Menschen in Deutschland zu Beginn des 21. Jahrhunderts eine Vielzahl an neuen Möglichkeiten. Dadurch steigt auch die Notwendigkeit der Gestaltung von Lebenssituationen in allen Lebensphasen. Die Altersfrage ist somit nicht ausschließlich eine individuelle, sondern eine bedeutende gesellschaftliche Frage geworden (Simonson et al. 2013, S. 410). Nebenbei hält die Digitalisierung Einzug in alle Lebensbereiche und führt uns in das Zeitalter „Deutschland 4.0" (Haegmann 2017, S. 9). Seit den technischen Errungenschaften in der Zivilisation nutzt der Mensch Technik, um sein Leben effektiver zu gestalten. Die Technik prägt seinen Alltag, und es gibt kaum noch Lebensbereiche, in denen Technologien keine wichtige Rolle spielen. Mit Augenmerk auf die Alterung der Gesellschaft haben kommerzielle Anbieter von Geräten und Dienstleistungen die Zielgruppe bereits entdeckt. Besonders im Hinblick auf die Individualisierung und Heterogenisierung der alternden Bevölkerung werden die Leistungen den spezifischen Anforderungen angepasst. Dabei steht für die älteren Menschen vermehrt die Frage nach Aufwand und Nutzen im Vordergrund. Im Vergleich zu jüngeren Menschen sehen die Älteren das Internet (noch) als einen weniger attraktiven Ort. Sie sehen eher Schwierigkeiten beim Kompetenzerwerb, die mit dem erwarteten Nutzen nicht im Verhältnis stehen. Dabei stellt sich die Frage, inwieweit der ältere Mensch durch die Nicht-Nutzung von bestimmten Technologien von der Gesellschaft ausgeschlossen wird

A. S. Esslinger (✉)
Hochschule Coburg, Coburg, Deutschland
E-Mail: susanne.esslinger@hs-coburg.de

H. Truckenbrodt
Angewandte Sozialwissenschaften, Technische Hochschule Würzburg-Schweinfurt, Würzburg, Deutschland
E-Mail: holger.truckenbrodt@thws.de

A. S. Esslinger, H. Truckenbrodt (Hrsg.), *Digitalisierung von Gesundheitsleistungen für Senior:innen*, https://doi.org/10.1007/978-3-658-42115-1_1

und eine sogenannte digitale Kluft entsteht (Schelling und Seifert 2010, S. 1–2). Ebenso werden auch die Felder im Sozial- und Gesundheitswesen immer mehr von Digitalisierung durchdrungen und prägen den Alltag. Dabei sind die Wechselwirkungen der Technisierung und den damit einhergehenden gesellschaftlichen Veränderungen nur schwer vorauszusehen (Hagemann 2017, S. 9). Eine Aufgabe der Wissenschaft ist es, das Zusammenspiel und die Wechselwirkungen der voranschreitenden Technisierung und des demografischen Wandels zu analysieren und zu bewerten (Assadi et al. 2020, S. 192), denn die Entwicklung, bedingt durch den demografischen Wandel stellt vor allem ländliche Regionen vor erhebliche Herausforderungen, eine lebenswerte Heimat und gleichwertige Lebensverhältnisse zu erhalten bzw. zu schaffen (BMEL 2016).

Anspruch der Gesellschaft sollte es sein, auch und insbesondere der alternden Bevölkerung im ländlichen Raum Lebensqualität zu ermöglichen, soziale Teilhabe zu fördern und gesellschaftliche Einbindung zu gewähren. Gesellschaftliche Teilhabe ist abhängig von sozioökonomischen Faktoren, der Unterstützung von familiären und freundschaftlichen Strukturen, aber auch von den infrastrukturellen Rahmenbedingungen bzw. Sicherungssystemen, die es zu stärken gilt (Jopp 2013; Kruse 2009). Doch der Diskurs um das Leben im Alter muss stärker als zuvor durch eine struktur- und kultursensible Brille betrachtet werden, denn auch den unterschiedlichen Lebensentwürfen muss Rechnung getragen werden. Um Diskriminierung und normierende Vorstellungen zu verhindern, sollte Diversität auch bei den Älteren in unserer Gesellschaft mitgedacht werden. Soziale Zuschreibungen und Bewertungen von außen sorgen dafür, wie sich ältere Menschen in unserer Gesellschaft vermeintlich auszurichten haben (Genske et al. 2020). In diesem Zusammenhang betont Hagemann (2017) die Möglichkeiten, bei technischen Erneuerungen proaktiv zu handeln und nicht nur zu reagieren. Der aktiven Mitgestaltung und konzeptionellen Arbeit sollen sich auch die Akteure im Sozial- und Gesundheitswesen stellen, zusammen mit den technischen Entwickler:innen und den Entscheidungsträger:innen der Wohlfahrt und der Politik. Jede technische Entwicklung stellt Weichen, die einmal etabliert nur schwer wieder rückgängig gemacht werden können (Hagemann 2017, S. 15). Im Fokus aller Bemühungen sollten also stets die Nutzer:innen stehen. Um diese soll es in diesem Herausgeberband „Digitalisierung von Gesundheitsleistungen für Senior:innen – Leistungsempfänger:innen gezielt ansprechen, gewinnen und unterstützen" gehen.

Im Anschluss an diese Einführung öffnet **Anne-Kathrin Olbrich** mit dem **zweiten Beitrag** „Soziale Teilhabe in digitalen Zeiten im ländlichen Raum" des Bandes den ländlichen Raum und beschreibt ihn als Ort der sozialen Teilhabe insbesondere in digitalen Zeiten mit seinen Besonderheiten. Thematisch wird zunächst auf die ländliche Raumentwicklung, die Versorgungssituation und die soziale Teilhabe insbesondere im Alter im Kontext der Digitalisierung eingegangen. Spezifischer wird der Begriff Digital Health erklärt und die Transformation des häuslichen Umfelds der alternden Bevölkerung in Bezug auf digitale und technische Kommunikations- und Assistenzsysteme im Alltag erläutert. Der Rahmen für die weiter folgenden, später auch eher empirisch und praktisch ausgerichteten Arbeiten ist geschaffen.

Im Zusammenhang mit der Entwicklung und Einführung neuer digitaler Technologien werden Einflussfaktoren des Kompetenzerwerbs im Alter beschrieben. Da das Ziel insbesondere die Förderung der Lebensqualität und Gesundheit der genannten Bevölkerungsgruppe beinhaltet, dienen die Ansätze Health Literacy und Empowerment als theoretische Grundlage. Der **dritte Beitrag** des Bandes „Das erweiterte Technikakzeptanzmodell zur Erklärung der Akzeptanz digitaler Leistungen durch die ältere Bevölkerung in ländlichen Räumen" fokussiert entsprechend auf ein erweitertes Technikakzeptanzmodell zur Erklärung der Akzeptanz digitaler Leistungen in der älteren Bevölkerung in ländlichen Räumen. Die Autor:innengruppe **Adelheid Susanne Esslinger, Florian Meier, Jonas Matthäus Scholz, Maria Schraud und Anne-Kathrin Olbrich** schafft einen theoretischen Bezugsrahmen für die Erklärung der erforderlichen Akzeptanz digitaler Angebote. Im Wissen darum, dass erst durch die Technikakzeptanz eine tatsächliche Verbesserung der Lebensqualität mit Hilfe entsprechender digitaler Lösungen dauerhaft greifen kann, ist dieser Beitrag wesentlich, um Licht in die vermeintliche „Einfachheit" der Lückenschließung zwischen Angebot und Nachfrage zu bringen. Hierbei wird auf das ursprüngliche Technikakzeptanzmodell zurückgegriffen und dieses um die benannten gesundheitswissenschaftlichen Erkenntnisse erweitert.

Im **vierten Beitrag** „Akzeptanz digitaler Gesundheitsleistungen im ländlichen Raum" der Autor:innen **Jonas Matthäus Scholz, Maria Schraud und Adelheid Susanne Esslinger** werden die Ergebnisse einer ersten empirischen Untersuchung, durchgeführt auf dem Ost-Hessischen Gesundheitstag 2019, vorgestellt. Im Mittelpunkt stehen Einstellungen gegenüber digitalen Lösungen zur Erhaltung der Lebensqualität. Ebenso wird dargestellt, welche Einflussgrößen sich auf Kaufentscheidungen auswirken, und hier insbesondere die Einflussnahme Dritter untersucht.

Es schließt sich **Beitrag 5** „Die Bedeutung der häuslichen Lebenssituation für die digitale Teilhabe älterer Menschen – Erkenntnisse aus der Befragung „Digi-Land"" an. Das Autor:innenteam **Florian Meier, Anna-Kathleen Piereth, Anne-Katrin Olbrich und Adelheid Susanne Esslinger** präsentiert Ausschnitte aus einer Befragung zweier Gemeinden im Landkreis Hersfeld-Rotenburg. Sie fokussieren hierbei auf die Fragen der Ausstattung mit Internetzugang und des Nutzungsverhaltens digitaler Lösungen von Menschen über 65 Jahren. Hierbei unterscheiden sie die alleine lebenden Senior:innen von denen, die in Mehrpersonenhaushalten leben. Es wird erkennbar, dass in der Stichprobe der 411 Teilnehmenden die Sozialkonstellation ein wesentlicher Einflussfaktor dafür ist, ob und wie digitale Teilhabe erfolgt oder nicht.

Beitrag 6 „Telemonitoring in der Therapie bei chronischer Herzinsuffizienz – Ergebnisse aus dem „sekTOR-HF"-Innovationsfondprojekt" der Autor:innengruppe **Olivia Hofmann, Patrick Andreas Eder, Asarnusch Rashid, Anja Partheymüller, Anja Müller, Frank Amort und Maria Schulze** erörtert die Potenziale des Telemonitorings für das spezifische Krankheitsbild der chronischen Herzinsuffizienz (HI) als dritthäufigste Todesursache in Deutschland. Es werden die Ergebnisse einer qualitativen Studie vorgestellt. Hierbei werden diverse Einflussfaktoren für die Umsetzung der Lösung mittels Telemonitoring deutlich. Insbesondere spielen Technologie-Akzeptanz, Gesundheitskompetenz, Empowerment und Selbstmanagement eine wesentliche Rolle für den Erfolg der innovativen Anwendung für eine ältere Zielgruppe.

Die Autor:innengruppe **Jessica Rietze, Isabell Bürkner, Monika Schak, Rainer Blum und Birgit Bomsdorf** der Hochschule Fulda fokussiert im **Beitrag 7** „Nutzerzentrierte Entwicklung von digitalen Assistenzsystemen in Smart-Home-Umgebungen für die Zielgruppe der Senior:innen Ü65" auf Smart-Home-Lösungen. Sie präsentieren drei qualitative Teilstudien, um nutzerzentrierte Aktivitäten des User-Centered-Design-Prozesses (kurz UCD-Prozess) zu untersuchen. In der ersten Teilstudie widmen sie sich der Frage der Akzeptanz technischer Geräte bei der Gruppe Ü65. Ebenso überprüfen sie, wie alterstypische Einschränkungen die Präferenzen und Akzeptanz verschiedener Assistenzsysteme und Interaktionsformen beeinflussen. In ihrer zweiten Teilstudie steht die Frage der Beschaffenheit der innovativen Anwendungen für die Gruppe der Ü65 im Fokus. Es gilt herauszufinden, wann eine solche Anwendung gebrauchstauglich ist und akzeptiert wird. Die dritte Teilstudie untersucht, wie ein smarter Spiegel im Alltag von Senior:innen unterstützend eingesetzt werden kann.

Im **Beitrag 8** „Digitale Selbstvermessungstechnologien und die Bedeutung für das Gesundheitsverhalten im Alter" wird von **Diana Hentschel** und Horst Kunhardt untersucht, wie digitale Wearables das Gesundheitsverhalten beeinflussen können. Auf Basis der theoretischen Ansätze zu Gesundheitsverhalten, -handeln und -kompetenzen werden die verschiedenen Aktivitätsphasen der Nutzer:innen analysiert und Einflussfaktoren auf das Handeln der Anwender:innen genauer erörtert. Dies gelingt auch mit Hilfe einer qualitativen Prä-Post-Untersuchung.

In einem Exkurs wenden abschließend die beiden Autoren **Marius Grom** und **Johannes Casimir Hiller** den Blick im **Beitrag 9** „Selbstverständnis und Wirkkraft ärztlicher Führungskräfte in der digitalen Transformation" auf die Ärzteschaft im klinischen Bereich und fokussieren auf die Berufsgruppe der Chefärzt:innen. Im ländlichen Raum spielt die Gewährleistung der stationären Versorgung eine wesentliche Rolle für die älter werdende Bevölkerung und deren gute Gesundheitsversorgung. Ärzt:innen sollten eigentlich als Vorbilder in Krankenhäusern gegenüber anderen Mitarbeiter:innen und auch Patient:innen dienen. Aufgrund ihres noch immer sehr hohen Ansehens in der Bevölkerung generell haben sie auch gegenüber der Gesellschaft Einfluss auf die Akzeptanz der Nutzung digitaler Unterstützungsleistungen der Älteren zum Aufrechterhalten ihrer Lebensqualität. Tatsächlich aber kommen die beiden Autoren durch ihre qualitativen Befragungen zu dem Ergebnis, dass ein substanzieller Beitrag von dieser Berufsgruppe zumindest im stationären Bereich aktuell nicht zu erwarten ist

Im *zweiten Teil* des Bandes schließen sich Kurzbeiträge an. Sie fokussieren auf pflegende Angehörige, bringen die Perspektiven eines Wohlfahrtsverbandes und eines kommunalen Dienstleisters auf die Thematik mit und geben einen Einblick in das Ehrenamtsengagement.

Der **Beitrag 10** von **Andrius Patapovas und Vera Antonia Büchner** mit dem Titel „Bewertung vorhandener digitaler Angebote für informell Pflegende" handelt von der sehr wichtigen Gruppe der informell Pflegenden in der Versorgungslandschaft. Hierbei werden Möglichkeiten und Chancen der Nutzung digitaler Hilfen und Unterstützungsangebote genauer untersucht. Es wird erörtert, wie und mit welchen Angeboten digitale Teilhabe informell Pflegender gelingen kann, und es werden digitale Kompetenzen thematisiert.

Der **Beitrag 11** von **Thomas Petrak und Frank Gerstner** „Digitalisierung aus Sicht eines Wohlfahrtverbandes: Herausforderungen und Perspektiven" nimmt einen Perspektivenwechsel vor und es berichten zwei Vertreter eines Wohlfahrtsverbandes. Sie teilen aus ihrer praktischen Erfahrung mit, welche Angebote vor Ort für Bedürftige bestehen, und verdeutlichen, dass die Zielgruppe der Senior:innen heterogen ist. Ihre Bedarfslagen auch im Hinblick auf Zugang zur Technik, Verständnis der Materie und Erlangung digitaler Kompetenzen sind sehr unterschiedlich und nicht alle Angebote schaffen für alle Gruppen denselben Mehrwert.

In dem **Beitrag 12** „Tableteinsatz bei Älteren – Ein Erfahrungsbericht aus dem Landkreis Hersfeld-Rotenburg" von **Dirk Hewig und Antje Tiedt** geht es um die Frage des Erhalts der Selbstständigkeit von Senior:innen und ihren möglichst langen Verbleib in ihren eigenen vier Wänden im ländlichen Raum. Im Landkreis Hersfeld-Rotenburg wurde dazu ein Förderprojekt umgesetzt, das durch digitale Teilhabe die Lebensqualität Älterer befördern soll. Der Beitrag gibt Aufschluss über das Projekt und seine Ergebnisse. Konkret geht es um den Tableteinsatz vor Ort bei Senior:innen und dessen Akzeptanz.

Mit dem kurzen **Beitrag 13** „Digitalisierung und Alter – wie geht das zusammen? Erfahrungen aus einer Ehrenamtsperspektive vom Dorf" von **Frank Klein** berichtet ein Ehrenamtlicher von seinen Erfahrungen im Dorf Schenklengsfeld. Dort werden die Älteren mit der Digitalisierung vertraut gemacht und während der Nutzung begleitet. Es gelingt, einen Mehrwert für die Bürger:innen auch in der späteren Lebensphase zu schaffen und ihre Selbstständigkeit zu erhalten. Insbesondere die technisch geschulten Älteren profitierten durch ihre neu erworbenen Kompetenzen in der Covid-19-Pandemiephase von den digitalen Möglichkeiten eines „virtuellen sozialen Miteinanders". Dennoch ist festzustellen, dass Senior:innen den persönlichen Kontakt aktuell weiterhin bevorzugen.

Der Autor **Frank Scheerer** beschreibt in seinem **Beitrag 14** „Das HICS: Haunecker Internet Café für Senioren – Senioren gehen online" die erfolgreiche Etablierung eines Senior:innentreffs, das speziell für das Erlernen digitaler Fähigkeiten und das Aneignen spezieller Kompetenzen eröffnet wurde. Er berichtet über die Organisationsform, ihre Ziele und die gemachten Erfahrungen vor, während und nach Corona. Insbesondere ist die 1:1-Betreuung für die älteren Menschen in den Lernphasen aus seiner Sicht wichtig für den Erfolg des HICS, das zwischenzeitlich zu einem festen Angebot in der Gemeinde geworden ist.

Literatur

Assadi G, Manzeschke A, Kemmer D (2020) Gutes Leben im Alter? Ethische und anthropologische Anmerkungen zu technischen Assistenzsystemen. In: Woopen C, Janhsen A, Mertz M (Hrsg) Alternde Gesellschaft im Wandel. Zur Gestaltung einer Gesellschaft des langen Lebens. Springer, Berlin/Heidelberg, S 191–203
BMEL (2016) Bericht der Bundesregierung zur Entwicklung der ländlichen Räume 2016. Zweiter Bericht der Bundesregierung zur Entwicklung der ländlichen Räume. (Bundesministerium für Ernährung und Landwirtschaft). Berlin

Genske A, Janhsen A, Mertz M, Woopen C (2020) Alternde Gesellschaft im Wandel. In: Woopen C, Janhsen A, Mertz M (Hrsg) Alternde Gesellschaft im Wandel. Zur Gestaltung einer Gesellschaft des langen Lebens. Springer, Berlin/Heidelberg, S 1–8

Hagemann T (2017) Digitalisierung und technische Assistenz im Sozial- und Gesundheitswesen. In: Hagemann T (Hrsg) Gestaltung des Sozial- und Gesundheitswesens im Zeitalter von Digitalisierung und technischer Assistenz. Nomos Verlagsgesellschaft mbH & Co. KG, Baden-Baden, S 9–18

Jopp D (Hrsg) (2013) Zweite Heidelberger Hundertjährigen-Studie: Herausforderungen und Stärken des Lebens mit 100 Jahren. Studie in der Reihe „Alter und Demographie". Robert Bosch Stiftung, Stuttgart

Kruse A (2009) Altersbilder in anderen Kulturen: Studie in der Reihe „Alter und Demographie". Robert Bosch Stiftung, Stuttgart

Schelling HR, Seifert A (2010) Internet-Nutzung im Alter: Gründe der (Nicht-)Nutzung von Informations- und Kommunikationstechnologien (IKT) durch Menschen ab 65 Jahren in der Schweiz. Zürcher Schriften zur Gerontologie (7)

Soziale Teilhabe in digitalen Zeiten im ländlichen Raum

Anne-Katrin Olbrich

2.1 Ländlicher Raum – die Beschreibung eines typischen Lebensraums

Der heute als oftmals schwach bezeichnete ländliche Raum läuft der Gefahr entgegen, sich in eine Abwärtsspirale zu begeben. Zu beobachten ist, dass die junge Generation meist aus fehlenden beruflichen Perspektiven heraus vom Land in die Stadt zieht und die ältere Generation zurückbleibt. Neben der steigenden Lebenserwartung sind oftmals schwache Geburtenraten zu registrieren. Die sinkende Bevölkerungszahl in ländlichen Räumen führt zu Schulschließungen, Zentralisierung von Ämtern, einer wegbrechenden Nahversorgung von Gütern des täglichen Bedarfs, ausgedünntem öffentlichen Personennahverkehr, Leerständen und Versorgungsproblemen. Aus diesen Gründen wird es für die betroffenen Kommunen finanziell immer schwieriger, den Verbleibenden ein attraktives Umfeld zu bieten (BMEL 2016a, S. 10; Berlin-Institut für Bevölkerung und Entwicklung 2012, S. 1). Doch gilt es als politischer Auftrag der jeweiligen Bundesregierung, auf Basis des Raumordnungsgesetzes § 2 ROG des Bundes im Gesamtraum Deutschland und in seinen Teilräumen ausgeglichene soziale, infrastrukturelle, wirtschaftliche, ökologische und kulturelle Verhältnisse anzustreben.

Aber gibt es „den" ländlichen Raum überhaupt? In Deutschland herrschen große Unterschiede zwischen Regionen, ebenso zwischen Dörfern, die im Umland von Städten liegen, und Dörfern in der Peripherie (Altrock et al. 2005, S. 8). Die Ländlichkeit ist nach dem Thünen Institut (2016) „[…] tendenziell umso ausgeprägter, je geringer die Siedlungs-

A.-K. Olbrich (✉)
Verband der Ersatzkassen e. V. (vdek); Landesvertretung Sachsen, Dresden, Deutschland
E-Mail: anne-katrin.olbrich@vdek.com

A. S. Esslinger, H. Truckenbrodt (Hrsg.), *Digitalisierung von Gesundheitsleistungen für Senior:innen*, https://doi.org/10.1007/978-3-658-42115-1_2

dichte, je höher der Anteil land- und forstwirtschaftlicher Fläche, je höher der Anteil der Ein- und Zweifamilienhäuser, je geringer das Bevölkerungspotenzial und je schlechter die Erreichbarkeit großer Zentren ist" (BMEL 2016b, S.2). Ländliche Räume lassen sich dadurch keiner in sich geschlossenen und eindeutigen Kategorie zuweisen (Altrock et al. 2005, S. 8). In Deutschland zeigen sich in der Entwicklung erhebliche Ungleichheiten, denn der Wandel vollzieht sich je nach Region unterschiedlich stark und ist insbesondere in Ostdeutschland bereits weiter fortgeschritten als im Westen (BMEL 2016a, S. 4). Neben ländlichen Regionen, die wirtschaftlich prosperieren und eine gute Anbindung an Zentren genießen, gibt es Regionen, „[...] die durch Abwanderung und Alterung der Bevölkerung, fehlende Arbeitsplätze, Gebäudeleerstand, angespannte Kommunalfinanzen, Defizite der Grundversorgung und peripherer Lage gekennzeichnet sind" (ebenda 2016, S. 4). Die Herausforderungen dieser Strukturen sind weitaus andere als die der Ballungsräume. Der Bevölkerungsrückgang wirkt sich allerdings nicht nur in ostdeutschen peripheren Regionen aus, sondern betrifft bereits auch viele westliche Regionen. Zudem ist prognostiziert, dass die ohnehin schon dünn besiedelten und schrumpfenden Regionen weiterhin eine überdurchschnittliche Zahl an Einwohnern verlieren werden. Hierbei sind sogenannte Push- und Pull-Faktoren zu beschreiben, welche sich auf die Bevölkerungsbewegung auswirken. Während Regionen mit wirtschaftlicher Schrumpfung Anteile der Bevölkerung verlieren, ziehen die mit wirtschaftlichem Wachstum neue Bevölkerungsteile an (Milbert 2015, S. 4). Diese macht sich durch die Abwanderung Jüngerer, aber auch durch den Zuzug von Senior:innen insbesondere in landschaftlich attraktive Regionen bemerkbar. Als Konsequenz liegt der Anteil der älteren Bürger:innen in vielen ländlichen Regionen stark über dem Bundesdurchschnitt (BMEL 2016a, S. 10). Strukturschwache Regionen im ländlichen Raum sind außerdem in vielfältiger Weise von dem Abbau der Daseinsvorsorge betroffen. Damit einher gehen die Ausdünnung und Zentralisierung von Angeboten und Dienstleistungen. Als Ankerpunkt der Versorgung nehmen daher umliegende Orte in der Größe von Klein- und Mittelstädten an Bedeutung zu, wodurch sie elementare wirtschaftliche, soziale und kulturelle Zentren werden (ebenda 2016a, S. 22).

2.2   Versorgungssituation im ländlichen Raum

Zwar ist es ein politisches Ziel, gleichwertige Lebensverhältnisse in ganz Deutschland zu schaffen, gleichwohl aber ist die Zukunft von ländlichen Räumen vom Wegbrechen der Basisdienstleistungen und der Grundversorgung bedroht. In den letzten Jahren konnten sich insbesondere kleinere Lebensmittelgeschäfte nicht mehr halten und mussten aufgrund der verminderten Kund:innenzahlen schließen. Durch die individuelle Motorisierung vieler Menschen hat sich das Nutzungsverhalten zugunsten größerer Märkte entwickelt. Auf der einen Seite nehmen die Angebote der Basisdienstleistungen und der Grundversorgung vielerorts ab oder sind bereits nicht mehr vorhanden. Auf der anderen Seite nimmt die Zahl der Hochbetagten, die nicht mehr selbstständig am Autoverkehr teilnehmen können, zu. Besonders ältere, immobile Menschen sind dann vermehrt auf die Unterstützung Dritter angewiesen. Ohne diese Hilfe können sie ihre notwendigen Einkäufe, aber auch Arztbesuche oder Behördengänge nicht mehr durchführen (BMEL 2016a, S. 25). Neben der eingeschränkten Mobilität im steigenden Alter nimmt auch die Zahl der chronischen Erkrankungen zu. Durch die steigende Lebenserwartung und höhere Wahrscheinlichkeit der Multimorbidität kommt es in Deutschland zu einem erhöhten Bedarf und vermehrter Nachfrage nach medizinischen und pflegerischen Dienstleistungen. In den ländlichen Regionen steigt der Pflegebedarf zudem stärker als in städtischen und auch die medizinische Versorgung wird durch die „doppelte Alterung" von Patient:innen und Hausärzt:innen deutlich erschwert. Neben dieser Problematik ist zudem davon auszugehen, dass die Zahl der Arbeitskräfte im Gesundheitswesen weiter rückläufig sein wird. Diese Entwicklung stellt vor allem die Gesundheitsversorgung Älterer in ländlichen Regionen vor Herausforderungen, da sich immer weniger Praxen und Kliniken in diesen Regionen ansiedeln (Rechel et al. 2013; Milbert 2015; BMEL 2016a, S. 22). Der Veränderungsbedarf der Sicherstellung der medizinischen Versorgungssituation in Deutschland macht sich unter anderem in der neueren Gesetzgebung, wie dem Terminservice- und Versorgungsgesetz (TSVG) und der neuen Bedarfsplanungs-Richtlinie, bemerkbar. Hierbei wird der Abbau der Ungleichheit der Versorgungsangebote zwischen Stadt und Land angestrebt (BMG 2019). Im Sinne des grundgesetzlich fixierten Sozialstaatsprinzips sollen möglichst gleichwertige Lebensverhältnisse in ganz Deutschland gewährleistet werden (Steinführer und Küpper 2020). Busse et al. (2017) machen deutlich, dass ein gleichberechtigter Zugang zu einer bedarfsgerechten Gesundheitsversorgung den Versicherten zur Verfügung stehen sollte, wofür Krankenkassen und Leistungserbringer zuständig sind (Busse et al. 2017). Im stationären Bereich können zum Zeitpunkt der Veröffentlichung die Länder nach dem Krankenhausfinanzierungsgesetz (KHG) Krankenhauspläne aufstellen, die sehr unterschiedlich ausgestaltet werden. Ob eine detaillierte oder lediglich eine Rahmenplanung vorgenommen wird, steht den Ländern offen. Auch haben die Länder die Kompetenzen, nach dem Krankenhausplanungsrecht auf die regionalen Bedürfnisse zu reagieren (Prütting 2009).

Um die flächendeckende Versorgung im ambulanten Bereich zu gewährleisten, wurde die vertragsärztliche Bedarfsplanung in den 1990er-Jahren erstmals festgelegt und stellt die Anzahl der Ärzte auf 1000 Einwohner:innen dar (Gerlinger 2013). Die Bedarfsplanungs-Richtlinie enthält Angaben über die bedarfsgerechte Verhältniszahl, die für jeden Raumgliederungstyp und jede Arztgruppe festgelegt ist. Eine Unterversorgung tritt ein, wenn die Ärztezahl unter 25 % in der hausärztlichen Versorgung und unter 50 % in der fachärztlichen Versorgung des festgelegten Bedarfs sinkt. Eine Überversorgung ist gegeben, wenn die Verhältniszahl um mehr als 10 % überschritten wird (ebenda 2013). Im Jahr 2019 wurde vom Gemeinsamen Bundesausschuss (G-BA) eine Reform zur Bedarfsplanungs-Richtlinie beschlossen, da die Richtlinie kritisiert wurde, zu veraltet, zu ungenau und zu wenig flexibel zu sein. Hierbei sollten nach Aufforderung des Gesetzgebers die Verhältniszahlen (Einwohner-Arzt-Relation) nochmals überprüft und angepasst werden. Neben der Weiterentwicklung der Verhältniszahlen sollen auch die demografische Entwicklung und die Sozial- und Morbiditätsstruktur in einer kleinräumigeren Planung berücksichtigt werden (Uhlemann und Lehmann 2019; G-BA 2019). Trotz der Bedarfsplanungs-Richtlinie

korreliert die Häufigkeit von Niederlassungen der Vertragsärzt:innen positiv mit der Anzahl wohnhafter Privatpatient:innen und negativ mit wohnhaften Sozialhilfeempfänger:in-
nen (Gerlinger 2013). Dies wird als ein Hinweis auf die Standortentscheidung von Ärzt:in-
nen aufgrund der Privatliquidation der Bewohner:innen im Planungsbezirk gesehen. Das
zeigt, dass die derzeitige Bedarfsplanung offenbar nicht dazu geeignet ist, eine tatsächliche bedarfsgerechte Versorgung in der Bevölkerung zu gewährleisten (ebenda 2013). Die
demografische Realität und deren Folgen sowie fehlende Infrastruktur im ländlichen
Raum machen es für Ärzte unattraktiv, sich in Bezug auf die eigene Wohlfahrt und Lebensqualität in unterversorgten Gebieten niederzulassen. Die Attraktivität der Niederlassung in
dünn besiedelten und schwachen Regionen sinkt zudem für Fachkräfte und Pflegepersonal
(Milbert 2015).

So stellt sich die Frage, wie man trotz dieser Entwicklung eine Versorgung sicherstellen
kann. Insgesamt sind ein Umbau des bestehenden Systems und ein Umdenken hinsichtlich
der medizinischen Versorgung notwendig. Auch aus diesen Gründen übernimmt die Digitalisierung im Gesundheitswesen eine wichtige Rolle und Aufgabe (Seel und Rossmann
2020). Im ländlichen Raum wird versucht, die Daseinsvorsorge mit digitalen Angeboten zu
stärken. Dafür wurde beispielsweise das Modellvorhaben „Smarte LandRegionen" als ein
Teil des Bundesprogramms Ländliche Entwicklung vom Bundesministerium für Ernährung
und Landwirtschaft mit 25 Mio. € unterstützt. Mit Video-Sprechstunden und Ruf-Bussen
soll die Digitalisierung auch in die Dörfer einziehen und den Alltag erleichtern (BMEL
2020b). In Deutschland ist ein Breitbandanschluss in der heutigen Zeit eine Grundvoraussetzung für die Teilhabe am gesellschaftlichen und wirtschaftlichen Leben. Anspruch der
Bundesregierung war es bis 2018, eine flächendeckende Versorgung mit einer Über-
tragungsgeschwindigkeit von mindestens 50 Mbit/s sicherzustellen (BMEL 2016a, S. 36).
Bei der Umsetzung der staatlichen Maßnahmen werden dennoch bis heute einige Schwachstellen, wie die Bereitstellung des leistungsfähigen Breitbandinternets in ländlichen Regionen, deutlich.

2.3 Soziale Teilhabe in Zeiten der Digitalisierung im Alter

2.3.1 Implikationen des Alters

Ältere Menschen bilden keine homogene Gruppe (Simonson et al. 2013, S. 410). Die Vielfalt von Lebenssituationen und Altersverläufen bedingt sich durch gesellschaftliche Differenzierung und soziale Ungleichheit. Dies wird vor allem in den unterschiedlichen Zu-
gängen zu Ressourcen deutlich, welche die Lebenschancen einer Person beeinflussen.
Dadurch wird die soziale Ungleichheit im Hinblick auf die gesellschaftliche Teilhabe
unter Berücksichtigung der Sozialstruktur und der sozialräumlichen Aspekte erkenntlich
(ebenda 2013, S. 410). Im Deutschen Alterssurvey (DEAS) hat sich zudem herausgestellt,
dass Gruppen mit niedrigerem Einkommen und geringerer Bildung auch weniger Res-

sourcen zur Aufrechterhaltung der eigenen Gesundheit besitzen. Ressourcen können dabei finanzielle Mittel, soziale Beziehungen, aber auch Wissen über Gesundheit und Gesundheitsverhalten sein. Die Gesundheit nimmt in der zweiten Lebenshälfte oft einen höheren Stellenwert ein als zuvor und beeinflusst maßgeblich viele persönliche Lebensbereiche (Spuling et al. 2019, S. 369). Die Unterschiede im Gesundheitszustand verändern sich über den Lebensverlauf hinweg und liegen erneut auch in sozialen Ungleichheiten begründet. Somit hat auch die Gesundheit eine hohe soziale Relevanz und entscheidet darüber, in welchem Maß Menschen wiederum an ihrem Gesundheitserhalt teilhaben können. Gesunde Menschen können meist länger selbstständig leben und haben dazu ein geringeres Risiko, selbst hilfe- und pflegebedürftig zu werden (ebenda 2019, S. 36). Dabei nimmt die Wahrscheinlichkeit zu, im höheren Alter von Krankheiten und Funktionsminderungen der Organe betroffen zu sein, was zusätzlich zu Medikation oder sogar Multimedikation führt. Über Langzeitbeobachtungen im DEAS wurde außerdem festgestellt, dass sowohl Frauen als auch Männer mit steigendem Alter ihre funktionelle und subjektive Gesundheit als weniger positiv bewerten. Mit Einschränkungen der Funktionalität sind dabei die selbstständige Mobilität und die allgemeine Alltagsaktivität gemeint. Sie ist somit eine wesentliche Voraussetzung für die Lebensqualität und eine selbstständige Lebensführung (ebenda 2019, S. 48).

Gesundheitliche Risiken im Alter werden unter anderem durch soziale Isolation verstärkt. Wer sozial isoliert ist, hat eine höhere Wahrscheinlichkeit, sich einsam zu fühlen. Dennoch gibt es auch Menschen, die mit dem Alleinsein gut zurechtkommen und mit nur sehr wenigen anderen einen engen Austausch benötigen. Dabei ist Einsamkeit ein subjektives Gefühl, das auch bei Menschen mit vielen sozialen Kontakten entstehen kann. Diesen Menschen fehlt es mehrheitlich an erfahrener emotionaler Tiefe und entgegengebrachtem Verständnis (Huxhold und Engstler 2019, S. 72). Die beiden Autoren stellten fest, dass das Risiko sozialer Isolation mit dem Älterwerden ansteigt und Männer bis zu dem 75. Lebensjahr ein höheres Risiko der sozialen Isolation haben als Frauen. Das Isolationsrisiko steigt im Durchschnitt von zwei Prozent im Alter von 40 Jahren auf 22 % im Alter von 90 Jahren an. Doch lässt sich auch feststellen, dass später geborene Jahrgänge ein weniger hohes Risiko haben, sozial isoliert zu sein, als frühere Geburtskohorten. Angenommen wird dabei, dass die Auswirkungen von vermehrter Kinderlosigkeit, erhöhten Trennungsraten, größeren räumlichen Wohnentfernungen zu den erwachsenen Kindern durch freundschaftliche Beziehungen und verbesserte Kommunikationsmöglichkeiten begünstigt werden (ebenda: 77). Soziale Isolation ist nicht nur aufgrund des Einsamkeitsgefühls problematisch, sondern auch dadurch, dass Menschen nur noch wenige Mitmenschen haben, an die sie sich wenden können. Dies gilt besonders, wenn durch gesundheitliche Einschränkungen Unterstützung im Alltag benötigt wird. Soziale Isolation gefährdet die Aufrechterhaltung des selbstständigen Lebens und stellt einen erheblichen Risikofaktor für vorzeitige Mortalität dar (Berner et al. 2019, S. 142). Einsamkeit hat schwerwiegende Folgen für die Gesundheit, dennoch ließe sich mit einer breitflächigen Gesundheitsversorgung dagegen ankämpfen. Anspruch der Gesellschaft sollte sein, auch der alternden Bevölkerung im ländlichen Raum Lebensqualität zu ermöglichen. Maßnahmen, die

Menschen aus ihrer Einsamkeit und sozialen Isolation befreien, können niederschwellige Interaktions- und Teilhabeangebote im örtlichen Nahraum und die Förderung der Nachbarschaftskontakte sein (Huxhold und Engstler 2019, S. 86). Die gesellschaftliche Teilhabe ist dabei abhängig von sozioökonomischen Faktoren, infrastrukturellen Rahmenbedingungen bzw. Sicherungssystemen, aber auch von der sozialen Einbindung und Unterstützung von familiären und freundschaftlichen Strukturen (Jopp 2013; Simonson et al. 2013, S. 410; Kruse 2009).

2.3.2 Soziale Teilhabe im Alter

Soziale Eingebundenheit, das eigene Leben mit anderen zu teilen und persönliche Beziehungen zu haben, sind angeborene Bedürfnisse (Baumeister und Leary 1995). Soziale Teilhabe ist sowohl von individuellen Ressourcen abhängig als auch mit regionalen und sozialstrukturellen Faktoren in Verbindung zu setzen (Simonson et al. 2013). Die Autor:innen erörtern, dass besonders Personen aus wirtschaftlich schwachen Regionen, sowie speziell Frauen, Ältere und Personen aus niedrigeren sozialen Schichten weniger am sozialen Leben in Form von Bildungsaktivitäten und Ehrenämtern teilnehmen. Die Analysen zeigen dabei in Bezug auf die soziale Teilhabe ein hohes Maß an Ungleichheit, besonders da sich individuelle und regionale Ungleichheiten kumulieren. Geschuldet könnte dies dem Aktivitätsparadigma sein, wonach sich Hochqualifizierte einem stärkeren Erwartungsdruck aussetzen als niedriger Qualifizierte und auch deshalb vermehrt in einer urbanen Umgebung wohnen. Ebenso ist ein möglicher Erklärungsansatz, dass der Prestigeverlust bei Hochqualifizierten im Altersübergang ausgeprägter ist, welcher sie veranlassen könnte, diesem mit verstärkter Bildungsaktivität entgegenzuwirken. Doch auch eine höhere Morbidität der niedrigeren sozialen Schicht trägt dazu bei, dass ihre soziale Teilhabe durch Krankheit eher eingeschränkt ist (ebenda 2013, S. 415).

Nach Simonson et al. (2013) sind aber Bildungsaktivitäten und Engagement wichtige Bestandteile der sozialen Teilhabe, insbesondere in der späteren Lebensphase. Im Alter fällt die zentrale Teilhabefunktion der Erwerbstätigkeit weg bzw. tritt in den Hintergrund. Soziale Teilhabe hat laut den Autor:innen durch Bestandteile von Bildungsaktivitäten und ehrenamtlichen Engagements eine wichtige gesellschaftliche und sozialpolitische Zielsetzung. Sie trägt auch zur Vergesellschaftung, Integration, Produktivität und Sinngebung bei. Im Speziellen leistet bürgerschaftliches Engagement zudem einen Beitrag gegenüber den Herausforderungen der Daseinsvorsorge einer alternden Bevölkerung (Simonson et al. 2013, S. 410). So ist soziale Teilhabe vermehrt als Voraussetzung zu verstehen, welche individuelle Lebenschancen erst ermöglicht. Somit sind Engagement und Bildungsparameter auch Bestandteile und gleichzeitig Voraussetzungen des gelingenden Alters. Abhängig vom lokalen Kontext kann es zu unterschiedlichen Optionsräumen kommen. Wenn auf lokaler Ebene ein großes Bildungsangebot und entsprechende Vereins- und Verbandsstrukturen vorherrschen, hat dies eine positive Wirkung auf das ehrenamtliche Engagement. Für die Bereitstellung kommt Kreisen und Kommunen eine Schlüsselrolle zu, und die ökonomische Situation der Kreise und Kommunen bestimmt dabei die sozialen Teilhabemöglichkeiten mit. Die Studie hält fest, dass die Teilhabe in prosperierenden Kreisen und kreisfreien Städten verbreiteter ist und dort höhere Aufwendungen für infrastrukturelle Maßnahmen vorgenommen werden. Ergänzend ist darauf hinzuweisen, dass neben der kommunalen Infrastruktur und unabhängig von der regionalen Ausstattung auch betriebliche, kirchliche oder karitative Angebote die soziale Teilhabe begünstigen können (ebenda et al. 2013, S. 411).

2.3.3 Erhalt von Lebensqualität und sozialer Teilhabe durch Digitalisierung

Ältere Menschen bevorzugen es, im eigenen Haushalt wohnen zu bleiben. Dies wird unter anderem auch bei einer Befragung von Senior:innen durch Seeling und Blotenberg (2017) deutlich. Mehr als die Hälfte der Befragten (61 %) gaben an, dass die Vorteile, im eigenen Haushalt wohnen zu bleiben, überwiegen und keine Bereitschaft besteht umzuziehen (Seeling und Blotenberg 2017, S. 257). Durch diese sich bereits heute abzeichnende Entwicklung wird die Frage nach einem barrierefreien Zugang zu Mobilitäts- und Digitalisierungsangeboten immer wichtiger, welcher ein bedeutsamer Aspekt für den Erhalt bzw. die Schaffung von ortsunabhängigen gleichwertigen Lebensverhältnissen und der Lebensqualität ist (BMEL 2016a, S. 10; Lübking 2020).

Ältere Generationen sind nicht wie jüngere mit einem Zugang zu neuen Techniken und Informations- und Kommunikationstechnologien sozialisiert worden. Wenn ältere Menschen nicht die Möglichkeit haben, den Umgang mit der Technik zu erlernen, kommt es dabei schnell zu Exklusionsmechanismen und der Erfahrung von Ausgrenzung. Zusätzlich stellen besonders technische Geräte und digitale Anwendungen hohe Anforderungen an die Nutzer:innen in Hinsicht auf Teilhabemöglichkeiten von älteren Menschen, die kognitiv und motorisch beeinträchtigt sind. Aber gerade neue Innovationen wollen die Schnittstelle von Alterung und Technisierung bedienen, indem sie älteren und eingeschränkten Personen den Alltag erleichtern, die Lebensqualität erhöhen und soziale Partizipation fördern (Genske et al. 2020, S. 5). Eine Aufgabe in Zeiten von Digitalisierung und Technisierung wird es dabei vor allem sein, eine Inklusion von Älteren, den sogenannten „Digitalen Outsidern" zu schaffen. Digitale Outsider sind dadurch definiert, dass sie das Internet aus Desinteresse oder (technischen) Barrieren eher ablehnen (Meine 2017, S. 23).

Im Verhältnis dazu zeigt die zweite Heidelberger Hundertjährigen-Studie weitere Ergebnisse auf. Ältere hätten im Vergleich zu den vorherigen Altersdekaden bessere alltagspraktische Fähigkeiten, auch wenn die Pflegestufen respektive -grade der Pflegeversicherung über die Dekaden in etwa gleich bleiben. Folglich wachsen das Bedürfnis an Selbstständigkeit, aber auch nach sozialer Teilhabe und gesellschaftlicher Einbindung (Jopp 2013) sowie der Wunsch des Verbleibens im eigenen Haushalt (Alltag et al. 2017; Seeling und Blotenberg 2017). Dabei ist ebenfalls auffällig, dass die am schnellsten wachsende Anzahl der Internetnutzer:innen die über 55-Jährigen sind (Meine 2017, S. 23). Forschungsprojekte, welche auch vom Bundesministerium für Bildung und Forschung im Rahmen der Mensch-Technik-Interaktionen gefördert werden, entwickeln und erproben Möglichkeiten der künstlichen Intelligenz, Exoskelette, Smart-Home-Technologien etc. (BMBF 2020). Neue Entwicklungen in diesem Bereich könnten zukünftig auch Älteren zur Verfügung gestellt werden, um länger, sicherer und selbstständiger im eigenen Haushalt leben zu können. Die Entscheidung, den eigenen Alltag vermehrt zu digitalisieren und in ein „Smart Home" zu verwandeln, bleibt zunächst jeder Person selbst überlassen. Vermutlich werden in einer vermehrt technikaffinen Gesellschaft die Vorteile für die Gesundheit und Pflege im voranschreitenden Alter durch die Klientel zunehmend erkannt (Hagemann 2017, S. 11).

Problematisch im ländlichen Raum ist, dass ältere Menschen aus gesundheitlichen Gründen überdurchschnittlich von einer eingeschränkten Mobilität betroffen sind. Dies spitzt sich infolge der zu überwindenden räumlichen Entfernungen zu (Giesel et al. 2013, S. 1419). Ebenso sind diese eingeschränkten Mobilitätsmöglichkeiten ein Faktor der (nicht möglichen) sozialen und gesellschaftlichen Teilhabe (Windisch und Kniel 1988). Um Ältere durch eingeschränkte Mobilitätsmöglichkeiten nicht von der Außenwelt abzuschneiden, sollte im Rahmen der Daseinsvorsorge für diese Personengruppe wenigstens ein Mindestmaß an Mobilität durch den öffentlichen Verkehr gewährleistet werden (Schwedens 2011). Aber für die derzeitigen Mobilitätsangebote ist es wirtschaftlich kaum zu leisten, die sogenannte „letzte Meile" bis zur Haustüre zu bedienen. Zusätzlich müssten die Mobilitätsangebote alters- und behindertengerecht gestaltet sein (Barillère-Scholz et al. 2020). Auch in Bezug auf diese Problematik gibt es bereits viele Lösungsansätze, mit Hilfe von Digitalisierung individuelle Mobilitätsangebote zu schaffen (BMEL 2020a). Dabei ist anzumerken, dass die Potenziale der Digitalisierung erst anfangen, sich zu entfalten (Hagemann 2017, S. 10).

2.4   Digitalisierung des häuslichen Umfelds und Digital Health

2.4.1   Historische Entwicklung – Der Mensch und die digitale Transformation

Im gesellschaftlichen Miteinander und der persönlichen Lebensgestaltung spielen neue Technologien eine wichtige Rolle. Das Versprechen lautet, dass technische Systeme den Alltag des Menschen erleichtern, die Lebensqualität steigern und vielseitig unterstützen können. Dafür werden verlässliche technische Systeme benötigt und zugleich die Gewährleistung des Schutzes der eigenen Privatsphäre (BMBF 2019).

Digitalisierung wird von Meister et al. (2017) als ein immer fortschreitender Prozess gesehen, welcher sich durch jegliche Wirtschaftsbereiche zieht (Meister et al. 2017). Die Digitalisierung bringt in unserer Gesellschaft umfassende Veränderungen in vielen, wenn nicht sogar allen Lebensbereichen mit sich (BMBF 2019). Dabei gehen die Auswirkungen digitaler Technologien über die Gesundheit, Gesundheitsleistungen und die praktische Medizin hinaus. Sowohl im alltäglichen Leben, bei der Arbeit als auch im sozialen Leben oder zu Zwecken der Unterhaltung finden digitale Anwendungen Platz. Das Internet verbindet Menschen miteinander und lässt auch das Informationsangebot stetig wachsen (Sonnier 2020). Technische Fortschritte stehen immer in Verbindung mit den Folgen einer zentralen Erfindung: von der Dampfmaschine, die die erste industrielle Revolution auslöste, bis hin zur Elektrizität und dem Fließband, welche die zweite Revolution brachten. Die Mikroelektronik löste nach 1970 dann die Automatisierungswelle als dritte industrielle Revolution aus. Mit dem Begriff „Industrie 4.0" oder auch „Arbeit bzw. Wirtschaft 4.0" verschmelzen die Industrie und die Informationstechnik miteinander. Parallele Entwicklungen, wie z. B. das Internet der Dinge, Roboter, künstliche Intelligenz (KI) und 3D-Druck, lassen die Wirtschaft sich noch tiefer und schneller verändern, als bisher beobachtbar war (Kollmann und Schmidt 2016). Dazu kommen Big Data und die Umstellung auf das Cloud-Computing, was als Basis einer Infrastruktur für die Digitalisierung und der Wirtschaft dient. Digitale Trends werden die Wirtschaft und Arbeit in Zukunft grundlegend verändern (ebenda 2016). Durch die Entstehung von neuen datenbasierten Dienstleistungen werden die virtuelle und reale Welt weiter verschmelzen. Insofern werden sich auch Wohn- und Lebenswelten verändern, was zum Ziel hat, zu mehr Sicherheit, Komfort und Ressourceneffizienz zu führen (BMBF 2019).

Die Transformation im Gesundheitswesen wird von digitalen Produkten großer Internetkonzerne, aber auch von Nutzer:innen selbst getrieben. Der Prozess der Digitalisierung wird die Art und Weise des Alltags maßgeblich verändern, ebenso die Wechselwirkung des Menschen mit der Außenwelt (Meister et al. 2017, S. 185). Dabei ist die Zusammenführung von Digitalisierung und Gesundheit nicht neu, sondern hat ihre Anfänge in den 1970er-Jahren. Mit dem Begriff der Telematik ist die Wortkombination von Informatik und Telekommunikation gemeint. Dabei sollen verschiedene IT-Systeme miteinander vernetzt werden und daraus die Möglichkeit entstehen, Informationen aus unterschiedlichen Datenquellen zu kombinieren. Die Telemedizin soll als Bestandteil der Telematik die Distanz zwischen den miteinander kommunizierenden Akteuren, beispielsweise zwischen Arzt und Patient, aufheben. Diese Innovation wurde durch das Aufkommen des Internets in den 1990er-Jahren erst möglich. Es entwickelte sich Digital Health durch die Entstehung der Telematik und Telemedizin über Electronic Health (e-health) und Mobile Health (m-health) (ebenda 2017, S. 207). „Simply put, digital health is the convergence of the digital and genomic revolutions with health, healthcare, living, and society" (Sonnier 2020: Heading). Unter Digital Health werden medizinische und gesundheitsfördernde Anwendungen, unterstützt durch mobile Endgeräte, wie z. B. Smartphones oder andere drahtlose Endgeräte zur Patientenüberwachung, verstanden. Patient:innen werden zu Nutzer:innen und zu Kund:innen, welche digitale Lösungen zur Gesundheitsförderung und -erhaltung aktiv einfordern (Meister et al. 2017, S. 191).

2.4.2 Digitale Kommunikation und Telemedizin

Ein wichtiger Bestandteil der Digitalisierung der Gesellschaft ist die Vernetzung durch mobile Endgeräte wie Smartphones und Tablets. Diese ermöglichen einen fast uneingeschränkten zeitlichen und räumlichen Zugang zu Informationen und Kommunikationsmöglichkeiten. Smart Wearables, mobile Health Apps, Fitnesstracker etc. ermöglichen eine stetige Datenerfassung und sind immer stärker gefragt, um den persönlichen Gesundheitszustand zu protokollieren und zu kontrollieren. Wearables als tragbare Mini-Computer in Form von Brillen, Armbändern, Ringen oder Jacken nehmen die Schnittstelle zwischen Mensch und Maschine ein, sammeln Informationen und werten diese aus (Meister et al. 2017, S. 188). Gesundheitsfördernde und umgebungsunterstützende Technologien stellen ein zunehmend wichtiges Feld für Gesundheitsversorgung und für die interdisziplinäre Forschung dar. Nach John und Einhaus sind telemedizinische Assistenzsysteme in unterschiedlichen Lebensbereichen einzusetzen. Gesundheitsökonomisch stiften sie im häuslichen wie auch im beruflichen Umfeld einen hohen Nutzen. Der Einsatz der Geräte ist flexibel und individuell, wodurch die Patientenmotivation ebenfalls gesteigert werden kann. Unter anderem können Rehabilitations- und Präventionsmaßnahmen unter kontrollierten Bedingungen im häuslichen Umfeld durchgeführt werden (John und Einhaus 2017, S. 307). Mobile Anwendungen und Applikationen bieten im Rahmen der Digitalisierung vielseitige Möglichkeiten, die Versorgung in Zukunft zu verändern. Sie ermöglichen einen unkomplizierten Informations- und Datenaustausch zwischen Arzt und Patient. Besonders für ländliche und strukturschwache Gebiete, die von schlechter ärztlicher Versorgung gekennzeichnet sind, bieten digitale Kommunikationsmöglichkeiten potenziell neue Lösungen an (Lux et al. 2017, S. 691).

Um der Unterversorgung im ländlichen Raum entgegenzuwirken, wurde bereits durch das E-Health-Gesetz eine wichtige Weiche gestellt. Darin wurde das Telekonsil, also die Videosprechstunde, in den Leistungskatalog der Ärzte mitaufgenommen (Lux et al. 2017, S. 691). Das Gesetz für sichere digitale Kommunikation und Anwendungen im Gesundheitswesen (E-Health-Gesetz) dient als weiterer Schritt, um flächendeckend in ganz Deutschland eine hohe Qualität der Gesundheitsversorgung, unter anderem mit Hilfe von Telemedizin, sicherzustellen (BMEL 2016a, S. 28). Im Bereich der Telemedizin werden ökonomische und rechtliche Rahmenbedingungen als hemmend angesehen. Eine zu niedrige oder teils sogar ausbleibende Honorierung von telemedizinischen Leistungen ist neben haftungsrechtlichen Unklarheiten bei Fehlbehandlungen mittels Telemedizin eine große Hürde. Seel und Rossmann zeigten in einer aktuellen Studie außerdem auf, dass Ärzt:innen den entstehenden Kosten und datenschutzrechtlichen Fragen aufgeschlossen gegenüberstehen, wenn der Nutzen groß ist und die Anwendung den Praxisalltag erleichtert (Seel und Rossmann 2020).

2.4.3   Technische Assistenzsysteme

Technische Assistenzsysteme setzen vor allem in den Bereichen Gesundheit, Kommunikation und sozialer Unterstützung an (Schelisch 2015, S. 78). Sie können anhand ihres Gebrauchs und Zwecks unterschieden werden. Dies wird am Beispiel des Mobiltelefons (Smartphone) deutlich: Geräte des täglichen Lebens können zusätzlich dafür geeignet sein, medizinische Parameter wie z. B. Bewegungsmuster aufzuzeichnen. Somit können diese Geräte neben den herkömmlichen Zwecken auch für medizinische und pflegerische Zwecke genutzt und als Medizinprodukt eingestuft werden (Haux 2016). Durch die Übertragung von intelligenter Technik auf das Wohn- und Lebensumfeld von älteren Menschen wird die nutzerorientierte Unterstützung als „Ambient Assisted Living" (AAL) bezeichnet. Doch auch der deutsche Begriff von „Alltagsunterstützenden Assistenz-Lösungen" wird immer häufiger verwendet, wobei die Grenzen zu „Smart Home"-Technologien immer mehr verschwimmen. Der Unterschied zwischen den Systemen liegt vor allem darin, dass „Smart Home" auf wohnungsinterne und technische Assistenzsysteme und AAL auch auf eine externe Vernetzung und Austausch von Informationen bezogen sind (Schelisch 2015, S. 79). AAL-Techniken und technische Assistenzsysteme beinhalten „Smart Home"-Komponenten, Gesundheitstechniken (Blutdruckmessgeräte), aber auch Geräte, die im Multimediabereich verortet werden. Zu den Spezialgeräten zählen Hausnotrufsysteme, Bewegungsmelder, Sensormatten, Sensoren in Lichtschaltern oder vernetzten Systemen der Haustechnik, wie z. B. Rollläden, Fenster oder Steckdosen. Ebenfalls werden die Überwachung des Gesundheitszustands und die Kommunikation mit Dienstleistern in Notsituationen möglich (ebenda 2015, S. 80).

Technische Assistenzsysteme können im Gesundheitswesen in der Pflege und bei der Versorgung wichtige Funktionen übernehmen. Aus den entstehenden Daten können relevante Informationen zu einer besseren Entscheidungsgrundlage führen und einer besseren Kommunikation dienen. Durch sie werden Alarmierungen und Notfallidentifikation, Unterstützung bei (chronischen) Erkrankungen, Erkennung altersbedingter Funktionsdefizite, Gesundheitsberatung und -überwachung möglich. Therapie, Prävention und Betreuungsmaßnahmen können dadurch besser angepasst werden. Dennoch müssen zusätzlich Qualitäts- und Sicherheitsgarantien gegeben werden, um für Diagnostik und Therapie verwendet zu werden (Haux 2016). Bei der Übermittlung von Daten an Versorgungseinrichtungen über die elektronische Patientenakte sind geeignete einrichtungsübergreifende Informationssystemarchitekturen und -infrastrukturen erforderlich, wobei es gilt, die informelle Selbstbestimmung der Person zu beachten. Nicht zuletzt ist auch die Frage der Finanzierung als solche zu klären. Die technischen Möglichkeiten der Assistenzsysteme sind mittlerweile so vielseitig, dass sie eine breite Anwendung finden. Besonders durch die körper- und raumbezogene Sensorik und geeignete Analysemethoden können kostengünstige diagnostische und therapeutische Verfahren entwickelt werden. Gesundheitsdaten können über längere Zeiträume erfasst werden und Aufschluss über Veränderungen der Vitaldaten, des Gesundheitsverhaltens (Bewegung, Ernährung) oder auch des Krankheitsverlaufs geben. Dabei sollte beachtet werden, dass sich der Einsatz von Assistenzsystemen jeweils am Gesundheitszustand und an den Bedürfnissen der älteren Person auszurichten hat (ebenda 2016).

2.5 Chancen der digitalen Welt für alle Generationen

Insgesamt ist feststellbar, dass aufgrund der Anforderung der Chancengleichheit aller unabhängig von ihrem Wohnort Handlungsbedarf besteht. Hierbei kann die Digitalisierung von Gesundheitsleistungen Menschen in ländlichen Räumen auch im höheren Lebensalter Chancen bieten zum langen Erhalt ihrer Lebensqualität. Um die Chancen zu verwirklichen, bedarf es geeigneter Rahmenbedingungen, die durch die Politik und Gesetzgebung zu schaffen sind. Diese liegen insbesondere in der Schaffung von flächendeckender Infrastruktur und in der Bereitstellung erforderlicher monetärer Mittel bei den Bedürftigen (insb. über die Pflege- und oder Krankenkassen). Ebenso bedarf es einer Offenheit für Informationen und Empowerment der Betroffenen selbst. Es wird dennoch nicht einfach sein, digitale Lösungen für alle handhabbar zu machen. Hierzu sind Solidarität und Unterstützung in und über die Generationen und Akteursgruppen hinweg vonnöten. Nur wenn ältere Menschen in der Erprobung und Umsetzung der Nutzung digitaler Lösungen so lange begleitet werden, bis sie die Technik akzeptieren, ist sie dauerhaft hilfreich.

Literatur

Alltag S, Nowossadeck S, Stein J, Hajek A, König H-H, Riedel-Heller SG, Nowossadeck E (2017) Regionale Unterschiede bei demografischer Alterung. Psychiatr Prax 44:413–416

Altrock U, Güntner S, Nuissl HS, Peters H, D. (2005) Landliebe und Landleben. Planungsrundschau 12:7–12

Barillère-Scholz M, Büttner C, Becker A (2020) Mobilität 4.0: Deutschlands erste autonome Buslinie in Bad Birnbach als Pionierleistung für neue Verkehrskonzepte. In: Riener A, Appel A, Dorner W, Huber T, Kolb JC, Wagner H (Hrsg) Autonome Shuttlebusse im ÖPNV. Springer, Berlin/Heidelberg, S 15–22

Baumeister RF, Leary MR (1995) The need to belong: desire for interpersonal attachments as a fundamental human motivation. Psychol Bull 117:497–529

Berlin-Institut für Bevölkerung und Entwicklung (2012) Dezentrale Betreuung in ländlichen Räumen. (Gutachten im Auftrag der Regionalplanungsgesellschaft Anhalt-Bittenfeld-Wittenberg). Berlin

Berner F, Vogel C, Wettstein M, Tesch-Römer C (2019) Frauen und Männer im Verlauf der zweiten Lebenshälfte: Eine Gesamtbetrachtung der empirischen Befunde. In: Vogel C, Wettstein M, Tesch-Römer C (Hrsg) Frauen und Männer in der zweiten Lebenshälfte. Springer Fachmedien, Wiesbaden, S 133–143

BMBF (2019) Digitale Gesellschaft – Mensch-Technik-Interaktion. (Bundesministerium für Bildung und Forschung). https://www.technik-zum-menschen-bringen.de/themen/digitale-gesellschaft. Zugegriffen am 13.10.2020

BMBF (2020) Projektgalerie 2019. Ausgewählte Projekte der Mensch-Technik-Interaktion. (Bundesministerium für Bildung und Forschung). Bonn

BMEL (2016a) Bericht der Bundesregierung zur Entwicklung der ländlichen Räume 2016. Zweiter Bericht der Bundesregierung zur Entwicklung der ländlichen Räume. (Bundesministerium für Ernährung und Landwirtschaft). Berlin

BMEL (2016b) Landatlas 2016. Ausgewählte Kartenbeispiele. https://literatur.thuenen.de/digbib_extern/dn058101.pdf. Zugegriffen am 16.12.2020

BMEL (2020a) Mobilität – 41 Modellprojekte zur Mobilität in ländlichen Regionen gefördert. (Bundesministerium für Ernährung und Landwirtschaft). https://www.bmel.de/DE/themen/laendliche-regionen/mobilitaet/mud-land-mobil.html. Zugegriffen am 16.12.2020

BMEL (2020b) Pressemitteilungen – Digitale Angebote stärken Daseinsvorsorge in den ländlichen Räumen. (Bundesministerium für Ernährung und Landwirtschaft). https://www.bmel.de/Shared-Docs/Pressemitteilungen/DE/2020/084-smarte-landregionen.html. Zugegriffen am 04.08.2020

BMG (2019) Terminservice- und Versorgungsgesetz. (Bundesgesundheitsministerium). https://www.bundesgesundheitsministerium.de/terminservice-und-versorgungsgesetz.html. Zugegriffen am 11.08.2020

Busse R, Blümel M, Knieps F, Bärnighausen T (2017) Statutory health insurance in Germany: a health system shaped by 135 years of solidarity, self-governance, and competition. Lancet 390:882–897

Gemeinsamer Bundesauschuss (Hrsg) (2019) Richtlinie des Gemeinsamen Bundesausschusses über die Bedarfsplanung sowie die Maßstäbe zur Feststellung von Überversorgung und Unterversorgung in der vertragsärztlichen Versorgung vom 5. Dezember 2019. (Bedarfsplanungs-Richtlinie). Berlin

Genske A, Janhsen A, Mertz M, Woopen C (2020) Alternde Gesellschaft im Wandel. In: Woopen C, Janhsen A, Mertz M (Hrsg) Alternde Gesellschaft im Wandel. Zur Gestaltung einer Gesellschaft des langen Lebens. Springer, Berlin/Heidelberg, S 1–8

Gerlinger T (2013) Regionale Ungleichheiten bei der Vorhaltung ambulanter medizinischer Versorgungseinrichtungen I bpb. Bundeszentrale für politische Bildung. https://www.bpb.de/themen/gesundheit/gesundheitspolitik/253567/regionale-ungleichheiten-bei-der-vorhaltung-ambulanter-medizinischer-versorgungseinrichtungen/. Zugegriffen am 23.02.2023

Giesel F, Köhler K, Nowossadeck E (2013) Alt und immobil auf dem Land? Mobilitätseinschränkungen älterer Menschen vor dem Hintergrund einer zunehmend problematischen Gesundheitsversorgung in ländlichen Regionen. Bundesgesundheitsbl Gesundheitsforsch Gesundheitsschutz 56:1418–1424

Hagemann T (2017) Digitalisierung und technische Assistenz im Sozial- und Gesundheitswesen. In: Hagemann T (Hrsg) Gestaltung des Sozial- und Gesundheitswesens im Zeitalter von Digitalisierung und technischer Assistenz. Nomos Verlagsgesellschaft mbH & Co. KG, Baden-Baden, S 9–18

Haux R (2016) Technische Systeme im Pflege- und Versorgungsmix für ältere Menschen: Expertise zum Haux R, Koch S, Lovell N H, Marschollek M, Nakashima N, Wolf KH (2016b) Health-enabling and ambient assistive technologies: past, present, future. Yearbook of Medical Informatics 25:76–91

Huxhold O, Engstler H (2019) Soziale Isolation und Einsamkeit bei Frauen und Männern im Verlauf der zweiten Lebenshälfte. In: Vogel C, Wettstein M, Tesch-Römer C (Hrsg) Frauen und Männer in der zweiten Lebenshälfte. Springer Fachmedien, Wiesbaden, S 71–89

John M, Einhaus J (2017) Telemedizinische Assistenzsysteme in Prävention, Rehabilitation und Nachsorge – Ein Überblick über aktuelle Entwicklungen. In: Pfannstiel M A, Da-Cruz P, Mehlich H (Hrsg) Digitale Transformation von Dienstleistungen im Gesundheitswesen I. Impulse für die Versorgung. Springer Gabler, Wiesbaden, S 289–310

Jopp D (Hrsg) (2013) Zweite Heidelberger Hundertjährigen-Studie: Herausforderungen und Stärken des Lebens mit 100 Jahren. Studie in der Reihe „Alter und Demographie". Robert Bosch Stiftung, Stuttgart

Kollmann T, Schmidt H (2016) Deutschland 4.0. Wie die Digitale Transformation gelingt. Springer Gabler, Wiesbaden

Kruse A (2009) Altersbilder in anderen Kulturen: Studie in der Reihe „Alter und Demographie". Robert Bosch Stiftung, Stuttgart

Lübking U (2020) Sicherstellung der Gesundheitsversorgung auf dem Lande. Gesundh Sozialpolit 74:8–15

Lux T, Breil B, Dörries M, Gensorowsky D, Greiner W, Pfeiffer D, Rebitschek FG, Gigerenzer G, Wagner G (2017) Digitalisierung im Gesundheitswesen – zwischen Datenschutz und moderner Medizinversorgung. Wirtschaftsdienst 97:687–703

Meine J (2017) Hybride Sozialräume durch digitale Netzwerkstrukturen im Stadtquartier. In: Hagemann T (Hrsg) Gestaltung des Sozial- und Gesundheitswesens im Zeitalter von Digitalisierung und technischer Assistenz. Nomos Verlagsgesellschaft mbH & Co. KG, Baden-Baden, S 19–34

Meister S, Becker S, Leppert F, Drop L (2017) Digital Health, Mobile Health und Co. – Wertschöpfung durch Digitalisierung und Datenverarbeitung. In: Pfannstiel MA, Da-Cruz P, Mehlich H (Hrsg) Digitale Transformation von Dienstleistungen im Gesundheitswesen I. Impulse für die Versorgung. Springer Gabler, Wiesbaden, S 185–211

Milbert A (2015) Wachsen oder schrumpfen? BBSR-Typisierung als Beitrag für die wissenschaftliche und politische Debatte. BBSR, Bonn

Prütting D (2009) Der Versorgungsauftrag in der Krankenhausrahmenplanung. In: Katzenmeier C, Bergdolt K (Hrsg) Das Bild des Arztes im 21. Jahrhundert. 1. Kölner Symposion zum Medizinrecht im Oktober 2008. Springer, Berlin/Heidelberg, S 147–155

Rechel B, Grundy E, Robine JM, Cylus J, Mackenbach JP, Knai C, McKee M (2013) Ageing in the European Union. Lancet 381:1312–1322

Schelisch L (2015) Technisch unterstütztes Wohnen im Stadtquartier. Potentiale, Akzeptanz und Nutzung eines Assistenzsystems für ältere Menschen. Springer Fachmedien, Wiesbaden

Schwedens (2011) Die Daseinsvorsorge im Verkehr. Geschichte – Gegenwart – Zukunft. https://www.vzbv.de/sites/default/files/downloads/Verkehr_Daseinsvorsorge-Schwedes-2011.pdf. Zugegriffen am 17.10.2020

Seel R, Rossmann C (2020) Akzeptanz und Adoption telemedizinischer Anwendungen in der ambulanten Versorgung: Eine qualitative Befragung von Fachärztinnen und -ärzten. In: Kalch A, Wagner A (Hrsg) Gesundheitskommunikation und Digitalisierung. Zwischen Lifestyle, Prävention und Krankheitsversorgung. NOMOS, Baden-Baden, S 17–32

Seeling S, Blotenberg B (2017) Möglichkeiten und Grenzen der Mensch-Technik-Interaktion. Neue zentrale Erkenntnisse zur Techniknutzung und -affinität älterer Menschen im ländlichen Raum. Pfl Ges 22:248–271

Simonson J, Hagen C, Vogel C, Motel-Klingebiel A (2013) Ungleichheit sozialer Teilhabe im Alter. Z Gerontol Geriatr 46:410–416

Sonnier P (2020) Definition of digital health. https://storyofdigitalhealth.com/definition. Zugegriffen am 08.12.2020

Spuling MS, Cengia A, Wettstein M (2019) Funktionale und subjektive Gesundheit bei Frauen und Männern im Verlauf der zweiten Lebenshälfte. In: Vogel C, Wettstein M, Tesch-Römer C (Hrsg) Frauen und Männer in der zweiten Lebenshälfte. Springer Fachmedien, Wiesbaden, S 35–52

Steinführer A, Küpper P (2020) Daseinsvorsorge in ländlichen Räumen. https://www.bpb.de/izpb/312697/daseinsvorsorge-in-laendlichen-raeumen. Zugegriffen am 07.08.2020

Uhlemann T, Lehmann K (2019) Reform der ambulanten Bedarfsplanung – Auf dem Weg zum Morbiditätsbezug? Gesundh Sozialpolit 73:14–21

Windisch M, Kniel A (1988) Zur Messung von Einsamkeit und sozialer Abhängigkeit behinderter Menschen: Ergebnisse einer Reliabilitäts- und Validitätsanalyse. Z Soziol 17:382–389

Das erweiterte Technikakzeptanzmodell zur Erklärung der Akzeptanz digitaler Leistungen durch die ältere Bevölkerung in ländlichen Räumen

Adelheid Susanne Esslinger, Anne-Katrin Olbrich, Maria Schraud, Jonas Matthäus Scholz und Florian Meier

3.1 Technikakzeptanz aus gesundheitswissenschaftlicher Perspektive

3.1.1 Kompetenzerwerb und Bildungsarbeit im Alter

Durch die Digitalisierung wird (älteren) Menschen die Möglichkeit gegeben, selbst über eine räumliche Distanz hinweg am sozialen und gesellschaftlichen Leben teilzunehmen (Resch und Strümpel 2009, S. 80; Otto et al. 2015, S. 567). Aus diesem Grund ist es besonders wichtig, ungleichen Voraussetzungen und Bedingungen entgegenzuwirken und der Zielgruppe einen spezifischen Zugang zu neuen Technologien respektive haptischer Technik und Innovationen zu ermöglichen (Otto et al. 2015, S. 569). Allerdings wird im

A. S. Esslinger (✉)
Hochschule Coburg, Coburg, Deutschland
E-Mail: susanne.esslinger@hs-coburg.de

A.-K. Olbrich
Verband der Ersatzkassen e. V. (vdek); Landesvertretung Sachsen, Dresden, Deutschland
E-Mail: anne-katrin.olbrich@vdek.com

M. Schraud
Maria Schraud – Seminare & Coaching, Bayreuth, Deutschland
E-Mail: schraud@maria-schraud.de

J. M. Scholz
Malteser Hilfsdienst gGmbH, Mainz, Deutschland
E-Mail: Jonas.Scholz3@malteser.org

F. Meier
SRH Wilhelm Löhe Hochschule Fürth, Fürth, Deutschland

A. S. Esslinger, H. Truckenbrodt (Hrsg.), *Digitalisierung von Gesundheitsleistungen für Senior:innen*, https://doi.org/10.1007/978-3-658-42115-1_3

Zuge der Technisierung und Digitalisierung der gekonnte Umgang mit diesen Produkten wie selbstverständlich bei den Individuen vorausgesetzt (Genske et al. 2020, S. 5). „Es werden neue fachliche Kompetenzen in der Nutzung digitaler Produkte in sämtlichen Lebenswelten, vom häuslichen Umfeld bis hin zu Arbeit, benötigt" (Meister et al. 2017, S. 186). Dabei ist nicht davon auszugehen, dass insbesondere ältere Personen diese Fähigkeiten und Kompetenzen in vollem Umfang besitzen (Genske et al. 2020, S. 5–6). Doch was sind hier eigentlich relevante Kompetenzen? Weinert (2001) versteht unter dem Begriff der Kompetenz die Kombination aus kognitiven, motivationalen, moralischen und sozialen Fähigkeiten. Kompetenzen werden angebahnt, um ein Ziel durch benötigtes Wissen und entsprechendes Handeln zu erreichen. Dabei werden fachliche und kognitive Kompetenzen verbunden (Weinert 2001; Hübner et al. 2017).

Prilla und Frerichs (2011) zeigen in ihren Untersuchungen auf, dass die kognitiven Leistungen von älteren Menschen einen wichtigen Faktor bei der Einführung neuer Technologien darstellen (Prilla und Frerichs 2011, S. 348–349). Gleichermaßen aber ist das Alter durch körperliche und intellektuelle (insbesondere im Hinblick auf die Veränderung der kristallinen und fluiden Intelligenz) Veränderungsprozesse bedingt und durch viele Begleit- und Wechselwirkungen gekennzeichnet (Lödige-Röhrs 1995, S. 189). Lernen bekommt eine neue Dimension und dient der eigenen Sinnstiftung, dem weiteren Kompetenzerwerb und dem Knüpfen neuer Kontakte. Aus dieser Perspektive trägt Bildung im Alter zu einer höheren Handlungsfähigkeit und Selbstkontrolle bei (Resch und Strümpel 2009, S. 81–83). Die Lernmotive Älterer sind vor allem, mit anderen zusammen zu sein, den Tag zu verbringen, neue Kontakte zu knüpfen und dadurch sozialer Isolation vorzubeugen. Dabei geht es häufig um Selbstverwirklichung, Abenteuerlust und die Gier nach neuen Erkenntnissen. Ziel ist nicht ausschließlich, die kognitive Leistungsfähigkeit zu verbessern, sondern ein Gruppenzugehörigkeitsgefühl zu entwickeln und gemeinsame Erfahrungen zu machen (ebenda, S. 88).

In der Studie von Zandri und Charness (1989) wurde ermittelt, dass ältere Menschen eine persönliche Begleitung beim Lernen bevorzugen, um bei Bedarf auch Fragen stellen zu können (Zandri und Charness 1989, S. 629). Auch Lödige-Röhrs (1995) bestätigt das starke Bedürfnis nach externer Lenkung und eine passiv-rezeptive Lernhaltung vieler älterer Personen. Neben den fördernden Faktoren der Lernmotivation sind auch hindernde Faktoren für den Kompetenzerwerb im Alter auszumachen. Demnach neigen ältere Menschen dazu, sich an lernhemmenden Emotionen und Gedanken festzuhalten, wobei Ängste und Unsicherheiten eine wesentliche Rolle spielen. Durch die Neigung zur Misserfolgsvermeidung in fortschreitendem Alter wird eine altersbedingte stereotype Selbstzuschreibung verstärkt. Physiologische Defizite, wie eine verminderte Verarbeitungsgeschwindigkeit, geringere Abstraktionsfähigkeit, Schwierigkeiten mit dem Verarbeiten von komplexen Informationen und der erhöhte Übungsbedarf erschweren zusätzlich den eigenständigen Lernerfolg (Lödige-Röhrs 1995, S. 201). Besonders in dem sich schnell verändernden Hard- und Softwarebereich sind fortwährend neue individuelle Umlern- bzw. Umdenkprozesse notwendig, welche ein flexibles Denken und selbstständiges Lernen erfordern. Vor allem deshalb, weil nicht immer Hilfen durch Dritte beim Lernen bereitstehen (können). Diese Situation setzt allerdings günstige emotionale Befindlich-keiten und kognitive Fähigkeiten voraus, die bei älteren Menschen nicht immer gegeben sind. Sie sind laut Lödige-Röhrs bedingt durch strukturelle Rahmenbedingungen. Dabei sieht die Autorin die Identitäten als individuelle Bedingungen und Voraussetzungen von Lernenden an, die auf spezifische, biografische Selbstkonzepte in Bezug auf die eigenen Fähigkeiten, Verhaltensweisen, Lebensstil und Zukunftsaussichten zurückgehen (ebenda, S. 190–211).

3.1.2 (Digital) Health Literacy

Edukative Ansätze durch Bildungs- und Erziehungsarbeit ermöglichen einen Wissens-erwerb und eine Kompetenzerweiterung in jeglichem Lebensalter. Aber ältere Menschen kommen meist nur durch Zufall an Angebote möglicher Kontaktstellen, wobei viele regio-nale Stellen keinen spezifischen Fokus auf den Kompetenzen und informellen Lernmöglich-keiten haben (Resch und Strümpel 2009, S. 87). So fehlen den Menschen nötige Informa-tionen, wo sie eigene Umlern- und Denkprozesse schulen könnten. Auch bezüglich des Wissenserwerbs im Bereich der Prävention ist eine Lücke schon im „informiert sein" vor-handen. Gleichermaßen ist Gesundheitserziehung und -bildung auf der *Mikroebene* die Voraussetzung für den Erwerb von Health Literacy (Bitzer und Spörhase 2016, S. 23). Diese benötigt laut Definition Wissen, Motivation und Kompetenzen von Personen, um Gesundheitsinformationen zu finden, zu verstehen, kritisch zu hinterfragen, aber auch an-zuwenden. Damit sollen im Alltag gesundheitsrelevante Entscheidungen zur Versorgung, Prävention und Förderung der Gesundheit mit dem Ziel getroffen werden, die Lebensquali-tät zu erhalten oder zu verbessern (Sørensen et al. 2012; Bitzer und Spörhase 2016). Diese Definition geht weit über die reine kognitive Aneignung von Wissen und Informationen hinaus und dient somit als Schritt in Bezug auf die Bildung von Gesundheitskompetenz als Interventionsmöglichkeiten im jeweiligen Setting (ebenda). Health Literacy steht in enger Verbindung mit den vorherrschenden Lebensverhältnissen. Damit Gesundheits-kompetenz entwickelt werden kann, müssen zunächst die Bedingungen dafür geschaffen werden. Den Umgebungsfaktoren, Lebensbedingungen und sozialen Verhaltensweisen werden entscheidende Rollen bei der Bildung von Gesundheit zugeschrieben. Denn Gesundheit entsteht nicht passiv, sondern muss kollektiv durch gute Gesundheits-bedingungen über die Gesellschaft und individuell im Alltag produziert werden (Abel 2016, S. 14). Durch soziale Mobilisierung können Menschen auf der *Mesoebene* dazu be-fähigt werden, Kompetenzen zu entwickeln und an der positiven Entwicklung der Lebens-verhältnisse für sich und andere mitzuarbeiten. Gesundheitskompetenz steht für das Ver-stehen von gesundheitsfördernden Angeboten, aber auch für die Fähigkeit, sich sowohl passiv als auch aktiv mit anderen darüber auszutauschen; denn Wissen kann nicht nur an-genommen, sondern auch an andere weitergegeben werden. Je nach sozialem, kulturellem und ökonomischem Status sind die Entwicklungspotenziale unterschiedlich, wobei die Lebenswelt keine unerhebliche Rolle spielt. Die unterschiedlichen Lebensumstände wirken sich auf die Ausbildung der Gesundheitskompetenz der Individuen aus und müssen bei der Maßnahmenplanung stets berücksichtigt werden (ebenda, S. 16). Im Ergebnis beanspruchen Individuen präventive Leistungen und nutzen Zugangswege zu qualitativ hochwertiger und effizienter Versorgung, wenn diese bereitgestellt wird. Um die Health Literacy zu verbessern, muss Wissen weitergegeben und der politische Aspekt von Bildung mit den strukturellen Bedingungen und Hürden für die Gesundheit der Bevölkerung erkannt werden (Nutbeam 2000, S. 267). Dieser Aspekt spiegelt sich auf der Mesoebene wider. Ebenso auch auf der *Makroebene*. Die digitale Gesundheitskompetenz wird dabei als eine kontextbezogene Erweiterung gesehen und trägt dieselbe Definition. Durch die Interessenvertretung relevanter Akteursgruppen (Lobbyismus, politisches Engagement und Aktivismus) entsteht eine gesundheitsförderliche Politik, die im Ergebnis gesundheitsförderliche Lebenswelten schafft. Schlussendlich resultieren auf der Bevölkerungsebene messbare Outcomes, wie Chancengleichheit, Selbstbestimmung, gesundheitsbezogene Lebensqualität, Sterblichkeit und Morbidität (Nutbeam 2000; Bitzer und Spörhase 2016, S. 23).

Digital Health Literacy beschreibt den Einsatz neuer Informations- und Kommunikationstechnologien, insbesondere des Internets, zur Verbesserung oder Ermöglichung von Gesundheit und Gesundheitsversorgung (Norman und Skinner 2006). Sie beruht auf den Grundsätzen des Health-Literacy-Ansatzes. Dabei gilt es zu beachten, dass Techniklösungen die Gesundheitskompetenz sowohl fördern als auch behindern können. Damit Digital Health Literacy entsteht, ist es von Bedeutung, bestimmte Kompetenzen zu stärken. Dazu zählen die allgemeine Gesundheitskompetenz, Lese- und Schreibfähigkeit, aber auch Computerkenntnisse, Informations-, Medien- und wissenschaftliche Kompetenzen (ebenda). Dabei stellen besonders Menschen mit einer niedrigen Health Literacy eine vulnerable Gruppe dar und sind dem Risiko ausgesetzt, hinter dem technologischen Fortschritt zurückzubleiben (Levy et al. 2015, S. 288). Die Annahme von Levy et al. (2015) ist, dass Interventionen für eine Verbesserung der Health Literacy auch einen Übertragungseffekt auf einen effektiveren Einsatz von Informationstechnologien haben. Allerdings stellten sie in ihrer Studie fest, dass nur 9,7 % der älteren Menschen mit niedriger Health Literacy das Internet nutzen. Demgegenüber sind es 31,9 % der Probanden mit einer adäquaten Health Literacy. Zudem konnte Fox (2014) feststellen, dass durch elektronische Kommunikationssysteme vermehrt Gesundheitsinformationen über soziale Netzwerke bezogen werden und dies auch ein dauerhafter Trend zu sein scheint (Fox 2014). Diese Erkenntnisse legen nahe, dass sich Menschen gerne auf die Erfahrungen und Erkenntnisse ihrer Mitmenschen verlassen und dahin gehend versuchen, ihre eigene Gesundheitskompetenz zu stärken. Ob soziale Plattformen vertrauenswürdige Informationen für die Bevölkerung bereithalten, bleibt dabei fraglich.

3.1.3 Empowerment

Beim Ansatz des Empowerments werden vorwiegend marginalisierte Personen oder Gruppen angesprochen. Dabei sollen Menschen dazu befähigt werden, ihre soziale Lebenswelt und das eigene Leben selbstständig zu gestalten und zu verbessern. Dafür sollen entsprechende Bedingungen geschaffen werden. Die personalen und sozialen Ressourcen sowie Fähigkeiten der Betroffenen werden dabei genutzt, um ihnen die Kontrolle und die Gestaltung über die eigene soziale Welt wieder in die eigenen Hände zu legen. Faktoren wie Teilhabe und Partizipation spielen eine wesentliche Rolle (Brandes und Stark 2016). Empowerment ist nach Zimmermann und Rappaport (1988) die individuelle Erfahrung, welche aus einer Kombination von Selbstakzeptanz und Selbstvertrauen, sozialem und politischem Verständnis und aus der Fähigkeit, die eigenen Interessen mit den vorhandenen Ressourcen durchzusetzen, entsteht (Zimmermann und Rappaport 1988, S. 726). Empowerment wird teilweise als Prozess oder auch als Ergebnis angesehen, wobei der Schwerpunkt nach Luttrell und Quiroz (2009) eher auf der Bedeutung des Prozesses liegt. Dieser beinhaltet den Aufbau organisatorischer Kapazitäten oder auch die Erhöhung der Beteiligung zuvor ausgeschlossener Gruppen (Luttrell und Quiroz 2009, S. 5). Ausschlaggebend ist die sozialpolitische Einflussnahme durch Förderungen und Hilfen für marginalisierte Personen und Gruppen, denn durch die Bereitstellung von instrumentellen Hilfen, wie Räumen oder finanziellen Hilfen, werden grundlegende Handlungsspielräume und Anreize geschaffen. Dies kann zudem die Befähigung zur Reflexion von Problemen, Bedürfnissen und Ressourcen ermöglichen. Orientierungshilfen in Form niederschwelliger Informationsquellen, aber auch die Unterstützung bei der Erarbeitung von Entscheidungen, Lösungen und Zielen sind notwendig, um Betroffene selbst zu ermächtigen. Dabei ist ein wichtiger Anker die Unterstützung durch Mediation, Selbsthilfe und zur Selbstorganisation (Brandes und Stark 2016). Insgesamt wird deutlich, dass (digitale) Gesundheitskompetenz und Empowerment beim Individuum ansetzen, aber vor allem auch im sozialen Austausch gelingen können.

3.2   Technikakzeptanzforschung

3.2.1   Technikakzeptanzmodell

Die Zeit des informationstechnologischen Wandels geht einher mit einem signifikanten Anstieg an innovativen Produkten und Dienstleistungen. Diese implizieren Anpassungsanforderungen an bestehende Systeme, aber auch an die elementare Verhaltensänderung bei Nutzer:innen. In diesem Zusammenhang spielt die Akzeptanz hinsichtlich innovativer Kommunikations- und Informationssysteme eine große Rolle, wenngleich sie nur schwer zu definieren ist (Kollmann 2013, S. 2). In Bezug auf neue Technologien ist es erforderlich, theoretisch zu hinterfragen, wodurch Akzeptanz erzeugt wird und was zur Nutzung neuer Innovationen führt. Insbesondere dann, wenn versucht wird, eine neue Produktkategorie auf den Markt zu bringen und Gründe für die Annahme bzw. Ablehnung zu erschließen, wird dies bislang untersucht (Kollmann 2013, S. 2–3; Klosa 2016, S. 73). In Anbetracht der Studienlage und der Ergebnisse des Eurobarometers kann festgestellt werden, dass Akzeptanz von vielschichtigen Faktoren abhängt und nicht auf eine Einfluss-

größe zurückzuführen ist. In der Veröffentlichung des Eurobarometers wurden europäische Bürger:innen zu den Auswirkungen der Digitalisierung und Automatisierung in
Bezug auf ihr alltägliches Leben befragt. Bei der Frage nach ihren digitalen Fähigkeiten
stimmen 35 % voll und ganz zu, dass diese für das tägliche Leben ausreichen. Dennoch
wurden durch die Befragung große Unterschiede zwischen den Ländern, aber auch zwischen den Menschengruppen deutlich. Insbesondere jüngere Menschen mit höherem
Bildungsniveau hatten mehr Vertrauen in ihre Fähigkeiten als altere und weniger gebildete
Menschen (European Commission 2017). Eine tatsächliche Techniknutzung hängt auch
stark von Benutzerfreundlichkeit und Nützlichkeit ab. Bei Unstimmigkeiten hinsichtlich
Nutzung werden Freude der Anwendung, Nutzungsdauer und Vertrauen geschmälert
(Chung et al. 2010, S. 1680). In einer Studie von Mitzner et al. (2016) wird signifikant
nachgewiesen, dass Selbstwirksamkeit von älteren Personen mit wahrgenommener Nützlichkeit und Benutzerfreundlichkeit korreliert. Ebenso verhält es sich zwischen dem Komfort der Leistung und dem Interesse an der Computeranwendung. Die Autor:innen sind der
Annahme, dass sich die Ergebnisse ihrer Studie auch auf andere technische Endprodukte
beziehen lassen (Mitzner et al. 2016).

Die verschiedenen Aspekte der Entstehung von Akzeptanz zu erklären, gelingt am
ehesten über zugrunde gelegte Theoriemodelle. Allgemein dienen Modelle in der
Akzeptanzforschung für das gezielte Verständnis von Akzeptanz. In diesen werden je nach
Ansatz verschiedene Faktoren oder Phasen in den Vordergrund gestellt (Schäfer und
Keppler 2013, S. 41). Sie dienen im Speziellen dazu, empirische Untersuchungen zu erklären und abgeleitete Einflussfaktoren, Phasen oder Mechanismen zu strukturieren und in
einen Zusammenhang (Wirkungsbeziehungen) zu stellen. Modelle werden dabei in der
Regel visuell dargestellt, um Wirkungsbezüge zu verdeutlichen. In der Literatur findet
man eine Vielzahl an Modellen, welche die Akzeptanz in Bezug auf bestimmte Schwer-
punkte beschreiben (ebenda, S. 28). Grundsätzlich ist davon auszugehen, dass Akzeptanz
auf Freiwilligkeit beruht und die subjektiven Bewertungskriterien der Nutzer:innen mit
den Eigenschaften der Produkte harmonieren müssen. Das bedeutet, dass sie das Potenzial
und die Nützlichkeit von Produkten erkennen (Klosa 2016, S. 74–76). Im Rahmen der
Akzeptanzforschung ist ebenso die Adaptionstheorie zu nennen, welche sich auf der
Mikroebene mit dem Annahmeprozess der Innovation auf individueller Ebene beschäftigt
(Rogers 2010; Klosa 2016, S. 75). In der Adaptionstheorie wirken verschiedene Faktoren
auf den Prozess ein, welche sich bei der Nutzungsintensität und dem Verlauf bemerkbar
machen (Neudorfer 2004, S. 66–68; Rogers 2010):

- relativer Vorteil (Grad einer als besser wahrgenommenen individuellen Bedürfnis-
  befriedigung)
- Kompatibilität (Grad, in welchem Maße ein Produkt zu den bestehenden Werten, Normen, Erfahrungen und Bedürfnissen des Nachfragers passt und wie viel Verhaltensänderungen dem abverlangt werden)
- Komplexität (Grad der Wahrnehmung eines neuen Produkts als geeignet in Abhängigkeit vom Kenntnisstand des Nachfragers)

- Reduzierte Unsicherheiten durch mögliches Erproben eines neuen Produkts
- Wahrnehmbarkeit der Innovationseigenschaften und des damit verbundenen Nutzens

Geht man generell von einem einfachen Reiz-Reaktions-Modell aus (Kroeber-Riel et al. 2009; Kuß und Tomczak 2007; Staehle et al. 2014, S. 163), entsteht ein Leistungsangebot, das dann angenommen wird, wenn in der dazwischenliegenden „Black Box" entsprechende Stimuli erfolgen, die einen Reiz zur Annahme auslösen. Dabei ist nach Kollmann entscheidend, dass vor allem der Nutzungsakt bzw. die Nutzungsphase der Verwendung positiv erlebt wird (Kollmann 2000). Zudem schreiben Ternès et al., dass die Inanspruchnahme digitaler Angebote zunehmend davon abhängig ist, wie gut Anbieter ihre Serviceleistungen ausbauen und umsetzen (Ternès et al. 2015, S 27–30). Das Modell der Technikakzeptanz nach Kollmann (1998, S. 108) beschreibt einen dynamischen Prozess in drei Phasen (Einstellungs-, Handlungs- und Nutzungsakzeptanz) (Kollmann 1998, S. 108; auch Schäfer und Keppler 2013, S. 40).

Die Phase der Einstellungsakzeptanz vor dem Kauf und der Nutzung ist geprägt von der individuellen Wert- und Zielvorstellung der Nutzer:innen Bewusstsein für eine notwendige Lösung, Interesse an einer Lösung und deren Bewertung (Abb. 3.1). Es erfolgt also eine auf kognitiven Erfahrungen basierende Abwägung zwischen Vor- und Nachteilen eines bestimmten Nutzungsgutes (Venkatesh et al. 2003). In der Handlungsphase der Akzeptanz geht es um Kauf und Übernahme. Es erfolgen Versuche der Nutzung und Erfahrung wird gewonnen. Entsprechend kommt es u. U. zu einem Kauf bzw. einer Übernahme der Technologie respektive Technik und der Implementierung. In der Phase der Nutzungsakzeptanz, die nach dem Kauf und bei der Nutzung verläuft, geht es um die Einsatzbestimmung und konkrete Nutzung der Lösung. Insgesamt kann man leicht verstehen, dass das Phasenmodell über alle Phasen flankiert wird von beeinflussenden Personen aus indirekten (z. B. Social Media) oder direkten Netzwerken (z. B. Pflegedienst, Ärzteschaft etc.). Häufig gilt die Annahme, dass die Technikaffinität älterer Menschen eher gering ist. Aus diesem Grund wird bei dieser Personengruppe auch eine geringere Akzeptanz geschlussfolgert. Dies gilt, obwohl nur wenige Untersuchungen von digitalen und technischen Kommunikations- und Assistenzsystemen bekannt sind (Prilla und Frerichs 2011, S. 347). Es soll deshalb bei der Akzeptanzforschung nicht außer Acht gelassen werden,

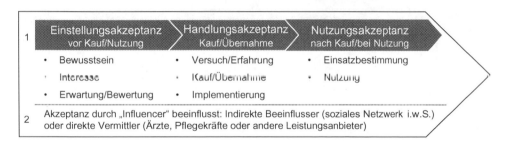

Abb. 3.1 Die Phasen der Akzeptanz im Modell. (Quelle: In Anlehnung an Kollmann 2000, S 16)

welche Einflussgrößen auf die Motivation insbesondere älterer Menschen einwirken, um erfolgreich Wissen, Fähigkeiten und Fertigkeiten zu vermitteln.

3.2.2 Erklärungsgehalt des erweiterten Technikakzeptanzmodells

Um die Nutzung und Akzeptanz neuer Technologien und resultierender Techniken zur Gesunderhaltung auch für die Zielgruppe über 65 Jahre zu erklären, wurde das schon lange Zeit existierende Technikakzeptanzmodell (TAM) mit seinen Modifikationen erweitert (zum TAM: Theory of reasoned action: Fishbein und Ajzen 1975; TAM: Davis 1989; TAM2: Venkatesh und Davis 2000; TAM3: Venkatesh und Bala 2008; Theory of Planned Behavior (TPB): Ajzen 1991; Unified Theory of Acceptance and Use of Technology (UTAUT): Venkatesh et al. 2003; Unified Theory of Acceptance and Use of Technology (UTAUT 2): Venkatesh et al. 2012; weitere Akzeptanzmodelle: Degenhardt 1986; Filipp 1996; Kollmann 1998). Es entstand so im Autor:innenteam das erweitertes Techniknutzungsmodell (eTAM), das die Aspekte der Information, des Empowerments und der aktiven Unterstützung detaillierter mitberücksichtigt (Abb. 3.2).

Zunächst muss als Voraussetzung die individuelle Gesundheitskompetenz auf einem Anfangsniveau gegeben sein. Diese wird, wie nachfolgend detaillierter zu sehen und erläutert ist, beeinflusst von diversen Faktoren. Aus der Gesundheitskompetenz resultiert eine persönliche Einstellung gegenüber der technischen Problemlösung, die nachfolgende Handlungen beeinflusst. Gelingt es, dass Betroffene in der Lage sind, sich selbst zu helfen und aktiv die Technik zu nutzen, erfahren sie die etwaige Nützlichkeit der Lösung. Es kommt über eine bewusste Handlung zur Akzeptanz (Abbildung 2c). Flankierend zu allen Phasen erfolgt die Unterstützung durch Dritte aus dem sozialen Netzwerk oder durch professionelle Helfer:innen. Es entwickelt sich das Empowerment anfangs zur Erfüllung der Voraussetzungskomponente durch Informationsvermittlung und angemessene

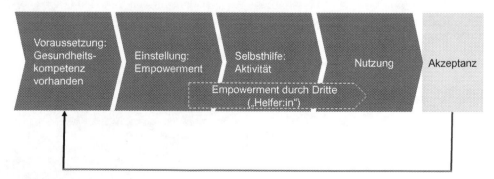

Abb. 3.2 Erweitertes Technikakzeptanzmodell im Überblick. (Quellen: Eigene Abbildung in Anlehnung an Fishbein und Ajzen 1975; Davis 1989; Venkatesh und Davis 2000; Venkatesh und Bala 2008; Ajzen 1991; Venkatesh et al. 2003; Venkatesh et al. 2012; Degenhardt 1986; Filipp 1996 und Kollmann 1998)

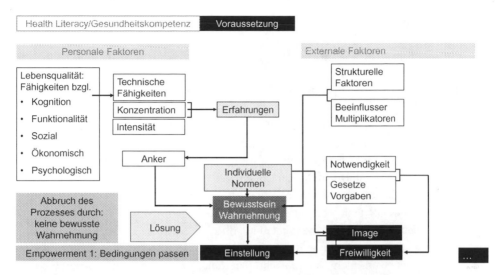

Abb. 3.3 Erweitertes Technikakzeptanzmodell, Vorrausetzungsphase. (Quelle: Eigene Abbildung in Anlehnung an Quellen in Abb. 3.2)

Lösungsfindung, dann als Empowerment zur Selbstgestaltung und schließlich als Empowerment zur dauerhaften Nutzung.

Als Voraussetzung müssen zunächst die Gesundheitskompetenz gestärkt und passende Bedingungen geschaffen werden, indem betroffene Menschen, hier insbesondere die Älteren, informiert und dann auch i.S. des Empowerments befähigt werden (Abb. 3.3). Dies ist abhängig von *personalen Faktoren*, die die Lebensqualität widerspiegeln: Welche kognitiven Leistungen, welche körperliche Funktionalität, welche soziale Eingebundenheit, welchen ökonomischen Status mit daraus resultierenden Möglichkeiten und welchen psychologischen Zustand ein Individuum hat, spielt hier eine Rolle. Daraus resultieren die technischen Fähigkeiten des Individuums, seine Konzentrationsfähigkeit und die Intensität der Auseinandersetzung mit neuen Möglichkeiten. Es spielen ebenso individuelle Normen eine Rolle, die Bewusstsein und Wahrnehmung der Menschen durch erlebte positive oder auch negative Ankerbeispiele beeinflussen. So kann eine technische Applikation als Lösung erlebt werden. Ebenso kann es hier bereits zu einem Abbruch des Prozesses einer zunehmenden Gesundheitskompetenz und -befähigung kommen, da einige der genannten personalen Faktoren zu wenig ausgeprägt sind, um die bewusste Wahrnehmung zu beeinflussen. Dies hat Folgen für die resultierende Einstellung. Auf diese wirken neben personalen Faktoren auch *externale* ein. Hierbei ist entscheidend, welche strukturellen Faktoren (wie zum Beispiel der mögliche Zugang zu Technik) vorherrschen oder welche beeinflussenden Multiplikator:innen wie familiäres und/oder soziales Umfeld einwirken. Von Bedeutung ist zudem, ob das Individuum eine notwendige und unvermeidbare Lösung sucht, weil es sonst nicht mehr zurechtkommen kann (z. B. Verbleib in den eigenen vier Wänden), und welche gesetzlichen Vorgaben es gibt, die einzuhalten sind (z. B. im Falle eines Unfalls und im Hinblick auf erforderlichen Versicherungsschutz). Diese Faktoren stehen im Zusammenhang mit der Frage nach der Freiwilligkeit des Bezugs einer neuen Lösung, aber auch mit der Frage des Images der Möglichkeit. Je nachdem, wie das Individuum als bedürftige Person eingestellt ist, erlebt es diese externen Faktoren als positiv oder negativ bzw. unterstützend oder einschränkend. Auch spielt das generelle Image der Lösung eine Rolle. Wenn es positiv „besetzt" ist, eine technische Anwendung im Haus zu haben, unterstützt dies sicherlich die Nutzung und die positive Einstellung (u. U. ein Saugroboter), wenn es negativ besetzt ist, „auf eine Lösung angewiesen zu sein" und sich das Individuum deshalb weniger wirkmächtig fühlt, kann es auch zu einer negativen Einstellung durch das Gefühl des „Ausgeliefertseins" führen. Hinzu kommen außerdem die Frage der objektiven Benutzerfreundlichkeit der Technik und die wahrgenommene Freude bzw. der Genuss. Diese beeinflussen dann wiederum die Einstellung gegenüber der Lösung.

Es wird in Abb. 3.4 ersichtlich, dass die Einstellung alleine noch nicht zur Akzeptanz führt. Neben der objektiven Benutzer:innenfreundlichkeit spielt die erlebte Benutzer:innenfreundlichkeit eine ebenso bedeutsame Rolle. Nach dem Motto „Gut gemeint ist aus Nutzer:innensicht vielleicht nicht gut gemacht". Es kommt zu einer positiven Haltung oder aber zu einer Ablehnung der Innovation. Sie muss eben auch nützlich sein. In Anlehnung an das Originalmodell (dort Arbeitsrelevanz) wird hier von „Lebens"relevanz der Technik und der Qualität der Leistung, ihrem Mehrwert bzw. „Output", den sie bieten kann, gesprochen. Sind die positiven Ergebnisse auch demonstrierbar, dann ist die wahrgenommene Benutzer:innenfreundlichkeit gegeben. Das bedeutet, dass die Selbstgestaltung gelingen kann und im positiven Falle eine Handlung der betroffenen Person folgen wird. Ebenso kann es auch zu keiner Handlung in dieser Phase kommen, wenn die wahrgenommene Benutzer:innenfreundlichkeit nicht erfüllt ist. Während der eventuellen Handlung muss in der Regel eine soziale Unterstützung durch Dritte erfolgen, die diese Phase aktiv begleiten. Auch

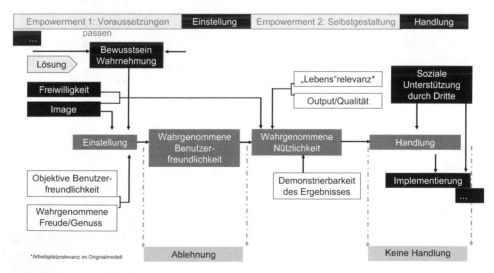

Abb. 3.4 Erweitertes Technikakzeptanzmodell, Phase der Einstellung und Selbstgestaltung. (Quelle: Eigene Abbildung in Anlehnung an Quellen in Abb. 3.2)

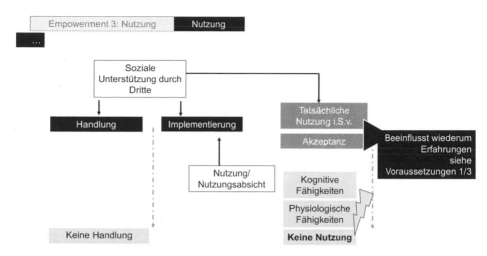

Abb. 3.5 Erweitertes Technikakzeptanzmodell, Phase der Nutzung und resultierende Akzeptanz. (Quelle: Eigene Abbildung in Anlehnung an Quellen in Abb. 3.2)

dann ist stets noch möglich, dass ein Handlungsabbruch entsteht. Im bestmöglichen Fall wird die Lösung allerdings in den Alltag bzw. die Häuslichkeit integriert.

In der nun stattfindenden Nutzungsphase nimmt das Empowerment weiterhin zu, und durch die regelmäßige Nutzung erfolgt im Laufe der Zeit Akzeptanz (Abb. 3.5). Die digitale Lösung wird zum Selbstverständnis für eine bessere Alltagsbewältigung. Gleichermaßen spielen die weiteren veränderbaren kognitiven und physiologischen Fähigkeiten (Stichwort z. B. zunehmende Demenz) hier eine kritische Rolle. Ihr Einfluss kann unter Umständen im Zeitverlauf zu einer Nicht-Nutzung führen und ein Abbruch der Akzeptanz in später Phase wäre denkbar. Im positiven Falle der Akzeptanz stärkt die Erfahrung aber wiederum das Individuum. Die Voraussetzungen für weitere digitale Lösungen zum Erhalt der Unabhängigkeit und Lebensqualität der Betroffenen sind dann auf einem höheren Niveau der Gesundheitskompetenz.

3.3 Fazit

Um zu verstehen, dass das Reiz-Reaktions-Modell zwischen Angebot und Nachfrage kein Automatismus ist, dient das Technikakzeptanzmodell zunächst als Erklärungsansatz. Geht man davon aus, dass es sich bei technischen Unterstützungsleistungen in der Gesundheitsversorgung um Lösungen handelt, die komplex sind, und oftmals relativ hohe Anforderungen an die Nutzer:innen gestellt werden, greift das etablierte Akzeptanzmodell nach Meinung des Autor:innenteams zu kurz. Es ist konkret um gesundheitswissenschaftliche Aspekte zu ergänzen. Die drei etablierten Phasen werden angereichert durch das Wissen der Bedeutung erforderlicher Voraussetzungskomponenten. Es muss durch Wissensvermittlung die individuelle Gesundheitskompetenz gefördert werden. Auf einer dann erreichten objektiven Informationsbasis und der Befähigung zur Auswahl einer angemessenen Lösung sowie beginnenden Nutzung werden Erfahrungen möglich. Durch die konsequente Begleitung der Unterstützungspersonen im Nutzungsalltag wird das Risiko eines frühzeitigen Abbruchs der Techniknutzung reduziert und die Wahrscheinlichkeit zur Alltagsintegration und Akzeptanz erhöht sich. Dies hat gesamtgesellschaftliche Implikationen. Nicht nur die Hersteller digitaler Innovationen zum Gesunderhalt der (älteren) Menschen müssen neben der puren Lösung ein „Zusatzangebot zur Erklärung und Unterstützung" entwickeln. Die Nutzer:innen selbst bzw. ihr engeres soziales Umfeld müssen gewahr werden, dass Technikkauf bzw. -bereitstellung alleine (zum Beispiel durch die entfernt lebenden Nachfahren oder wohlmeinenden Enkel) nicht ausreichen, sondern diese auch erklärt und eingeführt werden müssen. Ebenso wird es wichtig für die Kostenerstatter, konkret die Kranken- und/oder Pflegekassen, neben der Finanzierung technischer Lösungen auch an die flankierende Beratungs- und Serviceleistung für die Betroffenen zu denken. Schlussendlich ist es wichtig für die Politik. Sie muss gewährleisten, dass Gesundheit für alle tatsächlich umgesetzt wird. Durch Chancengleichheit, Bildung und Unterstützung der besonders vulnerablen Gruppen. Dazu gehören oftmals die Menschen in ländlichen Regionen mit zunehmendem Alter.

Literatur

Abel T (2016) Gesundheitskompetenz/Health Literacy: Von Definitionen über Konzepte zu den Operationalisierungen – und zurück. In: Nöcker G (Hrsg) Health literacy/Gesundheitsförderung. Wissenschaftliche Definitionen, empirische Befunde und gesellschaftlicher Nutzen. Bundeszentrale für Gesundheitliche Aufklärung, Köln, S 13–20
Ajzen I (1991) Theory of planned behaviour. Organ Behav Hum Decis Process 50:179–211
Bitzer EM, Spörhase U (2016) Was macht Menschen gesundheitskompetent? Kompetenzerwerb aus pädagogischer und Public Health-Perspektive. In: Nöcker G (Hrsg) Health literacy/Gesundheitsförderung. Wissenschaftliche Definitionen, empirische Befunde und gesellschaftlicher Nutzen. Bundeszentrale für Gesundheitliche Aufklärung, Köln, S 21–39
Brandes S, Stark W (2016) Empowerment/Befähigung. https://www.leitbegriffe.bzga.de/alphabetisches-verzeichnis/empowermentbefaehigung/. Zugegriffen am 12.11.2020
Chung JE, Park N, Wang H, Fulk J, McLaughlin M (2010) Age differences in perceptions of online community participation among non-users: an extension of the technology acceptance model. Comput Hum Behav 26:1674–1684
Davis FD (1989) Perceived Usefulness, Perceived Ease of Use, and User Acceptance of Information Technology. In: MIS Quarterly 13(3):319–340
Degenhardt W (1986) Akzeptanzforschung zu Bildschirmtext: Methoden u. Ergebnisse. Fischer, München
European Commission (2017) Attitudes towards the impact of digitisation and automation on daily life – shaping Europe's digital future – European Commission. https://ec.europa.eu/digital-single-market/en/news/attitudes-towards-impact-digitisation-and-automation-daily-life. Zugegriffen am 08.12.2020, 2020-12
Filipp H (1996) Akzeptanz von Netzdiensten und Netzanwendungen: Entwicklung eines Instruments zur permanenten Akzeptanzkontrolle. KIT Schriften, Karlsruhe

Fishbein M, Ajzen I (1975) Belief, attitude, intention and behavior: an introduction to theory and research. Addison-Wesley, Reading

Fox S (2014) The social life of health information. https://www.pewresearch.org/fact-tank/2014/01/15/the-social-life-of-health-information/. Zugegriffen am 19.11.2000

Genske A, Janhsen A, Mertz M, Woopen C (2020) Alternde Gesellschaft im Wandel. In: Woopen C, Janhsen A, Mertz M (Hrsg) Alternde Gesellschaft im Wandel. Zur Gestaltung einer Gesellschaft des langen Lebens. Springer, Berlin/Heidelberg, S 1–8

Hübner U, Egbert N, Hackl W, Lysser M, Schulte G, Thye J, Ammenwerth E (2017) Welche Kernkompetenzen in Pflegeinformatik benötigen Angehörige von Pflegeberufen in den D-A-CH-Ländern? Eine Empfehlung der GMDS, der ÖGPI und der IGPI. GMS Medizinische Informatik, Biometrie und Epidemiologie 13(1):1–9

Klosa O (2016) Akzeptanzforschung. In: Klosa O (Hrsg) Online-Sehen. Springer Fachmedien, Wiesbaden, S 73–88

Kollmann T (1998) Akzeptanz innovativer Nutzungsgüter und -systeme: Konsequenzen für die Einführung von Telekommunikations- und Multimediasystemen. Gabler, Wiesbaden

Kollmann T (2000) Die Messung der Akzeptanz bei Telekommunikationssystemen. JFB – J Betriebswirtsch 2:68–78

Kollmann T (2013) Akzeptanz innovativer Nutzungsgüter und -systeme: Konsequenzen für die Einführung von Telekommunikations- und Multimediasystemen. Springer, Berlin

Kroeber-Riel W, Weinberg P, Gröppel-Klein A (2009) Konsumentenverhalten, 9., über arb., akt. u. erg. Aufl. Verlag Franz Vahlen, München

Kuß A, Tomczak T (2007) Käuferverhalten – eine marktorientierte Einführung. UTB, Stuttgart

Levy H, Janke AT, Langa KM (2015) Health literacy and the digital divide among older Americans. J Gen Intern Med 30:284–289

Lödige-Röhrs L (1995) „Vielleicht, wenn ich zwanzig wäre, aber heute nicht mehr!" Altersstereotype Zuschreibungen beim EDV-Lernen älterer Erwachsener. In: Mader W (Hrsg) Altwerden in einer alternden Gesellschaft. Kontinuität und Krisen in biographischen Verläufen. Leske + Budrich, Opladen, S 189–214

Luttrell C, Quiroz S (2009) Understanding and operationalising empowerment. Overseas Development Institute, London

Meister S, Becker S, Leppert F, Drop L (2017) Digital health, Mobile health und Co. – Wertschöpfung durch Digitalisierung und Datenverarbeitung. In: Pfannstiel MA, Da-Cruz P, Mehlich H (Hrsg) Digitale Transformation von Dienstleistungen im Gesundheitswesen I. Impulse für die Versorgung. Springer Gabler, Wiesbden, S 185–211

Mitzner TL, Rogers WA, Fisk AD, Boot WR, Charness N, Czaja SJ, Sharit J (2016) Predicting older adults' perceptions about a computer system Designed for Seniors. Univ Access Inf Soc 15:271–280

Neudorfer R (2004) Geschäftsmodelle für den Mobilfunk. Deutscher Universitätsverlag, Wiesbaden

Norman CD, Skinner HA (2006) eHealth literacy: essential skills for consumer health in a networked world. J Med Internet Res 8:e9

Nutbeam D (2000) Health literacy as a public health goal: a challenge for contemporary health education and communication strategies into the 21st century. Health Promot Int 15:259–267

Otto U, Brettenhofer M, Tarnutzer S (2015) Telemedizin in der älteren Bevölkerung. Therapeutische Umschau. Revue therapeutique 72:567–573

Prilla M, Frerichs A (2011) Technik, Dienstleistungen und Senioren: (K)Ein Akzeptanzproblem? In: Eibl M (Hrsg) Mensch & Computer 2011. 11. fachübergreifende Konferenz für interaktive und kooperative Medien. überMEDIEN/ÜBERmorgen, Oldenbourg/München, S 347–351

Resch K, Strümpel C (2009) Informelles Lernen und Möglichkeiten freiwilligen Engagements im Alter. Sichtbarkeit. Motive und Rahmenbedingungen. Bildungsforschung 6:79–96

Rogers EM (2010) Diffusion of innovations, Simon and Schuster. Simon & Schuster, New York

Schäfer M, Keppler D (2013) Modelle der technikorientierten Akzeptanzforschung. Technische Universität, Berlin

Sørensen K, van den Broucke S, Fullam J, Doyle G, Pelikan J, Slonska Z, Brand H (2012) Health literacy and public health: a systematic review and integration of definitions and models. BMC Public Health 12:80

Staehle WH, Conrad P, Sydow J (2014) Management: eine verhaltenswissenschaftliche Perspektive. Vahlen, München

Ternès A, Towers I, Jerusel M (2015) Konsumentenverhalten im Zeitalter der Digitalisierung: trends: E-Commerce M-Commerce und connected retail. Springer, Berlin

Venkatesh V, Bala H (2008) Technology acceptance model 3 and a research agenda on interventions. Decis Sci 39:273–315

Venkatesh V, Davis FDA (2000) Theoretical extension of the technology acceptance model: four longitudinal field studies. Manag Sci 46:186–204

Venkatesh V, Morris MG, Davis GB, Davis FD (2003) User acceptance of information technology – toward a unified view. MIS Q 27:425–478

Venkatesh V, Thong JY, Xu X (2012) Consumer acceptance and use of information technology: extending the unified theory of acceptance and use of technology. MIS Q 36:157–178

Weinert FE (2001) Competencies and key competencies: educational perspective. In: Smelser NJ, Baltes PB (Hrsg) International encyclopedia of the social & behavioral sciences. Elsevier, Amsterdam, S 2433–2436

Zandri E, Charness N (1989) Training older and younger adults to use software. Educ Gerontol 15:615–631

Zimmerman MA, Rappaport J (1988) Citizen participation, perceived control, and psychological empowerment. Am J Community psychol 16(5):725–750

Akzeptanz digitaler Gesundheitsleistungen im ländlichen Raum

Jonas Matthäus Scholz, Maria Schraud
und Adelheid Susanne Esslinger

4.1 Ländlicher Raum als Lebensraum

Für die Definition des ländlichen Raums stehen verschiedene Grundlagen zur Verfügung. Der Großteil Deutschlands wird ihm flächenmäßig zugeordnet. Lediglich 28 % der deutschen Stadt- und Landkreise zählen zu den städtischen Regionen, 72 % werden als „ländliche Regionen" und „Regionen mit Verstädterungsansätzen" bezeichnet. Die Mehrheit der Bevölkerung Deutschlands (57 %) lebt in ländlichen Regionen (Ewert 2021). Von den Städten unterscheiden sich die Regionen hinsichtlich Wirtschaftlichkeit, Entwicklungsfähigkeit sowie des Ausbaus der Infrastruktur (Brenck et al. 2016, S. 17). Bedeutendes Kriterium für das Wachstum oder die Schrumpfung einer Region ist die Anbindung an Verdichtungsräume, da hier von höherer Bevölkerungsdichte und Unternehmen aus den Kernstädten sowie einem schnellen Zugang zu Angeboten aus der Stadt profitiert wird (Brenck et al. 2016, S. 18). Hingegen sind ländliche Räume mit größerer Distanz zu Verdichtungsräumen oft den Risiken und Folgen von Investitionsmangel, der Schrumpfung der Bevölkerung und der Abwanderung von Fachkräften ausgesetzt. Speziell in den ländlichen Regionen mit weiter Entfernung zu städtischen Angeboten sind die Auswirkungen

J. M. Scholz (✉)
Malteser Hilfsdienst gGmbH, Mainz, Deutschland
E-Mail: Jonas.Scholz3@malteser.org

M. Schraud
Maria Schraud – Seminare & Coaching, Bayreuth, Deutschland
E-Mail: schraud@maria-schraud.de

A. S. Esslinger
Hochschule Coburg, Coburg, Deutschland
E-Mail: susanne.esslinger@hs-coburg.de

A. S. Esslinger, H. Truckenbrodt (Hrsg.), *Digitalisierung von Gesundheitsleistungen für Senior:innen*, https://doi.org/10.1007/978-3-658-42115-1_4

des demografischen Wandels schon weit fortgeschritten und es steigt die Anzahl der Menschen ab dem 65. Lebensjahr. Tatsächlich aber ist in jüngster Zeit in den Medien der Trend „raus aufs Land" feststellbar und jüngere Menschen mit Familien haben das (Um)Land für sich entdeckt (z. B. Germerott 2023).

Das Leben in ländlichen Regionen ist spezifisch geprägt. Güter des täglichen Bedarfs, Gesundheits- und Versorgungsleistungen sind weniger leicht verfügbar als in Städten, und häufig bleiben vor allem die Älteren in den ländlichen Regionen zurück (Bertelsmann Stiftung 2008; Zangenmeister 2012). Beispielhaft sinkt die Ärztedichte in den ländlichen Räumen und ihr Durchschnittsalter steigt. Es kommt zu langen Anfahrts- und Wartezeiten für Sprechstunden (Forsa 2009; Straub 2022; Nuding und Thormälen 2016). Auch soziale Beziehung und Aktivitäten sind im ländlichen Raum weniger gut zu verwirklichen und nicht so vielfältig. Somit ist insbesondere den Älteren der Erhalt der Selbstständigkeit erschwert (Nuding und Thormälen 2016; Dorfladen-Netzwerk 2016; Dehne 2013). Digitale technische Dienstleistungen können helfen, die Situation positiv zu beeinflussen. Sie werden heute auch unter dem Begriff des „Ambient Assisted Living" (AAL) diskutiert (AAL 2017; IPP 2010; Rode-Schubert 2012). Die Anwendungen sollen Verluste der individuellen Kontroll- und Steuerungsfunktionen von Individuen ausgleichen (vgl. Misoch 2015, S. 563). Allerdings akzeptieren und nutzen viele ältere Menschen entsprechende Lösungen noch vergleichsweise wenig (vgl. Bertelsmann Stiftung 2008; Zangenmeister 2012). Gleichzeitig zeigen sich innerhalb der Bevölkerungsgruppe der Älteren einige durchaus aufgeschlossen gegenüber neuen Informations- und Kommunikationsmedien (vgl. SONIA 2016, S. 51).

4.2   Digitale Gesundheitsleistungen

Digitale Gesundheitsleistungen nehmen an Bedeutung zu. Um zu verstehen, was alles zu digitalen Gesundheitsleistungen gehört, folgen im weiteren Verlauf einige Begriffserklärungen: **Telemedizin** steht als ein Sammelbegriff für verschiedene ärztliche Versorgungskonzepte. Medizinische Leistungen der Gesundheitsversorgung in den Bereichen Diagnostik, Therapie und Rehabilitation sowie die ärztliche Entscheidungsberatung werden mit dem Gebrauch von Informations- und Kommunikationstechnologien über räumliche Entfernungen erbracht (Bundesärztekammer 2015). „Telemedizin ermöglicht es, unter Einsatz audiovisueller Kommunikationstechnologien trotz räumlicher Trennung z. B. Diagnostik, Konsultation und medizinische Notfalldienste anzubieten. In Zukunft kann Telemedizin vor allem für den ländlichen Raum ein Bestandteil der medizinischen Versorgung werden" (BMG 2015). **AAL-Leistungen** bedeuten „Umgebungsunterstütztes Leben". Diese Leistungen erscheinen in ihren Anwendungen vielfältig und sollen sowohl soziale Aspekte (Kommunikation, Chats, Skype, Onlinespiele etc.) abdecken als auch Versorgungsaspekte (medizinische Leistungen, Beratungen, Bestellservices etc.) bedienen. Insofern unterstützen diese Technologien generell bei Alltagsaktivitäten im häuslichen Bereich (z. B. sich versorgen, sich bewegen) sowie bei der häuslichen Sicherheit

(z. B. durch eine automatische Herdabschaltung, Lichtsensoren im Eingangsbereich u. a.) (Mayer 2008). Eine mehr alterszentrierte Beschreibung lautet wie folgt: Ambient Assisted Living wird ins Deutsche als umgebungsunterstütztes Leben übersetzt. Der Begriff beschreibt altersgerechte Assistenzsysteme in Form vernetzter digitaler Technologien und Anwendungen, die in die Umgebung der Nutzer:innen integriert werden. Ziel ist, alte und/ oder kranke Menschen in ihrem Alltag zu unterstützen und ihnen ein möglichst langes und selbstbestimmtes Leben zu Hause zu ermöglichen (Misoch 2015, S. 561). **E-Health bzw. Digitalisierung** bezeichnet den Einsatz von Informations- und Kommunikationssystemen (IuK-Systemen) für die Behandlung und Betreuung von Patient:innen (BMG 2022). Darüber hinaus bietet E-Health eine sektorenübergreifende Vernetzung der Akteure unter Einbeziehung des Patienten (Lux et al. 2017, S. 2). **Gesundheits-Apps** (englische Kurzform für „applications", deutsch: Anwendungen) sind Software-Programme für mobile Endgeräte, wie beispielsweise Handys oder Tablets, die den Anwendern bestimmte Funktionalitäten bereitstellen. Gesundheits-Apps sind Anwendungen für die Bereiche Gesundheit, Medizin, Heilkunde oder Wellness (Albrecht 2016). **Soziale Medien** stellen die Vielfalt digitaler Medien und Technologien dar, die es Nutzer:innen ermöglichen, sich auszutauschen und mediale Inhalte einzeln oder in Gemeinschaft zu gestalten. Die Nutzer:innen nehmen durch Kommentare, Bewertungen und Empfehlungen aktiv auf die Inhalte Bezug und bauen auf diese Weise eine soziale Beziehung untereinander auf (Scheffler 2014, S. 13). Laut Baumann et al. (2020) informierten sich 74 % der Internetnutzer im Jahr 2019 über gesundheitsrelevante Themen im Netz (Baumann et al. 2020). Folglich wird sich die Arzt-Patienten-Kommunikation verändern und neu ausrichten. Ärzt:innen müssen künftig das (Halb)Wissen der Patient:innen bewerten und ggf. adäquate Informationsquellen nennen können. Die Mehrheit der Befragten wünscht sich neben der autodidaktischen Information vor allem Informationen von Hausärzt:innen – das Vertrauen in die Berufsgruppe ist nach wie vor hoch.

4.3 Herausforderungen

Da ein Großteil der Menschen im ländlichen Raum lebt und es sich hierbei vorrangig um die ältere Bevölkerung handelt, ist es wichtig zu betrachten, wie digitale Leistungen zu dieser Gruppe als Unterstützungsleistung gelangen können. Wenn man berücksichtigt, dass die Bevölkerung bei der Nutzung gesundheitsbezogener Leistungen aus dem WWW sich Unterstützung professioneller Akteure wie Ärzte wünscht, ist die Frage, wie dann eine Akzeptanz der realen Leistungsangebote erreicht werden kann. Ausgehend von einem einfachen Reiz-Reaktions-Modell (siehe Beitrag 3 in diesem Band von Esslinger et al.), entsteht ein Leistungsangebot, das dann angenommen wird, wenn in der dazwischen liegenden „black box" entsprechende Stimuli erfolgen, die einen Reiz zur Annahme auslösen. Dabei ist noch entscheidend, dass der Nutzungsakt immer wiederkehrend positiv getroffen wird (Kollmann 2000) und nach Ternès der angebotene Service angemessen ist (Ternès et al. 2015, S. 27–30). Im Akzeptanzmodell von Kollmann 2000 unterstreicht der

Autor die drei wichtigen Phasen der Einstellungsakzeptanz, Handlungsakzeptanz und Nutzungsakzeptanz. Die Phase der Einstellungsakzeptanz ist geprägt von der individuellen Wert- und Zielvorstellung des Nutzers. Es erfolgt eine auf kognitiven Erfahrungen basierende Abwägung zwischen Vor- und Nachteilen des Nutzungsgutes (Venkatesh et al. 2003). In diesem Zusammenhang sind Werte und auch emotionale Faktoren relevant. Sie sind nach Trommsdorff ein wesentlicher Faktor, ob es zum Kauf bzw. zur Nutzungsakzeptanz kommt. Gerade die schwachen, oft unbewusst bleibenden Emotionen prägen das Verhalten, indem durch das Ausleben eines entstandenen Gefühls dieses den Menschen aktiv werden lässt und Bedürfnisse geweckt werden, die sich wiederum auf Einstellungen, Werte und letztlich den Lebensstil auswirken (Trommsdorff 2009, S. 58–59). Eine Handlung entsteht dann, wenn gerade hinsichtlich gesundheitsbetreffender Innovationen Werte, wie Vertrauen und Zuverlässigkeit, über das Nutzungsgut vermittelt werden. Dies geschieht unter Umständen durch beeinflussende Dritte. Bauer et. al beschreiben den Aufbau einer vertrauensvollen Kundenbeziehung im E-Health-Service als zentralen Baustein im Kundenbeziehungszyklus (Bauer et al. 2006, S. 440).

Hinsichtlich Gefährdungen für Privatsphäre und Datenschutz sind innerhalb der Bevölkerung möglicherweise Vorbehalte vorhanden, da das Neue nicht eingeschätzt werden kann (Engelen 2014, S. 284–285; Kirchgeorg und Lorbeer 2006). An dieser Stelle findet die Entscheidung für die Nutzung bzw. für den Kauf statt. Weiter handelt es sich um ein Nutzungskontinuum, das beinhaltet, dass in Verbindung mit hoher Akzeptanz eine tendenziell hohe Nutzungshäufigkeit ausgelöst wird und bei geringer Akzeptanz folglich die Häufigkeit und Intensität der Nutzung gering ausgeprägt sind. Zusätzliche Auswirkungen auf die Nutzungsakzeptanz haben auch die Lebenssituation bzw. die Rahmenbedingungen der Menschen im ländlichen Raum. So sind die Wohnsituation, die Möglichkeit zur Mobilität sowie die Ausprägung der Selbstverantwortung wichtige Faktoren (Glatzer und Ostner 1999, S. 284–286). Ebenso ist die Einbindung in soziale Netzwerke, die ermöglicht, auf unterschiedliche Art und Weise Interaktion und Unterstützung zu erhalten, eine wichtige Komponente, die das Gesundheitsverhalten beeinflussen wird (Knoll et al. 2017, S. 140–141). Auch die finanziellen Möglichkeiten sowie die zuverlässige Option, einen unkomplizierten Service in Anspruch nehmen zu können, sind von zentraler Bedeutung in der Nutzungsphase. Nur eine dauerhafte Nutzung führt schlussendlich zur Akzeptanz der digitalen Leistung. Diese ist kein Selbstläufer an sich.

4.4   Piloterhebung

4.4.1   Durchführung – Studiendesign und Untersuchungsmethode

Während eines eintägigen regionalen Gesundheitstags in Osthessen wurde durch Mitarbeiter:innen der Hochschule Fulda im Rahmen des Teilprojektes GetALL (Gesundheitstechnik für die Alltagsbewältigung) an der Hochschule im Jahr 2019 eine quantitative Erhebung durchgeführt mit dem Ziel, erste Hinweise zur Akzeptanz von digitalen Gesundheitsleistungen in der Bevölkerung zu erlangen. Gefördert wurde das Teilprojekt durch das Bund-Länder-Programm „Innovative Hochschule". Zum Einsatz kam ein zuvor entwickelter strukturierter und standardisierter dreiseitiger Fragebogen. Im hinteren Teil des Bogens wurden personenbezogene Daten abgefragt, die die Verfügbarkeit eines Handys, die Nutzung von Medien und Abfrage der Angabe des Mediums beinhalteten. Ebenso wurde nach Alter (in Altersgruppen), Geschlecht, Wohnregion, Wohn- und soziale Lebenssituation, Versichertenstatus und Nettoeinkommen (in Klassen) gefragt. Zu Beginn der Befragung wurde abgefragt, ob die Proband:innen Beeinträchtigungen haben und auf Hilfe Dritter angewiesen sind. Es konnte zudem angekreuzt werden, wer Hilfe leistet. Im Fokus stand die Abfrage nach technischem Wissen und Nutzung technischer Unterstützungsangebote. Ebenso wurde erhoben, wodurch entsprechende Kaufentscheidungen beeinflusst werden und wer u. U. beeinflussend wirkt. Es handelte sich um zwei Ja/Nein-Fragen mit jeweiligen Unterfragen („ja, und zwar …"). Zudem wurden 30 Fragen standardisiert anhand einer 5-Punkt-Likert-Skala formuliert. An fünf Stellen im Bogen gab es die Möglichkeit, schriftliche Ergänzungen vorzunehmen.

Insgesamt konnten 191 Personen mittels eines standardisierten Fragebogens befragt werden, deren Angaben in der Auswertung berücksichtigt wurden. Die wichtigsten Ergebnisse werden im Folgenden ausschnittweise dargelegt.

4.4.2   Ergebnisse

Strukturelle Fakten

Die Mehrheit der Befragten (30 %) ist 50–64 Jahre alt. 59 % sind Frauen. Bei der Frage nach der Versicherungsart geben 77 % der Teilnehmenden an, gesetzlich versichert zu sein, 19 % sind privat versichert und 4 % der Befragten machen hierzu keine Angaben. 15 % aller Proband:innen geben an, gesundheitlich beeinträchtigt zu sein. Hierbei wurde das subjektive Empfinden der Teilnehmenden abgefragt, losgelöst von ärztlichen Diagnosen. Auch die Schwere der Erkrankung sowie Multimorbidität blieben unberücksichtigt. Um einen Einblick in das technische Verständnis und die derzeitige Nutzung digitaler Kommunikationswege zu bekommen, wurde nach dem Gebrauch eines Handys und der Aktivität in sozialen Medien gefragt. Hierbei gaben 98 % der Befragten an, ein Handy zu besitzen und zu nutzen, 83 % bestätigten die Verwendung sozialer Netzwerke, geführt von Messengerdiensten.

Interesse und Nutzung digitaler Gesundheitsleistungen

Im Hinblick auf das Interesse an technischen gesundheitsnahen Innovationen gaben 66 % der Befragten mit GKV-Versicherungsstatus an, interessiert zu sein. Bei der Gruppe der PKV-Versicherten sind es 83 %. Bei der Frage nach der Nutzung digitaler Gesundheitsleistungen, insbesondere bei Gesundheits-Apps auf einem mobilen Endgerät, ist erkennbar, dass mit zunehmendem Alter die Nutzung deutlich abnimmt. In der Alterskohorte der bis zu 49-Jährigen nutzen 50 % entsprechende Leistungen, bei den 50–65-Jährigen sind es noch 26 % und bei den 65-Jährigen und Älteren 13 %. Es zeigt sich ein deutlicher Trend bei der Inanspruchnahme der Gruppe der unter 29- sowie der 30–49-Jährigen. In beiden Gruppen gibt etwa jeder Zweite an, Gesundheits-Apps auf dem Smartphone zu nutzen. In der Gruppe der 50–64-Jährigen ist es noch jede oder jeder Vierte. Bei den 65–85-Jährigen nur noch jede zehnte Person. Außerdem wird deutlich, dass der gesundheitliche Zustand die Nutzung beeinflusst. Von 182 antwortenden Personen hierzu geben 40 % der beeinträchtigten Menschen an, Gesundheits-Apps zu nutzen. Menschen ohne Beeinträchtigung nutzen die Apps in nur 32 % der Fälle.

Bedeutung beeinflussender Dritter bei Kaufentscheidungen
Von der eigenen **Partnerin oder dem Partner** bei der Kaufentscheidung beeinflusst zu werden, berichteten insgesamt 119 Befragte (Abb. 4.1). Die Befragung gibt Hinweise darauf, dass der Einfluss des oder der Partner:in in der Gruppe der 30–49-Jährigen deutlich stärker bewertet wird (58 %), verglichen mit den unter 30-Jährigen (31 %). Die Personen, die dem Rentenalter zugeordnet werden konnten, teilten in 44 % der Fälle mit, dass die Partnerin oder der Partner einen Einfluss auf die Kaufentscheidung hat. Im Weiteren gibt es Hinweise darauf, dass auch die körperliche Verfassung im Zusammenhang mit dem Einfluss des Partners oder der Partnerin steht. Während 52 % aller Befragten mit Beeinträchtigung der Aussage, dass sie durch Partnerin oder Partner in der Kaufentscheidung beeinflusst werden, „voll und ganz" oder „ziemlich" zustimmten, sind es in der Gruppe der Nichtbeeinträchtigten 31 %, die so antworteten.

Bei der Frage, ob die **Familie oder das soziale Netzwerk** Einfluss auf die Kaufentscheidung hat, ergeben sich Hinweise, dass gerade ab 65 Jahren der Einfluss des Umfeldes wächst. Insgesamt beantworteten 134 Personen diese Frage. Während die Zustimmung der Beeinflussung

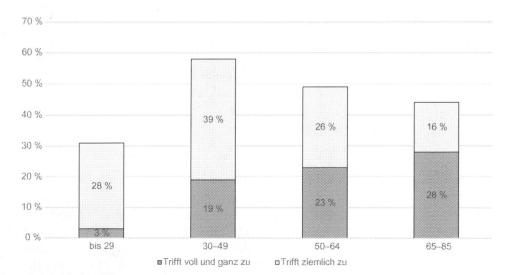

Abb. 4.1 Einfluss der Kaufentscheidung durch Partner:in. (Quelle: Eigene Darstellung)

in Altersklassen vor dem Renteneintritt annähernd konstant um die 40 %-Marke verbleibt, stimmen 62 % aller über 65-Jährigen zu, dass sie bei Kaufentscheidungen dem Einfluss des sozialen Umfeldes unterliegen (Abb. 4.2). Ebenso zeigen sich Hinweise, dass gesundheitlich beeinträchtigte Menschen etwas häufiger (60 %) unter Einfluss der Familie und des sozialen Netzwerks stehen als Personen ohne gesundheitliche Beeinträchtigungen (44 %).

Ob und wie stark sie bei Kaufentscheidungen von **Pflegekräften** beeinflusst werden, berichten 119 Befragte (Abb. 4.3). Aus der Subgruppenanalyse nach Alter ergeben sich Hinweise, dass sich der Einfluss auf Kaufentscheidungen mit zunehmendem Alter erhöht. Während im Alter bis 49 Jahre der Einfluss unter der 20 %-Marke bleibt, gaben bereits 35 % der 50–64-Jährigen an, „voll und ganz" oder „ziemlich" durch Pflegende bei Kaufentscheidungen beeinflusst zu werden. Bei der Gruppe der über 65-Jährigen sind es 48 % (siehe Abb. 4.3).

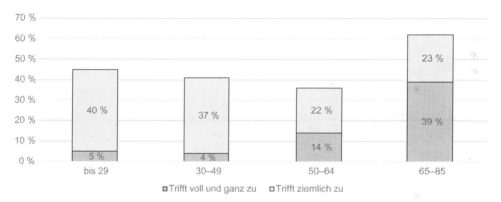

Abb. 4.2 Einfluss der Kaufentscheidung der Familie und soziales Netzwerk. (Quelle: Eigene Darstellung)

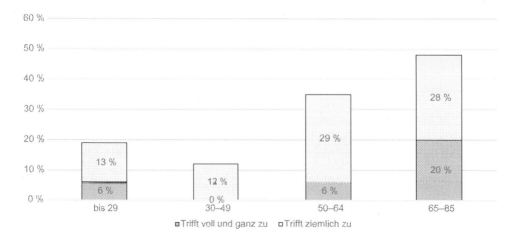

Abb. 4.3 Einfluss der Kaufentscheidung durch professionelle Pflegekräfte. (Quelle: Eigene Abbildung)

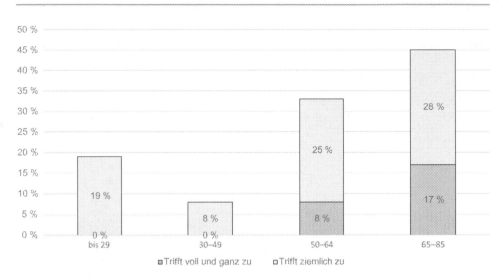

Abb. 4.4 Einfluss der Kaufentscheidung durch weitere Medizinalfachberufe. (Quelle: Eigene Abbildung)

115 Befragte machten Angaben dazu, ob und wie stark sie bei Kaufentscheidungen unter dem Einfluss von Logopäd:innen, Ergo- oder Physiotherapeut:innen stehen. Es zeigt sich in den beiden Altersgruppen unter 50 Jahren ein eher geringer Einfluss. Dieser nimmt jedoch mit zunehmendem Alter zu. 33 % der Befragten in der Altersgruppe der 50–64-Jährigen bestätigten einen Einfluss auf die Kaufentscheidung, in der Altersklasse der 65–85-Jährigen sind es 45 % (Abb. 4.4).

Außerdem beantworten 121 Personen die Frage, ob und wie stark sie sich bei Kaufentscheidungen unter dem **Einfluss von Menschen im Verein** sehen. Hier zeigt sich in der Klassifizierung nach Alter ein ähnliches, wenn auch abgeschwächtes Bild wie bei der Beeinflussung durch die Familie. Während bis zum Alter von 64 nur etwa jeder Zehnte sich den Einflüssen von anderen Vereinsmitgliedern ausgesetzt fühlt, sind es im Alter ab 65 Jahren fast jeder Fünfte. Gleichermaßen zeigen sich bezüglich der gesundheitlichen Beeinträchtigung hier keine Unterschiede im Antwortverhalten.

4.5   Diskussion

Es zeigt sich durch die Ergebnisse, dass die landläufige Annahme, dass Menschen mit zunehmendem Alter technische Unterstützungsleistungen weniger nutzen als Jüngere, zutrifft. Gleichermaßen aber zeigt sich, dass gerade ältere Menschen zunehmend von Hilfeleistungen profitieren könnten und insbesondere auch auf dritte Unterstützungspersonen im Rahmen einer Kaufentscheidung bauen würden. Insbesondere ländliche Kommunen benötigen entsprechend „Verbündete" bzw. Influencer, die zielgerichtet neue Prozesse, beispielsweise des generationenübergreifenden Lernens vor Ort, umsetzen, um im Miteinander der Generationen den Wissenstransfer (auch) bezüglich neuer digitaler Möglichkeiten in den Lern- und Bildungsprozessen zu initiieren (z. B. Franz et al. 2009, S. 10). Auch konkrete Delegationsmodelle zur Entlastung der Hausärzte, wie beispielsweise die Weiterbildung medizinischen Fachpersonals zur sog. nichtärztlichen Praxisassistenz (NäPA), könnte hier ein Ansatzpunkt sein (Nuding und Thromälen 2016, S. 320). Es gilt, Chancen zu nutzen, um in den dynamischen Prozess der Akzeptanz bereits bei der Entwicklung digitaler Gesundheitsleistungen die Klient:innensicht stärker als bislang mit einzubinden. Trotz dieser Überlegungen müssen die Ergebnisse, die sich aus der Befragung ergeben, im Kontext ihrer Limitationen betrachtet werden. Sie werden unter anderem begrenzt durch die nicht zufällige Auswahl der Teilnehmenden. Die an der Befragung teilgenommenen Personen wurden auf einer Gesundheitsmesse angesprochen und um Mithilfe gebeten. Es kann also angenommen werden, dass die angetroffenen Personen ein Interesse an der eigenen Gesundheit und Innovationen im Bereich der Alltagshilfe oder Gesundheitsversorgung besitzen. Schwer kranke und immobile Menschen sind vermutlich unterrepräsentiert, ebenso wie gesunde, junge Menschen. Die Repräsentativität der Stichprobe muss also für die Gesamtbevölkerung kritisch hinterfragt werden. Dennoch können die erhobenen Daten Hinweise auf mögliche Zusammenhänge geben und zeigen den bestehenden Forschungsbedarf auf.

Gesellschaftlich betrachtet lässt sich abschließend etwas ausholen und feststellen, dass Werte als sogenannte mentale Steuerungsmittel der Veränderung unterliegen. Nach Horx erzeugen sie in der Gesellschaft einen „Common sense", der mit den Wandlungen der jeweiligen Epochen neuen Input für die Gleichgewichte der sozialen Systeme benötigt. So wäre die von Horx beschriebene Wandlung von der Egomanie hin zum „kooperativen Ich" eine wünschenswerte Weiterentwicklung. Die Werteentwicklung wiederum nimmt Einfluss auf die kulturellen Aspekte der Bevölkerung (Horx 2000, S. 55–56). Ein sich gegenseitiges Helfen würde Menschen, unabhängig von ihrem Wohnort und ihrer individuellen Befindlichkeit und Lebensqualität, in ihrer jeweiligen Selbstkompetenz und -wirksamkeit stärken und sie somit im Sinne der Gesundheitskompetenz bestärken und befähigen, selbstbestimmt möglichst lange zu leben. In der durch Dritte begleiteten Nutzung digitaler Unterstützungsleistungen werden diese gemeinsam verstanden, erprobt und angewandt und schlussendlich individuell selbstständig genutzt und akzeptiert werden.

Literatur

AAL (2017) Startschuss für neues AAL-Netzwerk. http://osthessen-news.de/n1243591/fulda-damit-man-im-alter-länger-selbständig-bleiben-kann.html. Zugegriffen am 13.03.2017
Albrecht U-V (2016) Kurzfassung, aus: Chancen und Risiken von Gesundheits-Apps, Charismha, Medizinische Hochschule Hannover. https://www.bundesgesundheitsministerium.de/fileadmin/Dateien/3_Downloads/A/App-Studie/CHARISMHA_Kurzfassung_V.01.3-20160424.pdf. Zugegriffen am 27.02.2023
Bauer H, Neumann M, Schüle A (2006) Konsumentenvertrauen. Konzepte und Anwendungen für ein nachhaltiges Kundenbindungsmanagement. Vahlen, München, S 440

Baumann E, Czerwinski F, Rosset M, Seelig M, Suhr R (2020) Wie informieren sich die Menschen in Deutschland zum Thema Gesundheit? Erkenntnisse aus der ersten Welle von HINTS Germany. Bundesgesundheitsbl Gesundheitsforsch Gesundheitsschutz 9:1151–1160

Bertelsmann Stiftung (2008) Veränderung des Medianalters in Landkreisen und kreisfreien Städten. Gütersloh

BMG (2015) Telemedizin. https://www.bundesgesundheitsministerium.de/service/begriffe-von-a--z/t/telemedizin.html. Zugegriffen am 27.02.2023

BMG (2022) E-Health. https://www.bundesgesundheitsministerium.de/service/begriffe-von-a-z/e/e-health.html. Zugegriffen am 27.02.2023

Brenck A, Gipp C, Nienaber P (2016) Mobilität sichert Entwicklung. Herausforderungen für den ländlichen Raum, ADAC-Studie, IGES Institut GmbH im Auftrag des ADAC e. V., Berlin

Bundesärztekammer (2015) Telemedizinische Methoden in der Patientenversorgung – Begriffliche Verortung. Berlin, S 2

Dehne P (2013) Ein Umbau der Daseinsvorsorge in ländlichen Regionen ist notwendig. Bundesanstalt für Landwirtschaft und Ernährung: Daseinsvorsorge in ländlichen Räumen unter Druck. Wie reagieren auf den demografischen Wandel. Januar:6–8

Dorfladen-Netzwerk (2016) Dorfladen. http://dorfladen-netzwerk.de/. Zugegriffen am 14.11.2016

Engelen L (2014) Heath 2.0 Update. In: Bellinger A, Krieger D (Hrsg.) Gesundheit 2.0. Das ePatienten-Handbuch. transcript, Bielefeld

Ewert S (2021) Ländliche Räume in Deutschland, ein Überblick, 18.11.2021. https://www.bpb.de/themen/stadt-land/laendliche-raeume/334146/laendliche-raeume-in-deutschland-ein-ueberblick/. Zugegriffen am 27.02.2023

Forsa (2009) Forsa-Umfrage im Auftrag des GKV Spitzenverbandes 2009 Praxisöffnungszeiten – Befragung in Arztpraxen. https://www.gkvspitzenverband.de/media/dokumente/presse/pressemitteilungen/2011/Forsa-Umfrage_GKV_Praxisoeffnungszeiten_16104.pdf. Zugegriffen am 06.05.2019

Franz J, Frieters N, Scheunpflug A, Tolksdorf M, Arnzt E-M (2009) Generationen lernen gemeinsam. Theorie und Praxis intergenerationeller Bildung, Bielefeld

Germerott I (2023) Stadtflucht in Deutschland: Immer mehr Menschen ziehen aufs Land; 17.01.2023. https://www.nationalgeographic.de/geschichte-und-kultur/2023/01/stadtflucht-in-deutschland-immer-mehr-menschen-ziehen-aufs-land. Zugegriffen am 27.02.2023

Glatzer W, Ostner I (Hrsg) (1999) Deutschland im Wandel. Sozialstrukturen und Analysen, Opladen

Horx M (2000) Die acht Sphären der Zukunft. Ein Wegweiser in die Kultur des 21. Jahrhunderts. Signum, Hamburg

IPP (2010) Im Fokus: Alter, Wohnen und Technik, IPP Info 2009/10. Newsletter des IPPP Bremen, 05. Jahrgang, Ausgabe 8. http://www.ipp.uni-bremen.de/uploads/Downloads/IPP_Info/IPP_info_no8_rz_web_V030210.pdf. Zugegriffen am 13.03.2017

Kirchgeorg M, Lorbeer A (2006) Bedeutung von Vertrauen für Kundenbeziehungen bei E-Health-Anbietern. In: Bauer HH, Neumann MM, Schüle A (Hrsg) Konsumentenvertrauen. Konzepte und Anwendungen für ein nachhaltiges Kundenbindungsmanagement. Vahlen, München

Knoll N, Scholz U, Rieckmann N (2017) Einführung Gesundheitspsychologie, 4. Aufl. UTB, Stuttgart

Kollmann T (2000) Die Messung der Akzeptanz bei Telekommunikationssystemen. JFB – J Betriebswirtsch 2:68–78

Lux T, Breil B, Dörries M, Gensorowsky D, Greiner W, Pfeiffer D, Rebitschek FG, Gigerenzer G, Wagner GG (2017) Digitalisierung im Gesundheitswesen – zwischen Datenschutz und moderner Medizinversorgung. Wirtschaftsdienst 97:687–703

Mayer S (2008) AAL – Technologien – eine Antwort auf den demographischen Wandel. IVAM e. V., Dortmund, S 1–2

Misoch S (2015) AAL: Ambient Assisted Living-Unterstützung für ein gesundes Altern und Chancen für Medizin und Pflege. Ther Umsch 72(9):561–565

Nuding A, Thromälen J (2016) TeleArzt – Ihr Arzt vor Ort. In: Knieps F, Pfaff H (Hrsg) BKK Gesundheitsreport: Digitale Arbeit – Digitale Gesundheit. MWV, Berlin, S 318–324

Rode-Schubert, C (2012) Ambient Assisted Living – ein Markt der Zukunft, BMBF/VDE Innovationspartnerschaft (Hrsg). VDE, Berlin

Scheffler H (2014) Einführung aus Sicht der Marktforschung. In: König C, Stahl M, Wiegand E (Hrsg) Soziale Medien. Gegenstand und Instrument der Forschung, Schriftenreihe der ASI – Arbeitsgemeinschaft Sozialwissenschaftlicher Bücher. Springer, Berlin, S 13–28

SONIA (2016) Soziale Teilhabe durch technikgestützte Kommunikation. verbundprojekt-sonia.de/fileadmin/content/ergebnisberichte/Abschlussbroschuere_SONIA_72dpi.pdf. Zugegriffen am 24.02.2017

Straub C (2022) Telemedizin: Hürden abbauen – Patientennutzen steigern, Oktober 2022. https://www.barmer.de/gesundheit-verstehen/mensch/gesundheit-2030/zukunft-gesundheitswesen/telemedizin-ausbauen-1138460. Zugegriffen am 27.02.2023

Ternès A, Towers I, Jerusel M (2015) Konsumentenverhalten im Zeitalter der Digitalisierung: trends: E-commerce, M-commerce und connected retail. Springer, Berlin

Trommsdorff V (2009) Konsumentenverhalten. Kohlhammer, Stuttgart

Venkatesh V, Morris MG, Davis GB, Davis FD (2003) User acceptance of information technology – toward a unified view. MIS Q 27:425–478

Zangenmeister C (2012) Mit intelligenter Technik zu neuen Dienstleistungen für Senioren (MIDIS) Leitfaden und Instrumente zur kooperativen Entwicklung mikrosystemtechnisch basierter Dienstleistungen. BoD, Hamburg

Die Bedeutung der häuslichen Lebenssituation für die digitale Teilhabe älterer Menschen – Erkenntnisse aus der Befragung „Digi-Land"

5

Florian Meier, Anna-Kathleen Piereth, Anne-Katrin Olbrich und Adelheid Susanne Esslinger

5.1 Sind ältere Menschen in ländlichen Räumen Teil der digitalen Gesellschaft?

Die Digitalisierung prägt als gesamtgesellschaftliche Entwicklung die Bevölkerung Deutschlands nachhaltig und eröffnet eine Vielzahl an Möglichkeiten zur Gestaltung des Alltags in allen Lebensphasen (Simonson et al. 2013, S. 410; Hagemann 2017). Allerdings haben ältere Menschen vergleichsweise größere Schwierigkeiten bei der Technologienutzung und verfügen oft nicht ausreichend über die erforderlichen digitalen Kompetenzen zur Nutzung der ihnen theoretisch offenstehenden Möglichkeiten. So erleben viele Vertreter der alternden Bevölkerung die große digitale Kluft (digital divide) des 21. Jahrhunderts (Blažič und Blažič 2020, S. 259; Schelling und Seifert 2010, S. 1 2; Huxhold und Otte 2019) als „digitaler Outsider" (Meine 2017, S. 23).

Der ländliche Raum ist – wenn auch mit regionalen Disparitäten – gemeinhin durch Bevölkerungsrückgang, einen überdurchschnittlich hohen Anteil älterer Bürger sowie den Abbau der Daseinsvorsorge gekennzeichnet. Angebote der Basisdienstleistung und der Grundversorgung nehmen vielerorts ab oder sind bereits nicht mehr vorhanden. Dem-

---

F. Meier (✉) · A.-K. Piereth
SRH Wilhelm Löhe Hochschule Fürth, Fürth, Deutschland

A.-K. Olbrich
Verband der Ersatzkassen e. V. (vdek); Landesvertretung Sachsen, Dresden, Deutschland
E-Mail: anne katrin.olbrich@vdek.com

A. S. Esslinger
Hochschule Coburg, Coburg, Deutschland
E-Mail: susanne.esslinger@hs-coburg.de

gegenüber steht eine steigende Anzahl immobiler hochbetagter Menschen, die bei der Überwindung räumlicher Entfernungen zur Inanspruchnahme zentralisierter Versorgung auf die Unterstützung Dritter angewiesen sind (BMEL 2016). Dies ist als besonders problematisch anzusehen, da das Risiko sozialer Isolation mit dem Älterwerden von 2 % im Alter von 40 Jahren auf 22 % im Alter von 90 Jahren ansteigt (Huxhold und Engstler 2019). Die Präsenz digitaler Technologien kann als große Chance verstanden werden, dieses zentrale Problem anzugehen. Digitale Innovationen bergen ein erhebliches Potenzial, die Teilhabe der alternden Bevölkerung im ländlichen Raum auf vielen Ebenen, wie etwa durch die Erleichterung der (digitalen) Durchführung von Geschäften des täglichen Bedarfs (beispielsweise Online-Shopping oder Online-Banking), der Kommunikation und damit der Erhöhung der Lebensqualität zu befördern (Genske et al. 2020, S. 5). Jedoch kann das digitale Potenzial nicht geschöpft werden, wenn ältere Menschen die Nutzungsanforderungen aufgrund fehlender Digital Literacy nicht erfüllen. Hierbei spielen das soziale Umfeld und der Einfluss bzw. die Hilfe Dritter für das Angebot und die Akzeptanz digitaler Unterstützungsleistungen eine wesentliche Rolle. Dies wurde bereits im Technikakzeptanzmodell (eTAM) (Beitrag 2 in diesem Band, Esslinger et al.) beschrieben und soll hier nun empirisch untersucht werden.

Vor diesem Hintergrund leitet sich die Frage ab, welche Bedeutung die häusliche Lebenssituation für die digitale Teilhabe älterer Menschen im ländlichen Raum hat. Hierfür werden zunächst der Status quo der digitalen Anbindung, die Aufgeschlossenheit und die Nutzung beschrieben und anschließend wesentliche Determinanten in Bezug darauf bestimmt.

5.2   Digi-Land: Forschung im osthessischen Landkreis als Stellvertreter für ländliche Regionen

Der ausgewählte Landkreis entspricht aufgrund einer geringen Bevölkerungsdichte mit 110,1 Einwohnern pro Quadratkilometer einer ländlichen Region. Bei einer Gleichverteilung in fünf Klassen befindet sich Hersfeld-Rotenburg in der vorletzten Klasse mit der geringsten Bevölkerungsdichte im Vergleich zu anderen kreisfreien Städten und Landkreisen in Deutschland (Statistische Ämter des Bundes und der Länder 2018). Das Forschungsprojekt mit den Projektpartnern des Landkreises stand wissenschaftlich unter dem Dach des Verbundprojekts RIGL (Regionales Innovationszentrum Gesundheit und Lebensqualität) und GetAll (Gesundheitstechnik für die Alltagsbewältigung) an der Hochschule Fulda (Hochschule Fulda 2020). Gefördert wurde es durch das Bund-Länder-Programm „Innovative Hochschule". Die Studie steht außerdem in Verbindung mit dem AAL-Projekt (Alltagsunterstützende Assistenzlösungen) des Landkreises, welches es sich zur Aufgabe macht, durch den Aufbau von altersgerechten Assistenzsystemen die Bevölkerung vor Ort zu unterstützen (Gemeinde Hauneck 2019; Landkreis Hersfeld-Rotenburg 2021). Ziel des AAL-Projekts ist es, ältere Menschen so lange wie möglich den

Verbleib im eigenen häuslichen Umfeld zu ermöglichen. Dem Fachdienst für Senioren aus der kommunalen Seniorenbetreuung des Landkreis Hersfeld-Rotenburg wurde die Leitung der Projektkoordination übertragen. Öffentliche Förderung erhält das Projekt vom Hessischen Ministerium für Integration und Soziales aus den Mitteln zur Umsetzung der UN-Bürgerrechtskonvention. Konkret wurde eine Kommunikationsplattform (nebenan. de) eingerichtet, die eine einheitliche und nutzerfreundliche Oberfläche gewährleistet. Die Online-Plattform soll zum Austausch dienen, die soziale Teilhabe fördern und die Nachbarschaftshilfe ausbauen. Unterstützung findet das Projekt ebenfalls von dem „Haunecker Internet Café für Senioren" (siehe Beitrag 14 in diesem Band von Scherer), in dem regelmäßig Informations- und Schulungsangebote rund um das Internet und digitale Medien stattfinden. Dabei sollen besonders Ältere unterstützt werden, die sich in der „Digitalen Welt" noch nicht zu Hause fühlen (ebenda). Die Hochschule Fulda stieg begleitend als wissenschaftlicher Partner im Frühjahr 2020 ein.

5.3   Studiendesign und Untersuchungsmethoden

Gesellschaftliche Teilhabe älterer Menschen ist bedingt durch sozioökonomische Faktoren, infra-strukturelle Rahmenbedingungen und Sicherungssysteme, aber auch durch die Unterstützung familiärer und freundschaftlicher Strukturen (Jopp 2013; Kruse 2009). Daher wird durch die folgende Untersuchung auf Basis ausgewählter Digi-Land-Daten ermittelt, ob und inwiefern die digitale Teilhabe älterer Menschen im ländlichen Raum durch das soziale Umfeld beeinflusst wird und welche Implikationen sich hieraus für die Gestaltung von Gesellschaft und Versorgung ableiten lassen. Für das Projekt wurde eine Befragung im Landkreis Hersfeld-Rotenburg in den beiden Wohnorten Friedewald mit einer offiziellen Einwohnerzahl von 2403 (Gemeinde Friedewald 2020) und Hauneck mit 3208 (Gemeinde Hauneck 2020) durchgeführt. Unter Berücksichtigung der Einschlusskriterien ergab sich somit eine Grundgesamtheit von N = 1781, wobei 808 Personen aus der Gemeinde Friedewald und 973 aus der Gemeinde Hauneck stammen. Als Setting der Studie wurde die ländliche Bevölkerung über 65 Jahren ausgewählt. Diese Auswahl lässt sich darin begründen, dass der Ruhestand mit 65 als ein besonderer Wendepunkt im Leben eines Menschen gesehen wird. Somit wird das Einschlusskriterium der Zielgruppe durch die Pre-Pensionierung bzw. vorberufliche Phase und Post-Pensionierung bzw. nachberufliche Phase gekennzeichnet (Kohlbacher und Herstatt 2008; Meiners und Seeberger 2010, S. 301). Mit Hilfe der Daten des Bevölkerungsregisters, der Zahlen des Hessischen Statistischen Landesamts (Statistik.Hessen 2020) und des Landkreises Hersfeld-Rotenburg wurde sich als Ziel gesetzt, eine Voll- bzw. Totalerhebung durchzuführen. Dadurch sollten Aussagekraft und Qualität der Studie erhöht werden, wodurch die gewonnenen Befunde belastbarer sind als bei einer Stichprobenziehung. Gleichwohl geht mit einer Totalerhebung eine geringere Ausschöpfungsquote einher (Häder und Häder 2014, S. 283).
    Die Fragebogenentwicklung zur Erhebung der Bedarfe an technischen Assistenzsysteme und digitalen Kommunikationssysteme der Bevölkerung 65 plus (ohne kognitive

Einschränkungen) im ländlichen Raum Landkreis Hersfeld-Rotenburg fand im Jahr 2020 statt.[1] Die empirische Studie Digi-Land gibt unter anderem Antworten auf die eingeführte Frage. Grundlage für Inhalt und Aufbau des Fragebogens ist das theoretische Technik-akzeptanzmodell, kurz TAM (Davis 1985; Venkatesh und Davis 2000; Jockisch 2009; Kollmann 2013). Alle Items wurden mit diesem begründet und im erweiterten eTAM (siehe Beitrag 3 Esslinger et al. in diesem Band) eingeordnet (Das eTAM wurde im Rahmen des Forschungsprojektes durch das Forscher:innenteam entwickelt). Der Fragebogen bestand aus 35 überwiegend geschlossenen Fragen und umfasste die folgenden Teil-bereiche: Internetverfügbarkeit und Aufgeschlossenheit; Erwartung und Nutzen durch technische Hilfsmittel; Einflussfaktoren bei Entscheidung zum Kauf; Sicherheit zu Hause; Fragen zur Person. Für die Befragung wurden 1800 Fragebögen gedruckt und durch den Auftraggeber des Landkreises Hersfeld-Rotenburg an alle gemeldeten und zur Zielgruppe gehörigen Personen postalisch verteilt. Die Bögen wurden anschließend persönlich durch den Fachdienst Senioren mit Unterstützung von Projektmitarbeitenden der Hochschule Fulda eingesammelt. Durch diese Vorgehensweise wurde versucht, die persönliche Nähe und Teilnahmebereitschaft zu erhöhen, denn die Nonresponse-Probleme in der empiri-schen Sozialforschung stiegen während der letzten Jahre. Die Befragung Digi-Land hat mit einer Rücklaufquote von 31,3 % bei einer Anzahl von insgesamt 411 gültigen Ab-gaben einen akzeptablen Wert erreicht, um allgemeingültige Aussagen in Bezug auf die Grundgesamtheit zu generieren (Baur und Blasius 2014, S. 50).

Die Daten wurden deskriptiv analysiert. Die Ergebnisse werden mit absoluten und re-lativen Häufigkeiten dargestellt. Zusätzlich wurde unter Anwendung eines Chi²-Tests bei nominal skalierten und Mann-Whitney-U-Tests bei ordinal skalierten Variablen die Ver-teilung in den Gruppen überprüft. Bei einem p-Wert von 0,05 werden die Ergebnisse als statistisch signifikant gekennzeichnet.

5.4   Ergebnisse

5.4.1   Stichprobenbeschreibung – zur Person

Für diese Untersuchung konnten 360 gültige Fragebögen herangezogen werden. Die Mehrheit (66,4 %) der Befragten ist zwischen 65 und 74 Jahren alt, 27,1 % haben ein Alter zwischen 75 und 84 Jahren, 6,6 % sind 85 Jahre alt oder älter. Hinsichtlich der Geschlechter-verteilung zeigt sich, dass mit 55,8 % die meisten Studienteilnehmer männlich sind. Der Großteil (53,4 %) der Befragten hat als höchsten Bildungsabschluss einen Haupt-/Volks-schulabschluss. Hiernach sind mit 28,4 % die Mittlere Reife und mit 5,5 % die Allgemeine Hochschulreife als häufigste Bildungsabschlüsse in der Stichprobe vertreten. Lediglich 12,8 % verfügen über einen Hochschulabschluss als höchsten Bildungsabschluss. Mehr

[1] An dieser Stelle gilt der Dank den beiden ehemaligen Studierenden der Hochschule Fulda, Lukas Finkeldey und Selina Dräger, für ihre Unterstützung bei der Fragebogenentwicklung.

als ein Drittel (37,2 %) der Befragungsteilnehmer gibt einen Grad der Behinderung (GdB) an. 15,3 % haben einen GdB von 50, 8,3 % einen GdB von 60–70. Bei 8,1 % liegt er bei 30–40 und bei weiteren 5,3 % bei 80–100. Lediglich 0,3 % der Betroffenen geben an, einen GdB von 20 zu haben. Eine geschlechterspezifische Differenzierung innerhalb der Stichprobe offenbart, dass anteilmäßig mehr Männer (49,0 %) als Frauen (34,9 %) in einem Mehrpersonenhaushalt leben und mehr Frauen (8,4 %) als Männer (7,8 %) allein-lebend sind.

5.4.2 Ausstattung, Aufgeschlossenheit und Nutzungsverhalten

Die meisten Studienteilnehmer (87,3 %) haben im eigenen Haushalt einen Internetzugang. Im Hinblick darauf ist allerdings zu konstatieren, dass dieser Anteil bei Alleinlebenden höchst signifikant (p 0,001) niedriger ist als bei nicht alleinlebenden Personen (64,3 % vs. 91,8 %, vgl. Tab. 5.1). Auch in Bezug auf die Zugriffsmöglichkeit auf einen Computer/PC in der Häuslichkeit, welcher sich insgesamt auf einem geringeren Niveau als der Inter-netzugang befindet (72,4 %), ist eine erhebliche Differenz zwischen alleinlebenden und nicht alleinlebenden Personen festzustellen: Hoch signifikant (p 0,01) weniger Allein-lebende als nicht Alleinlebende haben Zugriff auf einen Computer/PC (55,3 % vs. 72,4 %, vgl. Tab. 5.1). Ebenfalls werden deutlich geringere, wenn auch nicht signifikante, Zu-griffsmöglichkeiten alleinlebender älterer Personen auf die Endgeräte Handy/Smartphone (84,0 % vs. 91,9 %) oder Tablet (36,2 % vs. 49,6 %) ersichtlich (vgl. Tab. 5.1).

Gemäß der durchgeführten Analyse wird nicht nur die Ausstattung, sondern auch die Aufgeschlossenheit älterer Menschen hinsichtlich digitaler Kommunikations- und techni-scher Assistenzsysteme betrachtet (vgl. Tab. 5.2). Nicht alleinstehende sind hoch signi-fikant (p 0,01) aufgeschlossener als alleinstehende ältere Menschen. Nur 14,0 % der

Tab. 5.1 Technische Ausstattung der Haushalte

	Nicht allein	Allein	Gesamt	
	n (%)	n (%)	n (%)	p-Wert
Kein Internet im eigenen Haushalt	24 (8,2)	20 (35,7)	44 (12,7)	**0,001***
Internet im eigenen Haushalt	267 (91,8)	36 (64,3)	303 (87,3)	
Gesamt	291 (100,0)	56 (100,0)	347 (100,0)	
Keine PC-Nutzung	66 (24,6)	21 (44,7)	87 (27,6)	**0,005****
PC-Nutzung	202 (75,4)	26 (55,3)	228 (72,4)	
Gesamt	268 (100,0)	47 (100,0)	315 (100,0)	
Keine Handy-Nutzung	23 (8,1)	8 (16,0)	31 (9,3)	0,076
Handy-Nutzung	261 (91,9)	42 (84,0)	303 (90,7)	
Gesamt	284 (100,0)	50 (100,0)	334 (100,0)	
Keine Tablet-Nutzung	122 (50,4)	30 (63,8)	152 (52,6)	0,092
Tablet-Nutzung	120 (49,6)	17 (36,2)	137 (47,4)	
Gesamt	242 (100,0)	47 (100,0)	289 (100,0)	

*(p 0,05); **(p 0,01); ***(p 0,001)

Tab. 5.2 Aufgeschlossenheit gegenüber digitalen Systemen

	Nicht allein	Allein	Gesamt	
	n (%)	n (%)	n (%)	p-Wert
Trifft voll und ganz zu	84 (29,7)	7 (14,0)	91 (27,3)	**0,002****
Trifft eher zu	67 (23,7)	12 (24,0)	79 (23,7)	
Teils/teils	100 (35,3)	16 (32,0)	116 (34,8)	
Trifft eher nicht zu	21 (7,4)	8 (16,0)	29 (8,7)	
Trifft gar nicht zu	11 (3,9)	7 (14,0)	18 (5,4)	
Gesamt	283 (100,0)	50 (100,0)	333 (100,0)	

*(p 0,05); **(p 0,01); ***(p 0,001)

Tab. 5.3 Nutzungshäufigkeit von Computer/PC, Handy/Smartphone und Tablet

		Nicht allein	Allein	Gesamt	
	Häufigkeit	n (%)	n (%)	n (%)	p-Wert
Computer-/PC-Nutzung	Täglich	106 (39,6)	12 (25,5)	118 (37,5)	**0,007****
	Öfter in der Woche	58 (21,6)	7 (14,9)	65 (20,6)	
	Einmal pro Woche	17 (6,3)	4 (8,5)	21 (6,7)	
	Seltener	21 (7,8)	3 (6,4)	24 (7,6)	
	Nie	66 (24,6)	21 (44,7)	87 (27,6)	
	Gesamt	268 (100,0)	47 (100,0)	315 (100,0)	
Handy-/Smartphone-Nutzung	Täglich	162 (57,0)	21 (42,0)	183 (54,8)	**0,028***
	Öfter in der Woche	43 (15,1)	9 (18,0)	52 (15,6)	
	Einmal pro Woche	10 (3,5)	1 (2,0)	11 (3,3)	
	Seltener	46 (16,2)	11 (22,0)	57 (17,1)	
	Nie	23 (8,1)	8 (16,0)	31 (9,3)	
	Gesamt	284 (100,0)	50 (100,0)	334 (100,0)	
Tablet-Nutzung	Täglich	66 (27,3)	6 (12,8)	72 (24,9)	0,055
	Öfter in der Woche	24 (9,9)	7 (14,9)	31 (10,7)	
	Einmal pro Woche	6 (2,5)	0 (0,0)	6 (2,1)	
	Seltener	24 (9,9)	4 (8,5)	28 (9,7)	
	Nie	122 (50,4)	30 (63,8)	152 (52,6)	
	Gesamt	242 (100,0)	47 (100,0)	289 (100,0)	

*(p 0,05); **(p 0,01); ***(p 0,001)

alleine Lebenden sind sehr aufgeschlossen („trifft voll und ganz zu") im Vergleich zu 29,7 % der Gruppe der nicht alleine lebenden Älteren.

Im Sinne des Phasenverlaufs von der Schaffung der erforderlichen Voraussetzungen für den Einsatz digitaler Technologien und einer positiven Einstellung wird an dieser Stelle das Nutzungsverhalten betrachtet (dazu siehe auch Beitrag 3, Esslinger et al.).

Das Nutzungsverhalten älterer Menschen im Hinblick auf die Endgeräte Computer/PC, Handy/Smartphone sowie Tablet differiert deutlich, teilweise auch signifikant, zwischen den Sozialkonstellationen „alleinlebend" und „nicht alleinlebend" (vgl. Tab. 5.3): 61,2 %

der in Mehrpersonenhaushalten lebenden älteren Menschen nutzen einen Computer/PC öfter als einmal wöchentlich oder täglich, wohingegen dies nur bei 40,4 % der alleinlebenden älteren Menschen der Fall ist. Hervorzuheben ist, dass mehr als ein Viertel (27,6 %) der Studienteilnehmenden und sogar 44,7 % der Alleinlebenden angeben, nie einen Computer/PC zu nutzen. Das Endgerät Handy/Smartphone wird im Vergleich von den meisten Befragten (90,7 %) mindestens selten genutzt. Auch hier sind signifikante Unterschiede in der Intensität des Nutzungsverhaltens auffallend. 72,1 % der nicht alleinlebenden älteren Menschen nutzen ein Handy/Smartphone häufiger als einmal in der Woche oder täglich, während dies lediglich bei 60,0 % der alleinlebenden älteren Befragungsteilnehmenden zu beobachten ist. Die Tablet-Nutzung fällt mit durchschnittlich 52,6 % der Befragten, welche dieses Endgerät nie nutzen, bei Weitem am geringsten aus. Gleichwohl lassen sich in der Nutzungsintensität geringfügige, nicht signifikante Differenzen zwischen den Sozialkonstellationen feststellen. Beispielsweise erfolgt eine tägliche Tablet-Nutzung durch 27,3 % der nicht alleinlebenden und lediglich 12,8 % der alleinlebenden Studienteilnehmenden.

Im Kontext der Internetnutzung für diverse Anwendungen oder Aktivitäten stellen sich signifikante Unterschiede in der Nutzung von Messenger-Diensten und bei Online-Einkäufen durch alleinlebende bzw. nicht alleinlebende ältere Menschen heraus (vgl. Tab. 5.4). Die Hälfte (50,0 %) der in Einpersonenhaushalten lebenden Befragten nutzt Messenger-Dienste laut eigener Angabe nie, wohingegen dies nur auf ein Drittel (33,3 %) der Studienteilnehmenden in Mehrpersonenhaushalten zutrifft (vgl. Tab. 5.4). Umgekehrt erfolgt eine intensivere Nutzung von Messenger-Diensten häufiger als einmal in der Woche oder täglich durch 58,9 % der nicht alleinlebenden und 40,0 % der alleinlebenden älteren Menschen. Für die individuelle Daseinsvorsorge relevanten Internetanwendungen bzw. -aktivitäten des Online-Einkaufs und des Online-Bankings werden insgesamt im Durchschnitt seltener genutzt. Die Nicht-Nutzung des Online-Einkaufs in der untersuchten Stichprobe beläuft sich auf durchschnittlich 44,9 %, die des Online-Bankings auf 57,3 %. In Bezug auf die vorgenannten Internetanwendungen lassen sich erneut geringfügige Differenzen in der Nutzungsintensität zwischen den Sozialkonstellationen festhalten, welche auf eine tendenziell häufigere Inanspruchnahme durch nicht alleinstehende ältere Menschen hindeuten (vgl. Tab. 5.4). Unter den Befragten wird das Internet am häufigsten für den Zugriff auf Gesundheitsinformationen verwendet, 65,2 % der Befragungsteilnehmenden geben mindestens eine „seltene" Nutzung an. Des Weiteren existieren die auffälligsten, wenn auch nicht signifikanten, Unterschiede hinsichtlich der häuslichen Lebenssituation in der Nicht-Nutzung (32,7 % der nicht Alleinlebenden vs. 46,7 % der Alleinlebenden) sowie der intensiven, häufiger als einmal wöchentlichen Nutzung (16,1 % der nicht Alleinlebenden vs. 6,7 % der Alleinlebenden) von Gesundheitsinformationen.

Tab. 5.4 Nutzungshäufigkeit von Messenger-Diensten, Online-Einkauf, Online-Banking, Gesundheitsinformationen

	Häufigkeit	Nicht allein n (%)	Allein n (%)	Gesamt n (%)	p-Wert
Messenger-Dienste	Täglich	109 (40,4)	14 (28,0)	123 (38,4)	**0,025***
	Öfter in der Woche	50 (18,5)	6 (12,0)	56 (17,5)	
	Einmal pro Woche	2 (0,7)	2 (4,0)	4 (1,3)	
	Seltener	19 (7,0)	3 (6,0)	22 (6,9)	
	Nie	90 (33,3)	25 (50,0)	115 (35,9)	
	Gesamt	270 (100,0)	50 (100,0)	320 (100,0)	
Online-Einkauf	Täglich	3 (1,1)	1 (2,1)	4 (1,3)	**0,037***
	Öfter in der Woche	23 (8,6)	2 (4,2)	25 (7,9)	
	Einmal pro Woche	26 (9,7)	4 (8,3)	30 (9,5)	
	Seltener	103 (38,4)	12 (25,0)	115 (36,4)	
	Nie	113 (42,2)	29 (60,4)	142 (44,9)	
	Gesamt	268 (100,0)	48 (100,0)	316 (100,0)	
Online-Banking	Täglich	26 (9,8)	3 (6,3)	29 (9,2)	0,113
	Öfter in der Woche	48 (18,0)	7 (14,6)	55 (17,5)	
	Einmal pro Woche	29 (10,9)	4 (8,3)	33 (10,5)	
	Seltener	16 (6,0)	1 (2,1)	17 (5,4)	
	Nie	147 (55,3)	33 (68,8)	180 (57,3)	
	Gesamt	266 (100,0)	48 (100,0)	314 (100,0)	
Gesundheits-informationen	Täglich	11 (4,3)	0 (0,0)	11 (3,7)	0,065
	Öfter in der Woche	30 (11,8)	3 (6,7)	33 (11,0)	
	Einmal pro Woche	19 (7,5)	5 (11,1)	24 (8,0)	
	Seltener	111 (43,7)	16 (35,6)	127 (42,5)	
	Nie	83 (32,7)	21 (46,7)	104 (34,8)	
	Gesamt	254 (100,0)	45 (100,0)	299 (100,0)	

*(p 0,05); **(p 0,01); ***(p 0,001)

5.5 Diskussion und Limitation

Im Hinblick auf die Stichprobe lässt sich feststellen, dass bereits zum Zeitpunkt der Befragung ein Drittel (33,7 %) der Bevölkerung bereits 75 Jahre und älter ist. Es antworteten mehr Männer als Frauen. Dies könnte daran liegen, dass die Thematik in der älteren Generation noch dem klassischen Muster (Technikthemen = männliche Themen) entspricht und sich vorrangig Männer angesprochen fühlten (dazu z. B. Wolffram 2006). Ebenso können Geschlechtsrollenvorstellungen in der Altersgruppe das Antwortverhalten beeinflusst haben, indem sich ältere Frauen die Teilnahme an einer Befragung weniger zutrauen als ältere Männer. Es muss unabhängig von der Interpretation einschränkend postuliert werden, dass die Stichprobe bzgl. des Geschlechts verzerrt ist. In aller Regel nimmt mit zunehmendem Alter der Anteil der Frauen in der Bevölkerung auch heute noch zu und insbesondere hochbetagte Menschen über 85 Jahre sind weiblich (destatis 2023a; Statistisches Bundesamt 2016, S. 10). Bezüglich der Bildung zeigt sich, dass der Grad der Bildung auf dem Land nur sehr knapp unter dem Bundesdurchschnitt liegt (destatis 2023b) und somit als weitgehend repräscntativ angenommen werden kann. Es haben 18,3 % der Befragten Abitur und/oder einen Hochschulabschluss (Bundesdurchschnitt: 65 bis unter 75 Jahre: 24,5 % und 75 Jahre und älter: 16,5 %). Die Mehrheit (53,4 %) verfügt über einen Haupt- bzw. Volksschulabschluss (Bundesdurchschnitt: 65 bis unter 75 Jahre: 39,3 % und 75 und älter: 55,4 %). Bezüglich der Behinderung geben 37,1 % einen Behinderungsgrad an. 28,9 % geben einen Grad von 50 und mehr Prozent an und gelten somit als schwerbehindert (vdk 2016). Dies ist nicht repräsentativ, denn der Wert in der Alterskohorte liegt durchschnittlich bei Männern ab 65 Jahren bei 56,1 % und bei Frauen bei 59,7 % (destatis 2023c). Die hier antwortende Kohorte scheint also, insbesondere noch unter dem Vorbehalt, dass sie mehrheitlich männlich ist, deutlich mobiler zu sein als vergleichbare Altersgruppen in Deutschland. Dies mag daran liegen, dass die Antworten vor allem von Personen kamen, die noch selbstständig zu Hause leben. Pflegebedürftige Personen, die in entsprechenden Versorgungseinrichtungen leben und eine nicht zu vernachlässigende Gruppe in der Alterskohorte ausmachen, sind in dieser Untersuchung nicht repräsentiert. Die Haushaltsgröße in der untersuchten Kohorte weicht deutlich vom Bundesdurchschnitt ab. Da nämlich leben im Jahr 2014 18 % der Männer und 44 % der Frauen über 65 Jahre alleine (Statistisches Bundesamt 2016). Dass mehr Frauen als Männer alleine leben, spiegelt hingegen die Realität in Deutschland wider. Diese Tatsache verstärkt sich zudem mit steigendem Alter (Forsa 2021). Vermutlich weicht der Wert deshalb deutlich ab, weil im Bundesdurchschnitt viele Ältere alleine in Wohneinrichtungen wie Betreutes Wohnen und/ oder Pflegeheimen leben, die vorrangig in städtischen Zentren angesiedelt sind. Auch eine Studie von Maier et al. (2021, S. 10) gibt einen Wert von 13,3 % Alleinlebender aller Altersklassen im ländlichen Raum an. Es ist möglich, dass Menschen, die auf dem Land alleine leben, von vorneherein weniger an Befragungen teilnehmen. Auch hier wären weitere Untersuchungen erhellend.

Mit 87,3 % sind die älteren Probanden auf dem Land etwas weniger gut mit Internet im eigenen Haushalt ausgestattet als der Durchschnitt der Bevölkerung. Dieser liegt im Jahr 2022 bei 91 % (Statista 2023) für Jung und Alt zusammen. Huxhold und Otte (2019) untersuchten allerdings den Zugang für ältere Menschen in verschiedenen Altersklassen und kamen zu dem Ergebnis, dass im Jahr 2017 die 67- bis 72-Jährigen zu 80,9 % Zugang haben, 73–78-Jährige zu 64,4 % und 79–84-Jährige zu 39,4 % (Huxhold und Otte 2019). Berücksichtigt man, dass im Jahr 2017 noch 17,7 % der Bevölkerung in ländlichen Gegenden nicht ans Netz angeschlossen waren (Statista 2017), ist die Ausstattung der Teilnehmenden der Untersuchung weitgehend im Durchschnitt. Verglichen mit den Daten von Huxhold und Otte ist die Ausstattung im Jahr 2020 besser. Was die Ausstattung mit technischen Geräten wie Computer, Handy oder Tablet angeht, sind die Ergebnisse ebenfalls anschlussfähig zu denen der Forsa-Studie (Forsa 2021), in der Ältere ab 75 Jahre befragt wurden. Aber wie lässt sich der höchst signifikante Unterschied zwischen alleine lebenden Senior:innen und den Älteren in Mehrpersonenhaushalten erklären? Einpersonenhaushalte verfügen durchschnittlich über ein geringeres Haushaltseinkommen als Haushalte mit mehr

Personen (destatis 2023d). So ist davon auszugehen, dass der Unterschied mit der sozioökonomischen Situation der Proband:innen in Zusammenhang steht. So weist Künemund
bereits 2016 darauf hin, dass die Nutzung der neuen Technologien finanzielle Mittel auf-
seiten der Nutzer voraussetzt (Künemund 2016, S. 19). In Bezug auf ältere Frauen lässt sich
sagen, dass sie häufiger in technikfernen Berufen mit geringer Entlohnung gearbeitet haben,
oftmals weniger und in geringerem Umfang als ältere Männer berufstätig waren und somit
über niedrige Renten verfügen (Ehlers et al. 2016). Unabhängig vom Geschlecht haben
alleinstehende Personen über 65 Jahre ein durchschnittlich geringeres Haushaltseinkommen als Ehepaare (Bundesministerium für Arbeit und Soziales 2020, S. 17) und in diesem Zusammenhang eine größere ökonomische Zugangs- und Nutzungsbarriere zu digitalen Technologien (Ehlers et al. 2016), da die Anschaffungs- und Betriebskosten der technischen Geräte für sie schwerer zu stemmen sind.

Darüber hinaus ist zu bedenken, dass Menschen, die alleine leben, möglicherweise weniger Interesse an der Internetnutzung haben. Oftmals sind es Frauen, deren Lebenspartner
bereits verstarben, die jetzt alleine leben. So können ihre erlebte Sozialisierung und ihr
Werteverständnis eine Rolle spielen, dass sie weniger technikaffin sind. In ihrer Generation waren es vor allem Männer, die sich (auch in ihrer Erwerbsphase) intensiver mit Technik auseinandersetzten. So haben die alleine lebenden älteren Frauen oftmals wenig Zugang zur Technik. Auch Doh zeigt, dass ältere Frauen in den zurückliegenden zehn Jahren
das Internet zwar zunehmend mehr genutzt haben, dennoch sind derzeit nur 39 % der über
80-jährigen Onliner Frauen, obwohl diese Altersgruppe rund zwei Drittel der älteren Bevölkerung ausmacht (Doh 2020).

Dazu passt das Ergebnis, dass sich das angegebene Nutzungsverhalten zwischen alleine lebenden und nicht alleine lebenden Älteren im Hinblick auf die PC- und Handy-
Nutzung ebenfalls signifikant unterscheidet. Ebenso sind große, wenn auch nicht signifikante Unterschiede bei der Tablet-Nutzung feststellbar. Offenbar sind die Proband:innen
in Mehrpersonenhaushalten im doppelten Sinne digital besser angeschlossen und
nutzungsaktiver als Singles. Die Gründe hierfür lassen sich aus den Daten nicht erschließen. Auch hier wäre es möglich, dass die vorangehenden Werte und Normen, die
über die Lebensphasen prägten, eine Rolle spielen. Ebenso kann es aber auch prinzipiell
an der sozialen Einbettung liegen, die mehr Aktivitäten fördert. So wurde bereits herausgefunden, dass ältere Menschen eher bereit sind, sich mit neuen und wenig vertrauten
Technologien zu beschäftigen, wenn sie fest mit Unterstützungsleistungen durch ihre
Bezugspersonen rechnen können (Deursen und Dijk 2013; Pelizäus-Hoffmeister 2013).
Daneben konnte gezeigt werden, dass der sozioökonomische Status und die vorhandene
soziale Integration die positive Wirkung digitaler Kommunikationstechnologien zugunsten von Personen mit hoher Bildung und guten finanziellen Ressourcen verstärken
(Fokkema und Knipscheer (2007); Ihm und Hsieh (2015); Sum (2008)). Darüber hinaus
ist denkbar, dass bei alleine Lebenden mit weniger sozialen Kontakten auch lediglich der
Austausch mit anderen über neue Technologien fehlt, womit diese die Neuerungen nicht
mitbekommen, damit auch nicht erfahren, wofür man diese einsetzen könnte, und schlussendlich nicht lernen, damit umzugehen. Während der Corona-Pandemie wurden beispiels-

weise digitale Angebote wie der digitale Impfpass für mobile Endgeräte oder die On-line-Terminvergabe für Antigen-Schnelltests oder die Übermittlung von PCR-Test-Ergebnissen relativ schnell eingeführt. Menschen mit einem größeren sozialen Umfeld konnten womöglich darüber schneller von den neuen Möglichkeiten erfahren bzw. haben die notwendige Unterstützungsleistung für die technische Ersteinrichtung erhalten und die Nutzung erklärt bekommen.

Im Hinblick auf die Aufgeschlossenheit älterer Menschen hinsichtlich digitaler Kommunikations- und technischer Assistenzsysteme gilt es, den hoch signifikanten Unterschied zwischen alleine lebenden und in Mehrpersonenhaushalten lebenden Senior:innen zu erklären. Möglicherweise bedingen hier ebenso die Sozialisation und Vorerfahrungen das Ergebnis. Erneut wären weitere Untersuchungen interessant. Insbesondere im Hinblick auf daraus resultierende Konsequenzen für Interventionen zur besseren Nutzung der vorhandenen Potenziale des Technikeinsatzes. Denn im achten Altenbericht lautet es zum Thema alleine leben und soziale Isolation und Einsamkeit: „Digitale Kommunikationstechnologien und das Internet haben neue Möglichkeiten geschaffen, Zugang zu Informationen zu erhalten und Kontakte mit anderen Menschen aufzunehmen oder zu pflegen" (Altenbericht 2020, S. 83).

Insgesamt scheint es somit für alleine lebende Senior:innen ein erhöhtes Risiko zu geben, zu digitalen Außenseiter:innen zu werden. Dadurch besteht im Extremfall die Gefahr, in soziale Isolation zu geraten. Diese Einsamkeit kann dann wiederum zu manifesten gesundheitlichen Problemlagen und Erkrankungen führen, wie beispielsweise Depression, und deren Auftreten im Alter dürfte besonders relevant in diesem Kontext sein. Letztendlich wird auch im Altenbericht geschrieben, dass digitale Kommunikationstechnologien einen niedrigschwelligen Einstieg in soziale Kontakte bieten und damit der Verfestigung bestehender Beziehungen oder dem Aufbau neuer Beziehungen dienen. Gerade bei alleinlebenden Menschen kann dies ein Schutz vor dem Risiko der sozialen Isolation und ein Schritt zur digitalen Teilhabe sein (BMFSFJ, S. 83).

5.6 Ausblick und Fazit

Die technischen Möglichkeiten werden sich auch in Zukunft weiterentwickeln. Das bedeutet,
dass das momentan bestehende Wissen und die aktuell vorhandenen technischen Kompetenzen keine Garantie sind, auch in Zukunft an allen digitalen Angeboten teilhaben zu können. Auch wenn jüngere im Vergleich zu älteren Menschen über einen größeren Lebenszeitraum Erfahrungen mit digitaler Technik sammeln konnten und gerade ein sicherer Umgang damit besteht, so werden auch sie sich in Zukunft informieren müssen, um auf dem Laufenden zu bleiben und um den Anschluss nicht zu verlieren. Von daher wird es immer nötig sein, sich weiterzuentwickeln und an die neuen Situationen anzupassen, um eine digitale Souveränität zu behalten (Altenbericht 2020, S. 6).

Abschließend kann Folgendes festgehalten werden:

- Ältere Menschen, die alleine leben, sind signifikant schlechter mit PCs und Internet ausgestattet und haben eine weniger aufgeschlossene Einstellung technischen Systemen gegenüber.
- Dies rührt wahrscheinlich aus einer schlechteren ökonomischen Stellung gegenüber Mehrpersonenhaushalten her, die über ein größeres Haushaltseinkommen verfügen und damit eine geringere ökonomische Zugangsbarriere zu digitalen Technologien haben. Außerdem gibt es möglicherweise weniger soziale Kontakte und damit weniger Austauschmöglichkeiten und weniger Berührungspunkte mit den Technologien.
- Bereits wenn eine weitere Person mit im Haushalt lebt, ist die Wahrscheinlichkeit höher, neue Technologien zu nutzen.
- Wenn es in der Gesellschaft den Konsens gibt, die Digitalisierung mit all ihren Chancen und Möglichkeiten voranzutreiben, dann ist es erforderlich, die älteren Alleinstehenden zu befähigen, mit digitalen Geräten umzugehen, sodass eine digitale Teilhabe stattfinden kann.
- Für alleinstehende Menschen sollte es deswegen Anlaufstellen (z. B. Senioren Internet-Café) geben, wo verschiedene Aspekte adressiert werden. Zum einen können dort soziale Kontakte geknüpft und vertieft werden. Zum anderen ist es eine Möglichkeit, mit digitalen Geräten in Berührung zu kommen, diese verstehen und nutzen zu lernen, sodass ein autonomer Umgang möglich wird und die Vorteile sich auch zu Hause entfalten können.
- Für immobile Alleinstehende bedarf es darüber hinaus angemessener Unterstützungsangebote, um den Zugang zu den Möglichkeiten digitaler Angebote zu erschließen.

Literatur

Altenbericht (2020) Achter Altenbericht – Ältere Menschen und Digitalisierung, Bundesministerium für Familie, Senioren, Frauen und Jugend Referat Öffentlichkeitsarbeit (Hrsg). Berlin
Baur N, Blasius J (2014) Methoden der empirischen Sozialforschung. In: N Baur, J Blasius (Hrsg) Handbuch Methoden der empirischen Sozialforschung. Springer VS, Wiesbaden, S 41–62
Blažič BJ, Blažič AJ (2020) Overcoming the digital divide with a modern approach to learning digital skills for the elderly adults. Educ Inf Technol 25:259–279
BMEL (2016) Bericht der Bundesregierung zur Entwicklung der ländlichen Räume 2016, Zweiter Bericht der Bundesregierung zur Entwicklung der ländlichen Räume. Bundesministerium für Ernährung und Landwirtschaft, Berlin
Bundesministerium für Arbeit und Soziales (2020) Ergänzender Bericht der Bundesregierung zum Rentenversicherungsbericht 2020 gemäß § 154 Abs. 2 SGB VI – Alterssicherungsbericht 2020, Bundesministerium für Arbeit und Soziales (Hrsg), Berlin
Davis FD (1985) A technology acceptance model for empirically testing new end-user information systems: Theory and results: Massachusetts Institute of Technology

Destatis (2023a) Bevölkerung – Ältere Frauen sind in der Mehrheit. https://www.destatis.de/DE/Themen/Querschnitt/Demografischer-Wandel/Aeltere-Menschen/geschlechter.html. Zugegriffen am 28.02.2023

Destatis (2023b) Bildungsstand: Verteilung der Bevölkerung in Deutschland nach Altersgruppen und höchstem Schulabschluss (Stand 2021). https://de.statista.com/statistik/daten/studie/197269/umfrage/allgemeiner-bildungsstand-der-bevoelkerung-in-deutschland-nach-dem-alter/. Zugegriffen am 28.02.2023

Destatis (2023c) Behinderte Menschen – Schwerbehinderte Menschen in Deutschland nach Geschlecht und Altersgruppen. https://www.destatis.de/DE/Themen/Gesellschaft-Umwelt/Gesundheit/Behinderte-Menschen/Tabellen/schwerbehinderte-alter-geschlecht-quote.html. Zugegriffen am 28.02.2023

Destatis (2023d) Ein Fünftel der Bevölkerung in Deutschland hatte 2021 ein Nettoeinkommen von unter 16.300 Euro im Jahr. https://www.destatis.de/DE/Presse/Pressemitteilungen/2022/10/PD22_N062_63.html. Zugegriffen am 01.03.2023

van Deursen A, van Dijk J (2013) The digital divide shifts to differences in usage. New Media Soc 16:507–526. https://doi.org/10.1177/1461444813487959

Doh M (2020) Auswertung von empirischen Studien zur Nutzung von Internet, digitalen Medien und Informations- und Kommunikations-Technologien bei älteren Menschen. Expertise zum Achten Altersbericht der Bundesregierung, herausgegeben von Hagen C, Endter C, Berner F, Deutsches Zentrum für Altersfragen, Berlin

Ehlers A, Bauknecht J, Naegele G (2016) Abschlussbericht zur Vorstudie „Weiterbildung zur Stärkung digitaler Kompetenz älterer Menschen". Forschungsgesellschaft für Gerontologie e.V./ Institut für Gerontologie an der TU Dortmund, Dortmund

Fokkema T, Knipscheer K (2007) Escape loneliness by going digital: a quantitative and qualitative evaluation of a Dutch experiment in using ECT to overcome loneliness among older adults. Aging Ment Health 11:496–504. https://doi.org/10.1080/13607860701366129

Forsa (2021) Leben und Einsamkeit im Alter. https://www.malteser.de/miteinander-fuereinander/forsa-umfrage.html. Zugegriffen am 01.03.2023

Gemeinde Hauneck (2019) Zuhause.Gut.Vernetzt. https://www.hauneck.de/m/news/1/489411/nachrichten/489411.html. Zugegriffen am 17.12.2020

Gemeinde Hauneck (2020) Einwohnerzahlen. https://www.hauneck.de/m/seite/363525/einwohnerzahlen.html. Zugegriffen am 17.12.2020

Genske A, Janhsen A, Mertz M, Woopen C (2020) Alternde Gesellschaft im Wandel. In: Woopen C, Janhsen A, Mertz M (Hrsg) Alternde Gesellschaft im Wandel. Zur Gestaltung einer Gesellschaft des langen Lebens. Springer Berlin Heidelberg, Berlin/Heidelberg, S 1–8

Häder M, Häder S (2014) Stichprobenziehung in der quantitativen Sozialforschung. In: N Baur, J Blasius (Hrsg) Handbuch Methoden der empirischen Sozialforschung. Springer VS, Wiesbaden, S 283–297

Hagemann T (2017) Digitalisierung und technische Assistenz im Sozial- und Gesundheitswesen. In: Hagemann T (Hrsg) Gestaltung des Sozial- und Gesundheitswesens im Zeitalter von Digitalisierung und technischer Assistenz. Nomos Verlagsgesellschaft mbH & Co. KG, Baden-Baden, S 9–18

Hochschule Fulda (2020) GetAll- Gesundheitstechnik für die Alltagsbewältigung. https://www.hs-fulda.de/forschen/wissens-und-technologietransfer/rigl-fulda/getall. Zugegriffen am 17.12.2020

Huxhold O, Engstler H (2019) Soziale Isolation und Einsamkeit bei Frauen und Männern im Verlauf der zweiten Lebenshälfte. In: Vogel C, Wettstein M, Tesch-Römer C (Hrsg) Frauen und Männer in der zweiten Lebenshälfte. Springer Fachmedien, Wiesbaden, Wiesbaden, S 71–89

Huxhold O, Otte K (2019) Internetzugang und Internetnutzung in der zweiten Lebenshälfte, Deutscher Alterssurvey (Hrsg), DZA aktuell 1/2019

Jockisch M (2009) Das Technologieakzeptanzmodell. In: Bandow G, Holzmüller HH (Hrsg) „Das ist gar kein Modell!". Gabler, Wiesbaden, S 233–254

Jopp D (Hrsg) (2013) Zweite Heidelberger Hundertjährigen-Studie: Herausforderungen und Stärken des Lebens mit 100 Jahren, Studie in der Reihe „Alter und Demographie". Robert Bosch Stiftung, Stuttgart

Kohlbacher F, Herstatt C (2008) The Silver Market Phenomenon. Business Opportunities in an Era of Demographic Change. Springer-Verlag Berlin Heidelberg, Berlin/Heidelberg

Kollmann T (2013) Akzeptanz innovativer Nutzungsgüter und-systeme: Konsequenzen für die Einführung von Telekommunikations-und Multimediasystemen: Springer

Kruse A (2009) Altersbilder in anderen Kulturen: Studie in der Reihe „Alter und Demographie". Robert Bosch Stiftung, Stuttgart

Künemund H (2016) Wovon hängt die Nutzung technischer Assistenzsysteme ab? Expertise zum Siebten Altenbericht der Bundesregierung, herausgegeben von Block J, Hagen C, Berner F, Deutsches Zentrum für Altersfragen, Berlin

Landkreis Hersfeld-Rotenburg (2021) So aufgeschlossen sind Senioren bei Technik, Meldung vom 03. Mai 2021. https://www.hef-rof.de/presse/nachrichten-archiv/1978-studie-so-aufgeschlossen-sind-unsere-senioren-gegenueber-technik. Zugegriffen am 01.03.2023

Maier MJ, Harles L, Heimisch-Röcker A, Kaiser S, Schraudner M (2021) STADT.LAND.CHANCEN. Wünsche und Sorgen von Bürgerinnen und Bürgern in Stadt und Land. Ergebnisse der Onlinebefragung (acatech KOOPERATION), München. https://doi.org/10.48669/aca_2021-1

Meine J (2017) Hybride Sozialräume durch digitale Netzwerkstrukturen im Stadtquartier. In: Hagemann T (Hrsg) Gestaltung des Sozial- und Gesundheitswesens im Zeitalter von Digitalisierung und technischer Assistenz. Nomos Verlagsgesellschaft mbH & Co. KG, BadenBaden, S 19–34

Meiners NH, Seeberger B (2010) Marketing to senior citizens: Challenges and opportunities. The Journal of social, political, and economic studies 35(3):293–328

Pelizäus-Hoffmeister H (2013) Zur Bedeutung von Technik im Alltag Älterer. Theorie und Empirie aus soziologischer Perspektive. Alter(n) und Gesellschaft. Springer VS, Wiesbaden

Schelling HR, Seifert A (2010) Internet-Nutzung im Alter: Gründe der (Nicht-)Nutzung von Informations- und Kommunikationstechnologien (IKT) durch Menschen ab 65 Jahren in der Schweiz, in: Zürcher Schriften zur Gerontologie (7). https://doi.org/10.5167/uzh-33811

Simonson J, Hagen C, Vogel C, Motel-Klingebiel A (2013) Ungleichheit sozialer Teilhabe im Alter. Z Gerontol Geriatr 46:410–416

Statista (2017) Internet – Die EU-Länder mit den meisten Offlinern. https://de.statista.com/infografik/2292/die-10-eu-staaten-mit-dem-hoechsten-offliner-anteil/. Zugegriffen am 01.03.2023

Statistische Ämter des Bundes und der Länder (2018) Regionalatlas Deutschland: regionale Daten in interaktiven Karten visualisiert. https://www-genesis.destatis.de/gis/genView?GenMLURL=https://wwwgenesis.destatis.de/regatlas/AI002-1.xml&CONTEXT=REGATLAS01. Zugegriffen am 06.01.2021

Statistik.Hessen (2020) Statistische Berichte des Bereiches Bevölkerung. https://statistik.hessen.de/zahlen-fakten/bevoelkerung-gebiet-haushalte-familien/bevoelkerung/statistische-berichte. Zugegriffen am 17.12.2020

Statista (2023) Anteil der Haushalte in Deutschland mit Internetzugang von 2002 bis 2022. https://de.statista.com/statistik/daten/studie/153257/umfrage/haushalte-mit-internetzugang-in-deutschland-seit-2002/. Zugegriffen am 01.03.2023

Statistisches Bundesamt (2016) Ältere Menschen in Deutschland und der EU, Statistisches Bundesamt (Hrsg). Wiesbaden

Venkatesh V, Davis FD (2000) A Theoretical Extension of the Technology Acceptance Model: Four Longitudinal Field Studies. Management Science 46(2):186–204

vdk (2016) Informationen zum Grad der Behinderung. https://www.vdk.de/deutschland/pages/themen/artikel/9216/grad_der_behinderung_gdb?dscc=ok. Zugegriffen am 28.02.2023

Wolffram A (2006) Prozesse sozialer (Un-)Gleichheit durch Ko-Konstruktionen von Technik und Geschlecht. In: Rehberg K-S (Hrsg) Soziale Ungleichheit, kulturelle Unterschiede: Verhandlungen des 32. Kongresses der Deutschen Gesellschaft für Soziologie in München. Teilband 1 und 2. Campus, Frankfurt am Main, S 3107–3116

Telemonitoring in der Therapie bei chronischer Herzinsuffizienz – Ergebnisse aus dem Innovationsfondsprojekt „sekTOR-HF"

6

Olivia Hofmann, Patrick Andreas Eder, Asarnusch Rashid,
Anja Partheymüller, Anja Müller, Frank Amort
und Maria Schulze

6.1   Ausgangssituation und Hintergrund

Die Versorgung von Patient:innen mit chronischer Herzinsuffizienz (HI) zeichnet sich durch eine hohe Inanspruchnahme verschiedenster Versorgungsangebote in allen Leistungssektoren des Gesundheitswesens aus. Meist sind ältere und pflegebedürftige Personen betroffen, welche eine hohe Komorbidität und eine erhöhte Medikamenteneinnahme aufweisen.

HI stellt dabei ein komplexes klinisches Syndrom mit erheblicher Morbidität und Mortalität dar, wovon weltweit mehr als 64 Mio. Menschen betroffen sind. In Deutschland beträgt die Prävalenz von HI auf Basis von bundesweiten Abrechnungsdaten circa 2,5 Mio. (Holstiege et al. 2018). Jährlich werden in Deutschland 524.000 neue Fälle von HI diagnostiziert (Störk et al. 2017). Sie ist die häufigste Hauptdiagnose für vollstationäre Aufenthalte und die dritthäufigste Todesursache in Deutschland mit über 40.000 Toten pro Jahr. Daher zählt zu den wichtigsten Prioritäten des Gesundheitssystems, die soziale und wirtschaftliche Belastung durch die Krankheit zu verringern.

O. Hofmann (✉) · P. A. Eder · A. Rashid · A. Partheymüller · A. Müller
ZTM, Bad Kissingen, Deutschland
E-Mail: olivia23@outlook.de; eder@ztm.de; rashid@ztm.de;
partheymueller@ztm.de; anja.mueller@ztm.de

F. Amort · M. Schulze
FH Joanneum GmbH, Bad Gleichenberg, Österreich

© Der/die Autor(en), exklusiv lizenziert an Springer Fachmedien Wiesbaden
GmbH, ein Teil von Springer Nature 2023
A. S. Esslinger, H. Truckenbrodt (Hrsg.), *Digitalisierung von Gesundheitsleistungen für Senior:innen*, https://doi.org/10.1007/978-3-658-42115-1_6

Im Allgemeinen ist die HI durch eine verminderte Leistungsfähigkeit des Herzens gekennzeichnet, welche als Herzschwäche bezeichnet werden kann. Symptome wie Atemnot
(Dyspnoe), häufiges nächtliches Wasserlassen (Nykturie), Minderdurchblutung (Zya-
nose), Wassereinlagerungen (Ödeme), kalte Extremitäten, Brustenge (Angina Pectoris),
allgemeine Erschöpfung und Herzklopfen in Ruhe oder unter Belastung werden für die
Diagnose herangezogen. Die sogenannte NYHA-Klassifikation dient der Abschätzung der
Prognose von Patient:innen, der stadiengerechten Wahl der Behandlung und Verlaufskontrollen. Je nach Therapieerfolg und Progression ist ein mehrfacher Wechsel zwischen
den Krankheitsstadien möglich.

Fachübergreifende Spezialkliniken mit umfangreichen Versorgungsprogrammen sind
für Patient:innen mit HI nur schwer zugänglich. Daraus resultiert ein häufiger Sektoren-
wechsel, der in der Konsequenz die Abstimmung zwischen den Leistungserbringer:innen
erschwert. Insbesondere im Übergang zwischen stationärer Versorgung und hausärztlicher
Anschlussversorgung stellt die poststationäre Nachsorge eine vulnerable Phase in der
sektorenübergreifenden Versorgung dar (Pauschinger et al. 2022). Ein optimaler statio-
när-ambulanter Übergang ist jedoch personal- und ressourcenintensiv und trotz sinnvoller
gesetzgeberischer Vorgaben im Versorgungsalltag größtenteils kaum realisierbar.

Aufgrund fehlender Daten zwischen den Sektoren sind Vorhersagen über mögliche
Krankenhausaufenthalte oder Verlaufsformen kaum möglich. Die intersektorale und inter-
disziplinäre Zusammenarbeit ist in Deutschland in der „Nationalen VersorgungsLeitlinie
Chronische Herzinsuffizienz" beschrieben und gefordert (BÄK 2019). Im Bereich der
Gesundheitskommunikation sind durch die Einführung von Informations- und Kom-
munikationstechnologien neue Formen der intersektoralen Zusammenarbeit sowie der
Verlaufskontrolle entstanden. Ziel dieser digitalen Anwendungen ist die Steigerung der
Interaktion und Vernetzung.

6.2 Telemonitoring bei chronischer Herzinsuffizienz

Angesichts der immer älter werdenden Bevölkerung steigt die Belastung für die Ein-
richtungen im Gesundheitssystem. Die steigenden Kosten des Gesundheitswesens erfordern die Implementierung von evidenten Versorgungsstrategien zur Verbesserung der
Bereitstellung von Gesundheitsdienstleistungen, insbesondere solche, die sich als kosten-
effizient erweisen und von den Patient:innen mit HI akzeptiert werden.

Typisch für Patient:innen mit HI sind wiederholte stationäre Einweisungen. Um die
Wahrscheinlichkeit einer Rehospitalisierung oder eines plötzlichen Todesfalls zu mini-
mieren, wird eine möglichst engmaschige Betreuung angestrebt. Daher überwiegen meist
analoge Arzt-Patient:innen-Kontakte. Neben geplanten ambulanten Vorstellungen zur Verlaufskontrolle und Abklärung neuer Symptome gehört die Überprüfung eingeleiteter
Therapiemaßnahmen zum Alltag. Die Wahrscheinlichkeit einer Rehospitalisierung oder
eines Todesfalls innerhalb weniger folgender Monate ist hoch. Um diese engmaschige Betreuung zu ermöglichen, wurde vor etwa 15 Jahren das Konzept des Telemonitorings entwickelt, da analoge Konzepte an ihre Grenzen stießen. Mit Telemonitoring können die

Symptome der Patient:innen durch einen Arzt digital überwacht sowie Medikamententreue und objektive Parameter wie z. B. Blutdruck und Herzfrequenz digital erfasst, gespeichert und verarbeitet werden (Helms et al. 2021).

Telemedizinkonzepte, wie das Telemonitoring, oder auch engl. Remote Patient Management (RPM) beinhaltet drei Säulen der telemedizinischen Mitbetreuung: 1) Die Behandlung nach Versorgungsleitlinien, 2) die Schulungen von Patient:innen sowie 3) die Messung, Überwachung und Kontrolle individueller Vitaldaten über räumliche Entfernung. Auch ggf. Maßnahmen wie die Kontaktaufnahme zu Patient:innen sowie das Tätigen von Notrufen gehören zu den zentralen Aufgaben eines Telemonitorings, können aber je nach Versorgungsmodell in ihren Abläufen sowie im Detail variieren. Sowohl im häuslichen als auch im klinischen Setting (z. B. Intensivstation) kann die Übertragung und Überwachung der Vitaldaten erfolgen. Den Bezug zu mHealth zeigt wiederum der vermehrte Einsatz mobiler Endgeräte (z. B. mobiles EKG). Die Zusammenführung der Messparameter von einzelnen Patient:innen findet i. d. R. in einem Telemedizinzentrum (TMZ) statt, wobei sich Patient:innen aktiv eine Verbindung zu diesem aufbauen können. Ein Telemonitoring besteht i. d. R. aus einem Telemedizinzentrum, niedergelassenen Fachärzten und Kliniken und erfolgt indikationsbezogen elektiv, also für vordefinierte Patient:innengruppen. Diesbezüglich erfolgt die Vergütung meist über selektivvertragliche Lösungen oder andere Refinanzierungsmodelle mit den Kostenträgern, u.a. über den Einheitlichen Bewertungsmaßstab (EBM) als Grundlage für die Abrechnung der vertragsärztlichen Leistungen. Es können sowohl Leistungen der TMZ, als auch Erstattungen für medizinische Geräte über Gebührenordnungspositionen (GOP) abgegolten werden (Demirci et al. 2021).

6.2.1 Wie funktioniert Telemonitoring?

Telemonitoring kann als adäquate Alternative zu herkömmlichen kardiologischen Verlaufskontrollen in Präsenz angesehen werden. Das Konzept des Telemonitorings ist keineswegs einheitlich umgesetzt. Allerdings finden sich zwei Arten der Umsetzung relativ häufig wieder:

- Telefonischer Kontakt mit strukturiertem Assessment (meistens mit Speicherung der Informationen in einer digitalen Patient:innenakte)
- Automatische Fernüberwachung durch über das Internet übertragene nichtinvasiv oder invasiv gemessene Vitalparameter (z. B. Blutdruck oder Pulmonaldruck)

Kardiovaskuläre digitale Verlaufskontrollen können mit Geräten wie Telefonen (Festnetz), Smartphones (Apps, SMS, Telefonie), PCs (Softwareanwendungen auf Laptops und Desktops) und Wearables (Smart Watches, EKG-Event-Recorder) durchgeführt werden. Im Vergleich zum nichtinvasiven Telemonitoring werden beim invasiven Telemonitoring klinisch relevante Parameter aus implantierten Geräten (ICD, Herzschrittmacher) übertragen (Hiddemann et al. 2021). Dieses Verfahren macht es möglich, dass man als Patient eigene Daten erheben kann, die sonst von Ärzten selbst erfasst werden müssten. Mithilfe von speziellen Messgeräten ist der Patient in der Lage, zu Hause ein EKG zu schreiben, das in dieser Qualität vergleichbar mit der Messung in der Arztpraxis oder Klinik oder mindestens für den Zweck der Verlaufskontrolle ausreichend ist. Bluthochdruck ist ein Risikofaktor für koronare Erkrankungen, die die häufigste direkte Ursache für Herzinsuffizienz mit verminderter Ejektionsfraktion sind. Daher spielt die Blutdruckverlaufskontrolle neben dem EKG eine zentrale Rolle beim Telemonitoring.

6.2.2   Welche Effekte sind auf die Versorgung zu erwarten?

Die Effekte von Telemonitoring auf die Versorgung und den Gesundheitszustand von Patient:innen mit HI sind in der Literatur durch eine Vielzahl an systematischen Übersichtsarbeiten hinreichend beschrieben. Eine Meta-Analyse von 60 randomisiert kontrollierten Studien kommt zu dem Ergebnis, dass Telemonitoring Krankenhausaufenthalte um 26 % reduzieren kann und dass Hospitalisierungsraten um kurzfristig ($\leq$ 6 Monate) 24 % und langfristig ($\geq$ 12 Monate) um 27 % gesenkt werden können (Tse et al. 2018). Ein Cochrane Review berechnete eine Reduzierung der Gesamtmortalität um rund 13 % und die Rate an herzinsuffizienzbedingten Hospitalisierungen um rund 15 % (Inglis et al. 2015). Besonders im ländlichen Raum kommen die Potenziale des Telemonitorings zur Geltung. Die organisatorische Verankerung und Ausgestaltung von telemedizinischen Diensten kann in unterschiedlicher Form in der Versorgungslandschaft realisiert werden. Neben dem Betrieb durch externe Dienstleister oder durch ein Krankenhaus, ist das ambulantes Ärztenetzwerk für die telemedizinische Dienstleistung denkbar (Köhler et al. 2019).

Der entscheidende Vorteil eines Telemonitorings liegt in der Früherkennung kardialer Dekompensationen, idealerweise, noch bevor Symptome auftreten (Köhler et al 2018). Ziel ist es, möglichst ambulant eine frühzeitige Anpassung der Medikation anzustreben. Aber auch andere positive Aspekte, wie das Erreichen einer leitliniengerechten medikamentösen Zieldosis, die Unterstützung des Empowerments von Patient:innen und die positive Beeinflussung von Komorbiditäten, können von den Patient:innen und den behandelten Ärzten besser gesteuert werden.

6.3   Innovationsfondsprojekt „sekTOR-HF"

Mit dem Beschluss des Gemeinsamen Bundesausschusses (G-BA) vom 30.03.2021 wurde mit dem Telemonitoring erstmals eine digitale Versorgungsform bei Patient:innen mit HI als eigenständige Untersuchungs- und Behandlungsmethode anerkannt.

Die Telemedizin-Plattform „sekTOR-HF" ist Teil des gleichnamigen Innovationsfondsprojekts (Transsektorale bedarfsorientierte Versorgung von Patienten mit HI und Entwicklung eines alternativen Vergütungsmodells) und dient zur Erfassung von Vitaldaten, Fragebögen und Vernetzung von Patient:innen mit medizinischem Personal (Abb. 6.1). Anhand des Telemonitorings von Vitaldaten soll die Lebensqualität der

Abb. 6.1 Telemonitoring bei Herzinsuffizienz mit der Telemedizin-Plattform „Curafida" und einem 3-Kanal-EKG in dem „sekTOR-HF"-Innovationsfondsprojekt

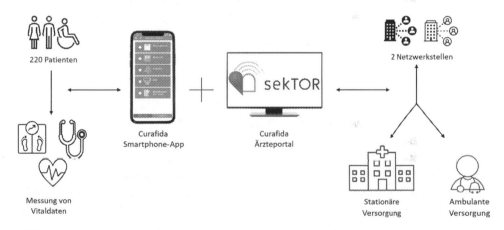

Abb. 6.2 Telemonitoring Netzwerkmodell mit der Telemedizin-Plattform „Curafida" in dem „sekTOR-HF"-Innovationsfondsprojekt

Patient:innen verbessert, unnötige Krankenhausaufenthalte reduziert, Mehrfachuntersuchungen verhindert und Rehospitalisierungen durch eine nachstationäre Betreuung vermieden werden.

Die Plattform basiert auf der Dokumentations- und Kommunikationsplattform „Curafida", welche eine Vielzahl an Modulen u. a. zum Telemonitoring beinhaltet. „sekTOR-HF" stellt eine Online-Plattform dar, die über jeden Internetbrowser sowie als App nutzbar ist (Abb. 6.2). Außerdem bündelt sie medizinische Leistungserbringer:innen und sorgt für die aktive Einbindung von Patient:innen durch die Implementierung von Netzwerkstellen zur Koordination und Kommunikation der sektorenübergreifenden Versorgungsprozesse. Eine Netzwerkstelle besteht aus qualifizierten medizinischen

Fachangestellten, sogenannten Netzwerkassistent:innen, sowie Kardiolog:innen, welche die Befunde auf medizinischen Handlungsbedarf hin bewerten und bei Auffälligkeiten im Monitoring passgenaue Maßnahmen einleiten. Neben der Überwachung der Vitalparameter übernimmt diese Stelle auch die Navigation der Patient:innen und gleichzeitig die Steuerung der medizinischen Ressourcen. Durch die koordinierte Zusammenarbeit mit Haus- und Fachärzt:innen, Kliniken und weiteren Gesundheitsdienstleistern erfolgt die Abstimmung gemeinsam über „sekTOR-HF".

Zu Beginn der Anwendung erhalten die Patient:innen eine umfassende Schulung zum Umgang mit „sekTOR-HF", wobei die Patient:innen dazu befähigt werden, ihre Vitalwerte, wie EKG, Körpertemperatur, Körpergewicht oder Angaben zum aktuellen Gesundheitszustand via App oder Internetportal an die zuständigen Ärzt:innen und Netzwerkstellen zu übermitteln. Die Messgeräte werden dabei den Patient:innen im Rahmen des Projekts zur Verfügung gestellt. Abhängig von den zu Beginn erläuterten NYHA-Stadien, werden die Patient:innen entweder ambulant durch Fach- und Hausärzt:innen oder stationär durch Kliniken versorgt. Die stationär behandelten Patient:innen erhalten eine enge 12-monatige fachärztliche Nachsorge durch die Klinik. Über den gesamten Betreuungsprozess werden dabei beide Patient:innengruppen durch eine koordinierte Netzwerkstelle – am Standort Bad Neustadt an der Saale (Bayern) oder am Standort Marburg (Hessen) – begleitet und überwacht.

6.3.1   Einflussfaktoren auf den Umsetzungserfolg

In einer qualitativen Studie wurden im Zeitraum von 23.05.2022 bis 15.06.2022 mit den teilnehmenden Patient:innen der Plattform sekTOR-HF sowie den Mitarbeitenden der Netzwerkstellen insgesamt sechs teilstrukturierte leitfadengestützte Experteninterviews und zwei Fokusgruppen (n = 7) durchgeführt. Die Interviews wurden mittels einer zusammenfassenden/thematischen Inhaltsanalyse nach Mayring mit der Software MAXQDA ausgewertet. Die Ergebnisse der Befragung gaben Aufschluss über die Frage, welche sowohl fördernden Faktoren als auch Barrieren beim Einsatz einer eHealth-Plattform aus Sicht der Anwender eine Rolle spielen und welche Aspekte diese beinhalten sollen, um eine bedarfsgerechte Behandlung der HI zu gewährleisten.

Für den Umsetzungserfolg eines Telemonitorings sind diverse Einflussfaktoren mit unterschiedlicher Wirkung verantwortlich. Eine kompakte Zusammenfassung dieser Determinanten veranschaulicht Tab. 6.1.

Akzeptanz von telemedizinischen Technologien
Eine wesentliche Voraussetzung für die erfolgreiche Implementierung von telemedizinischen Technologien wie z. B. dem Telemonitoring stellt die Akzeptanz dar. Das häusliche Telemonitoring wird sowohl von den Leistungserbringer:innen als auch den Patient:innen nicht immer angenommen, obwohl dessen Potenziale und Nutzen vorhanden sowie belegt sind. Das liegt zum einen daran, dass zu wenig Informationen über die Technologie im All-

Tab. 6.1 Darstellung der identifizierten Determinanten mit Einfluss auf die Implementierung in die Regelversorgung

Determinante	Ergebnisse der Inhaltsanalyse
Usability und User Experience	- Benutzerfreundlicher, niederschwelliger Aufbau der Plattform - Funktionalität einzelner Bedienschritte und Messgeräte - Informationsbereitstellung über Technologie und zugehörige Messgeräte
Potenziale	- Krankheitsüberwachung - Monitoring der Vitaldaten (Informationen über aktuellen Gesundheitszustand) - Zeit- und Arbeitsersparnis für Patient:innen und Leistungserbringer:innen - Reduktion von Hospitalisierungen und Notfällen - Versorgung von ländlichen Regionen - Sicherheit und Vertrauen durch Technologie - Steigerung der Lebensqualität - Entwicklung von Disziplin und Körperbewusstsein
Herausforderungen	- Technologieaversion - Fehlendes Krankheitsverständnis/Wissensmangel um eigene Erkrankung - Individualitäten im Zusammenhang mit Multimorbidität - Subjektive Einschätzung durch Wegfall der Sprechstunde
Empowerment, Selbstmanagement und Gesundheitskompetenz	- Befähigung im Umgang mit eigener Erkrankung - Krankheitskontrolle, Klassifizierung und Interpretation von Warnsymptomen - Patient:innenschulungen zum Selbstmanagement - Steigerung der Gesundheits- und Digitalisierungskompetenz
Zufriedenheit und Akzeptanz	- Akzeptanz zum Einsatz der Technologie von Patient:innen und Leistungserbringer:innen - Zufriedenheit mit der Technologie und zugehörigen Messgeräten
Kommunikation und Koordination	- Sektorenübergreifende Zusammenarbeit - Telemedizinische Betreuung durch Netzwerkstellen - An- und Zugehörigenintegration

gemeinen, aber auch über deren Rechte und deren Schutz bei der Nutzung der Intervention bereitgestellt werden. Dadurch können Vorbehalte gegenüber der Technologie abgebaut werden, die Transparenz verbessert sowie die allgemeine Akzeptanz zur Telemedizin erhöht werden. Andererseits fehlt es an der Förderung der Digitalisierungskompetenz mit Gesundheitsbezug, welche durch Leistungserbringer:innen erfolgen müsste. Entsprechend dem Telemonitoring gilt verstärkt die Umsetzung von Aufklärung und ggf. Weiterentwicklung der rechtlichen Rahmenbedingungen. Die Akzeptanz für innovative Lösungen kann dabei nur erreicht werden, wenn alle involvierten Anwender:innen über Chancen, Möglichkeiten und Potenziale, aber auch über die Grenzen neutral informiert werden.

Gesundheitskompetenz, Empowerment und Selbstmanagement

Neben der Akzeptanz des Telemonitorings stellen die Gesundheitskompetenz, das Empowerment und ein effektives Selbstmanagement der Patient:innen eine tragende Säule in der Behandlung von HI dar. Größenteils fühlen sich Patient:innen in Anbetracht ihrer Erkrankung nicht ausreichend aufgeklärt. Hauptverantwortlich ist ein nicht verfügbares flächendeckendes Angebot digitaler Technologien, insbesondere in ländlichen Regionen. Die richtigen Programme hierfür sind zeit-, ressourcen- und kostspielig und müssen kontinuierlich wiederholt werden. Das Telemonitoring bietet jedoch das Potenzial, die Betroffenen kontinuierlich beim Selbstmanagement zu unterstützen und gleichzeitig für eine signifikant höhere Verbreitung zu sorgen.

Dabei können durch ein effektives Selbstmanagement die Rehospitalisierungsrate sowie das Entstehen einer Depression positiv beeinflusst werden. Auch die Aufrechterhaltung des Gesundheitszustandes kann insbesondere durch ein bestehendes Krankheitsverständnis und eine gute Medikamenten-Compliance erreicht werden. Neben dieser sollen Patient:innen dazu befähigt werden, ihre eigene Gesundheit zu kontrollieren. Dazu gehören die genaue Klassifizierung, Erkennung und Interpretation von Warnsymptomen, aber auch eigenständige Messungen wichtiger Vitalparameter (z. B. Blutdruck, EKG etc.). Patient:innen sollten ebenfalls routiniert darin sein, auf Veränderungen der Symptome und Anomalien der Vitalparameter zu reagieren – vorzugsweise durch die aktive Kontaktherstellung zu medizinischem Fachpersonal. Der positive gesundheitliche Nutzen durch die Einbindung professioneller nichtärztlicher Fachkräfte im Rahmen eines strukturierten Versorgungsansatzes wurde dahin gehend mehrfach belegt. Die kontinuierliche Betreuung durch professionelle nichtärztliche Pflegekräfte ist dabei ein unverzichtbarer Bestandteil der Intervention, insbesondere in Managementstrategien, bei denen die Nachfrage nach Patient:innen-Empowerment relativ hoch ist. Auch zu berücksichtigen ist der Beginn bzw. der Zeitpunkt des Selbstmanagements. Dieses beginnt meist erst mit dem Eintritt der Diagnose. Bereits für die Frühdiagnostik wäre es jedoch sinnvoll, ein Selbstmanagement im Sinne einer besseren Awareness zu implementieren.

In Anbetracht dessen können nichtärztliche Fachkräfte eine „Vermittlerrolle" zwischen Patient:innen, Leistungserbringer:innen und der Technologie innerhalb von Case-Management-Ansätzen einnehmen, indem sie durch regelmäßige persönliche Kommunikation per Telefon oder Hausbesuche Patient:innen schulen, mögliche Barrieren identifizieren und auf die Bedürfnisse zugeschnittene Unterstützung leisten.

6.3.2 Best-Practice-Erfahrungen

Aus den Ergebnissen geht hervor, welche Ansatzpunkte integriert werden können, um bedarfsorientiert und individualisiert die Versorgungsqualität in Form eines Telemonitorings zu verbessern. Diese werden nachfolgend als Best-Practice-Erfahrungen angeführt.

Telemedizinische Betreuung durch Netzwerkstellen

Den Netzwerkstellen, welche als „Ansprechpartner:in" den Patient:innen zur Verfügung stehen, wird eine besondere Rolle zugeschrieben. Unter Berücksichtigung der fehlenden Technikaffinität der älteren Generation, gilt es, sowohl Aufklärungsarbeit als auch Unterstützungen besonders in der Anfangsphase zu leisten, um die Akzeptanz und das Vertrauen für digitale Technologien zu gewinnen. Dies kann sowohl in Form von Multiplikatoren-Schulungen als auch dem Peer-to-Peer-Ansatz erfolgen, bei dem Informationen und Verhaltensweisen zur Aufrechterhaltung der Gesundheit durch Personen gleicher Alters- und Statusgruppen geteilt werden. Zu nennen sei an diesem Punkt beispielhaft das Setting „Rehabilitation". Bei der Entlassung sind die Patient:innen oftmals motivierter, körperbewusster und achtsamer im Umgang mit ihrer Gesundheit bzw. haben durch den Rehabilitationsaufenthalt den Umgang mit ihrem Körper erst richtig wahrgenommen. Spätestens in diesem Moment ist es wichtig, die Patient:innen dort „abzuholen" bzw. diese an die Technologie heranzuführen, um sowohl die Akzeptanz als auch die Technikaffinität zu erhöhen.

Kompetenzschulung/Schulungskonzept

Eine der größten Herausforderungen liegt in der Akzeptanz von digitalen Technologien, sei es von den Leistungserbringer:innen oder den Patient:innen selbst. Hier bedarf es der Vermittlung einer Digitalisierungskompetenz mit Gesundheitsbezug, speziell für die ältere Generation. Aus der empirischen Forschung geht hervor, dass insbesondere das fehlende Krankheitsverständnis, verbunden mit einer Technologieaversion, eine der größten Barrieren in der Anwendung von Telemonitoring darstellt. In Anbetracht dessen ist eine Schulung zur Stärkung der Gesundheitskompetenz und Digitalisierungskompetenz erforderlich. Es gilt, Aufklärungsarbeit zu leisten, welche in erster Linie durch Multiplikatoren oder Peers erfolgen kann, aber auch über eine Plattform in Form eines erweiterten Lernmoduls. Dieses sollte mit entsprechend kurzen, einfachen Erklärvideos, Online-Fachvorträgen, Broschüren zum Downloaden etc. ausgestattet sein, welche monatlich upgedatet werden. Dazu gehören u. a. Module zu Bewegungsempfehlungen, Ernährungsverhalten, Umgang mit Stress, Rauchen, Alkohol, Medikamenteneinnahme, Alter und Veranlagung, zur Anatomie des Herzens und nicht zuletzt dem Leben mit einer Herzschwäche (Alltag, Arbeiten, Autofahren, Reisen etc.).

Softwarefunktionen

Neben einem Lernmodul ist auch ein Tagebuch für HI-Betroffene empfehlenswert. Ein solches ist mit speziellen, alltagsrelevanten Thematiken vorbereitet und unterstützt bei der erfolgreichen Bewältigung der Erkrankung. Themen wie Ernährung, Bewegung und die Dokumentation der medikamentösen Therapie sind darin enthalten. Auch eine Erinnerungsfunktion, welche in der App selbst als zusätzliche Einzelfunktion auf freiwilliger Basis aufgenommen werden kann, stellt einen förderlichen Faktor dar. Außerdem dienen eine Chatfunktion sowie ein Anmerkungsfeld speziell den Netzwerkassistent:innen, da auf einfacherem Wege kommuniziert werden kann und nicht zuletzt eine Arbeits-/Zeitsparnis herbeigeführt wird. Aufgrund der schweren Erreichbarkeit von Fachärzt:innen, besonders in diesem Fall der Kardiolog:innen, könnte eine kurze Nachricht oder Anmerkung zu einem Messwert die Kommunikation erleichtern. Um den Gesundheitszustand der Patient:innen noch besser beurteilen zu können, dient eine integrierte Videosprechstunde auf freiwilliger Basis.

6.4   Schlussfolgerung

Telemonitoring, identisch wie bei allen anderen telemedizinischen Versorgungskonzepten, stellt im Rahmen einer strukturierten und vielschichtigen Versorgung für Patient:innen mit chronischer Herzinsuffizienz lediglich eine ergänzende Komponente dar und ersetzt nicht den direkten bzw. persönlichen Zugang ins Gesundheitswesen. Zukünftig sollte mehr Augenmerk auf die nachhaltige Integration telemedizinischer Technologien und die damit verbundenen Verbesserungspotenziale im Kontext der digitalen Transformation des Gesundheitswesens gelegt werden. Telemonitoring-Konzepte sollten im Sinne aller Akteure des Gesundheitswesens als integraler Bestandteil des Versorgungskonzeptes und nicht als „Zusatzaufgabe" betrachtet werden.

Die identifizierten Potenziale und Herausforderungen im Zusammenhang mit der Behandlung von HI durch ein Telemonitoring beleuchten besonders die Aspekte der Koordination, Kommunikation und Kontinuität. Um diesen gerecht zu werden, bedarf es der Berücksichtigung individueller Bedürfnisse und Rahmenbedingungen sowie der oftmals bestehenden Multimorbidität bei Betroffenen. Um die aktive Rolle der Patient:innen im Behandlungsprozess aufrechtzuerhalten, können durch gezielte Maßnahmen die Schwächen in der (digitalen) Gesundheitskompetenz sowie Wissensmangel über die Krankheitsbewältigung und die Erkrankung an sich geschlossen werden. Die Patient:innen nehmen beim Telemonitoring eine aktive Rolle ein und werden zu einem bewussten Umgang mit ihrer Krankheit motiviert. Zusätzlich sorgt die engmaschige Überwachung ihres Gesundheitszustandes für ein Gefühl von Sicherheit.

Literatur

Demirci S, Kauffeld-Monz M, Schaat S (2021) Perspektiven für die Telemedizin-Voraussetzungen der Skalierung und Marktpotenzial. Hrsg. Gabriel P. Begleitforschung Smarte Datenwirtschaft Institut für Innovation und Technik (iit). Berlin
Helms TM, Köpnick A, Leber A, Zugck C, Steen H, Karle C, Remppis A, Zippel-Schultz B (2021) Herzinsuffizienzversorgung in einer digitalisierten Zukunft: Ein Diskurs zu ressourcenschonenden Strukturen und selbstbestimmten Patient:innen. Der Internist 62(11):1180–1190
Holstiege J, Akmatov MK, Steffen A, Bätzing J (2018) Prävalenz der Herzinsuffizienz – bundesweite Trends, regionale Variationen und häufige Komorbiditäten. Zentralinstitut für die kassenärztliche Versorgung in Deutschland (Zi). Versorgungsatlas-Bericht Nr. 18/09. Berlin 2018

Inglis SC, Clark RA, Dierckx R, Prieto-Merino D, Cleland JGF (2015) Structured telephone support or non-invasive telemonitoring for patients with heart failure. Cochrane Database Syst Rev 10:CD007228

Köhler F, Köhler K, Prescher S et al (2018) Efficacy of telemedical interventional management in patients with heart failure (TIM-HF2): A randomised, controlled, parallel-group, unmasked trial. Lancet 392(10152):1047–1057. https://doi.org/10.1016/S0140-6736(18)31880-4

Köhler F, Prescher S, Köhler K (2019) Telemedizin bei Herzinsuffizienz. Internist 60:331–338

Pauschinger M, Störk S, Angermann CE et al (2022) Aufbau und Organisation von Herzinsuffizienz-Netzwerken (HF-NETs) und Herzinsuffizienz-Einheiten (Heart Failure Units [HFUs]) zur Optimierung der Behandlung der akuten und chronischen Herzinsuffizienz – Update 2021. Kardiologe 16:142–159. https://doi.org/10.1007/s12181-022-00530-y

Störk S, Handrock R, Jacob J et al (2017) Epidemiology of heart failure in Germany: a retrospective database study. Clin Res Cardiol 106:913–922

Tse G, Chan C, Gong M et al (2018) Telemonitoring and hemodynamic monitoring to reduce hospitalization rates in heart failure: a systematic review and meta-analysis of randomized controlled trials and real-world studies. J Geriatr Cardiol 15(4):298–309

Nutzerzentrierte Entwicklung von digitalen Assistenzsystemen in Smart-Home-Umgebungen für die Zielgruppe der Senior:innen Ü65

7

Jessica Rietze, Isabell Bürkner, Monika Schak, Rainer Blum
und Birgit Bomsdorf

7.1 Einleitung und Motivation

Das Risiko, körperlich oder geistig zu erkranken, nimmt mit steigendem Alter zu (Bundesministerium für Bildung und Forschung 2021). Entsprechend erhöht sich auch die Hilfs- und Pflegebedürftigkeit Älterer aufgrund steigender Lebenserwartung, sodass in vielen Regionen Deutschlands ein hoher Unterstützungsbedarf besteht (Bundesministerium des Inneren 2017), der durch professionelle Pflege kaum gedeckt werden kann (Weiß et al. 2017). Vor allem in ländlichen Regionen wird der Anteil der über 65-Jährigen (Ü65) bis 2040 weiter ansteigen (Hessisches Statistisches Landesamt 2019). Unzureichende Infrastruktur, schlechte Mobilität oder eine geringe Arztdichte sind Faktoren, die das Leben auf dem Land für Ältere erschweren (Bundesministerium für Familie, Senioren, Frauen und Jugend 2020). Digitale Technologien wie Ambient Assisted Living (AAL)-Systeme in Smart-Home-Umgebungen können hier einen Beitrag leisten, um ein selbstbestimmtes Leben Älterer in den eigenen vier Wänden länger zu ermöglichen, indem sie Sicherheit, Komfort und Teilhabe fördern und die gesundheitliche Versorgung vereinfachen (Bundesministerium für Familie, Senioren, Frauen und Jugend 2020). Doch auch wenn Ambient-Assisted-Living-Produkte viele Vorteile versprechen, lässt sich eine starke Diskrepanz zwischen dem objektiven Nutzen dieser technologisch fortschrittlichen Hilfssysteme und

Die Originalversion des Kapitels wurde revidiert. Ein Erratum ist verfügbar unter:
https://doi.org/10.1007/978-3-658-42115-1_15

J. Rietze (✉) · I. Bürkner · M. Schak · R. Blum · B. Bomsdorf
Hochschule Fulda, Fulda, Deutschland
E-Mail: jessica.rietze@ai.hs-fulda.de; monika.schak@ai.hs-fulda.de;
rainer.blum@ai.hs-fulda.de; birgit.bomsdorf@ai.hs-fulda.de

der oft mangelnden Akzeptanz Älterer gegenüber diesen Innovationen beobachten (Rieß et al. 2018). Zudem werden innovative technische Produkte häufig von jungen Menschen entwickelt, die aufgrund ihrer Fähigkeiten und Umwelteinflüsse andere Werte und Sichtweisen priorisieren (Nunes et al. 2010). Folglich sollten die zukünftigen Anwender:innen in den Gestaltungs- und Entwicklungsprozess einbezogen werden, um den Nutzungskontext, die Bedürfnisse, Ziele und Interaktionsmöglichkeiten besser verstehen zu können. Denn ob AAL-Produkte bei dieser Zielgruppe Akzeptanz finden und sinnvoll eingesetzt werden können, hängt nicht nur von ihrer Funktionalität, sondern auch von den Interaktionsformen und der Gestaltung der technischen Hilfsmittel ab (Rieß et al. 2018).

Innerhalb des Projektes „Gesundheitstechnik für die Alltagsbewältigung (GetAll)", welches im „Regionalen Innovationszentrum für Gesundheit und Lebensqualität (RIGL)" der Hochschule Fulda (Hochschule Fulda 2022b) angesiedelt ist, werden in Kooperation mit Praxispartnern technische Lösungen entwickelt und erforscht, die gesundheitsförderlich wirken und ein selbstbestimmtes Leben im Alter unterstützen sollen. Am Beispiel von drei Forschungsarbeiten innerhalb des „GetAll"-Projektes zeigt dieser Beitrag, wie Senior:innen im nutzerzentrierten Entwicklungsprozess digitaler Assistenzsysteme einbezogen werden können, um die Akzeptanz und das Vertrauen der Zielgruppe gegenüber diesen Technologien zu erhöhen und Nutzungsbereitschaft zu erzielen. Für jede Forschungsarbeit wird zu Beginn das Erkenntnisziel vorgestellt. Anschließend werden Methoden aus dem iterativen Entwicklungsprozess aufgezeigt, mit denen die Bedürfnisse der Senior:innen ermittelt werden können. Anpassungen der Methoden an die speziellen Bedürfnisse der Zielgruppe werden erläutert und deren Passfähigkeit hinsichtlich ausgewählter Ergebnisse und Erkenntnisse reflektiert.

7.2   Herangehensweise: UCD-Prozess im Allgemeinen

In den drei Forschungsarbeiten wurden jeweils nutzerzentrierte Aktivitäten des User-Centered-Design-Prozesses (kurz UCD-Prozess) angewendet, die in der DIN-Norm EN ISO 9241-210: 2019 definiert sind (siehe Abb. 7.1).

Analyse des Nutzungskontextes
Um die Zielgruppe und den Anwendungskontext besser zu verstehen, werden im ersten Schritt Informationen zu den Benutzer:innen, ihren Zielen und Aufgaben, vorhandenen Ressourcen sowie zur Nutzungsumgebung in Erfahrung gebracht. Zudem nennt die DIN-Norm die Analyse bestehender vergleichbarer Lösungen, um Defizite zu identifizieren, die eine mangelnde Zufriedenstellung der Nutzer:innen bewirken. Methodisch werden hier zum Beispiel Interviews, Fokusgruppen oder Beobachtungen eingesetzt.

Festlegen der Nutzungsanforderungen
Im zweiten Schritt werden die nutzungsorientierten Anforderungen und daraus abgeleitete Gestaltungskriterien festgehalten. Diese sollten jedoch immer wieder überdacht und überarbeitet werden, da sich die Anforderungen im Verlauf des Prozesses aufgrund neuer oder detaillierterer Erkenntnisse mehrfach ändern können.

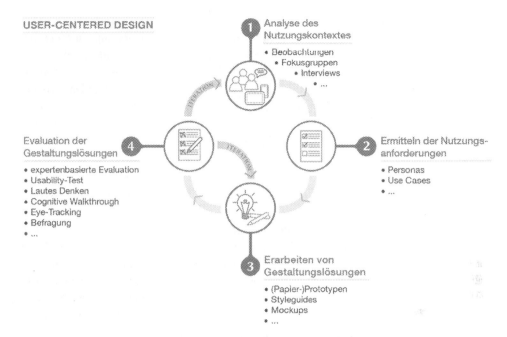

Abb. 7.1 UCD-Prozess basierend auf DIN-Norm EN ISO 9241-210: 2019

Erarbeiten von Gestaltungslösungen, die diese Nutzungsanforderungen erfüllen
Anhand von Prototypen, Simulationen oder Modellen werden Gestaltungsoptionen visualisiert und dokumentiert. In frühen Stadien arbeitet man mit geringem Detaillierungsgrad (*low fidelity*), im weiteren Prozessverlauf mit immer detaillierter ausgearbeiteten Darstellungen bis hin zu Prototypen, die der zukünftigen interaktiven Anwendung in Aussehen und Bedienung bereits sehr ähnlich sind.

Evaluation der Gestaltungslösungen aus der Nutzer:innenperspektive
In diesem Prozessschritt werden erneut Vertreter der Zielgruppe einbezogen, um Rückmeldungen zu den Stärken und Schwächen der entwickelten Gestaltungsoptionen zu geben. Anhand deren Bewertung bzw. Überprüfung zeigt sich, ob das Design den zuvor festgelegten Anforderungen entspricht. Ebenso ist eine analytische Auswertung des Systems z. B. in Form einer heuristischen Evaluation möglich. Hierbei bewerten Usability-Experten die Lösungen sowohl anhand ihrer Erfahrungen als auch anhand ihrer Kenntnisse zu entsprechenden Richtlinien und Normen. Diese Prüfung ist geeignet, um einen Benutzertest vorzubereiten oder zu ergänzen.

Iterationen
Insgesamt erfordert der nutzerzentrierte Entwicklungsprozess ein iteratives Vorgehen, bis das gewünschte Ergebnis erreicht wird. Die Rückmeldungen der Nutzer:innen sind ein zentrales Element des Prozesses und erhöhen die Chance, dass das entstehende System

den Anforderungen der Nutzer:innen entspricht und von ihnen akzeptiert wird. Sie fließen als Erkenntnisse in die nächste Iteration ein und tragen so zu einer kontinuierlichen Optimierung der Lösung bei.

7.3 Anwendung und Erkenntnisse nutzerzentrierter Methoden

Im Folgenden wird anhand der Forschungsarbeiten beschrieben, wie die Partizipation der Zielgruppe der Senior:innen Ü65 erfolgte, welche Arten von Fragestellungen mit welchen Methoden bearbeitet und welche Erkenntnisse im Zusammenhang mit den verschiedenen eingesetzten Methoden erlangt wurden. Hierzu werden die Ergebnisse der vorangegangenen Literaturrecherche in einem neuen Kontext (Zielgruppe Ü65, Online-Formate, innovative technische Themen) zusammengeführt, erprobt und bewertet. Die drei Arbeiten setzen an verschiedenen Stellen im UCD-Prozess an. Während das erste Projekt „Interaktionsformen für Smart-Home-Produkte" in einem sehr frühen Stadium den Nutzungskontext unterschiedlicher Interaktionsformen fokussierte, durchlief das zweite Projekt „GetAll-App" alle vier Phasen des Prozesses. Im dritten Projekt, „Smarter Spiegel" wurde im Nachgang einer Produktentwicklung und -vermarktung der Nutzungskontext erneut analysiert, um neue Einsatzgebiete für die Produktkategorie Smarte Spiegel zu identifizieren.

7.3.1 Interaktionsformen für Smart-Home-Produkte (Analyse des Nutzungskontextes)

In jüngeren Generationen ist die Akzeptanz von Smart Home bereits sehr hoch. Nach einer aktuellen Studie wird der typische Nutzer von Smart Home als „junger erwachsener Mann" beschrieben (Splendid Research 2019). Doch auch die Mehrheit der Senior:innen Ü65 zeigt sich zunehmend offener gegenüber neuen Technologien, wünscht sich jedoch unter anderem eine einfache und intuitive Bedienung (Bitkom Research 2021). Verschiedene, adäquat gestaltete Interaktionsmöglichkeiten können hierbei einen Mehrwert bieten und als ein Faktor die Akzeptanz gegenüber diesen Produkten weiter erhöhen. Ziel der betreffenden Forschungsarbeit war es daher, die bisherigen Erfahrungen und Probleme mit bereits vorhandenen Produkten zu erheben und die Bedürfnisse und Wünsche der Zielgruppe und deren Akzeptanz gegenüber verschiedenen Interaktionskonzepten zu identifizieren.

7.3.1.1 Fragestellung
Zunächst wurde der Nutzungskontext von Smart-Home-Produkten zur Unterstützung im Alltag von Senior:innen betrachtet und darauffolgend die unterschiedlichen Interaktionsformen untersucht. Die Fragestellung ist in einem sehr frühen Stadium im Zyklus des

UCD-Prozesses angesiedelt (siehe Abb. 7.1) und adressiert kein bestimmtes, fertiges Produkt. Mit einer Erhebung sollten folgende Forschungsfragen untersucht werden:

Wie sehr werden technische Geräte, wie Smartphones, Tablets oder Smart-Home-Geräte, und die vier Interaktionsformen Touch-, Sprach-, Gesten- und Aktivitätssteuerung von Senior:innen akzeptiert bzw. abgelehnt?

Wie beeinflussen das Alter oder Einschränkungen des Sehens, Hörens und/oder der Mobilität die Präferenz und Akzeptanz verschiedener Assistenzsysteme und Interaktionsformen?

7.3.1.2 Methode (Umfrage)

Als Methode wurde eine schriftliche Umfrage (Paper And Pencil Interview – PAPI) per physischer Post gewählt, um vor allem quantitative Daten zu erheben. Wie auch im dritten Projekt „Smarter Spiegel" (vgl. Abschn. 7.3.3) zu lesen, ist der Rücklauf nach einer persönlichen, telefonischen oder postalischen Kontaktaufnahme mit Personen Ü65 deutlich erfolgversprechender als z. B. eine Anfrage per E-Mail. Ein weiterer Vorteil ist, dass sich Senior:innen in der gewohnten heimischen Umgebung so viel Zeit zum Beantworten der Fragen nehmen können, wie sie brauchen (Möhring und Schlütz 2010). In Zusammenarbeit mit dem GEViA-Panel (Hochschule Fulda 2022a) wurden im Sommer 2021 insgesamt 425 Senior:innen ab 62 Jahren aus drei ländlich geprägten hessischen Landkreisen angeschrieben, von denen 87 Personen die Umfrage beantworteten. Bei der Erstellung der Umfrage wurde auf eine möglichst einfache Sprache geachtet, die auch von der weniger technikaffinen Zielgruppe verstanden werden kann und diese nicht abschreckt. Zudem wurden verwendete Fachbegriffe direkt in der Umfrage durch hervorgehobene Informationstexte erläutert. Smart Home, Aktivitätssteuerung und der Unterschied zwischen Touch- und Gestensteuerung wurden hier beispielsweise erklärt (vgl. Abb. 7.2).

Um den Befragten die noch wenig verbreitete Aktivitätssteuerung näherzubringen, wurde die Funktionsweise dieser Interaktionsform zusätzlich anhand eines Beispiels

> 8. Haben Sie schon einmal etwas von Aktivitätssteuerung gehört?
>
> ☐ Ja
>
> ☐ Nein
>
> Bei der **Aktivitätssteuerung** wird mit technischen Hilfsmitteln herausgefunden, was eine Person gerade macht, beispielsweise Schlafen, Arbeiten oder Sport treiben. Daraufhin kann eine voreingestellte Funktion automatisch ausgelöst werden.
> Diese Technik gibt es bereits in vielen Smartphones oder Smartwatches, die automatisch erkennen, wann man schläft, arbeitet oder joggt. Dabei werden sowohl der aktuelle Ort als auch andere Informationen, z. B. Bewegungsdaten oder Herzfrequenz, betrachtet und mit Hilfe von Erfahrungswerten aus der Vergangenheit die aktuelle Aktivität erkannt.

Abb. 7.2 Erklärbox mit Informationstext zur Aktivitätssteuerung (Auszug aus der Umfrage)

erläutert, welches die Befragten in eine Situation versetzt, in der sie eine ihnen bekannte Person bei der Verwendung beobachten. Als Grundlage für die Fragen zur persönlichen Einstellung gegenüber den vorgeschlagenen Interaktionsformen wurde eine Inakzeptanz-Akzeptanz-Skala (Sauer et al. 2005) herangezogen (siehe Abb. 7.3). Diese soll helfen, die Haltung der Befragten gegenüber den vier Interaktionsformen einzuordnen. Innerhalb der Skala gibt es acht Stufen von aktiver Gegnerschaft als stärkste Form der Inakzeptanz bis hin zum Engagement als größtmögliche Akzeptanz. Anhand der Skala lässt sich der Grad der Akzeptanz vergleichbar machen.

Um die Antwortmöglichkeiten im Fragebogen für die befragten Senior:innen nicht zu umfangreich zu gestalten und einer Ermüdung vorzubeugen (Menold und Bogner 2015 sowie Bernsteiner und Boggatz 2016), wurden die acht Stufen auf sechs reduziert (siehe Abb. 7.3). Aufgrund der inhaltlichen Ähnlichkeit konnten die Stufen 3 und 4 sowie die Stufen 5 und 6 jeweils zu einer Stufe zusammengefasst werden. Zusätzlich gab es Freitext-felder, in denen die Antworten begründet werden konnten. In der Umfrage wurden die sechs Stufen der Skala voll verbalisiert, um eine deutlich verständliche Unterscheidung der Stufen zu erreichen (Menold und Bogner 2015; Kühn und Porst 1999 sowie Schwarz 2008). Exemplarisch wird Stufe 3 (Gleichgültigkeit) hier dargestellt:

(Stufe 3) Ich habe keine Meinung zur [angesprochenen] Steuerung. Ich weiß nicht genug darüber oder es ist mir nicht wichtig.

7.3.1.3 Methodische Erkenntnisse

Obwohl ein für die Zielgruppe weitgehend unbekanntes Technik-Thema abschreckend wirken kann (Nunes und Silva 2010), haben sich 22 % der angeschriebenen Panel-Mitglieder an der postalischen Umfrage beteiligt. Insgesamt wurde der Großteil der Fragen von allen Teilnehmenden beantwortet. Nur vereinzelt wurden Fragen ausgelassen. Dies war meist bei den Interaktionsformen Aktivitäts- und Gestensteuerung der Fall, da

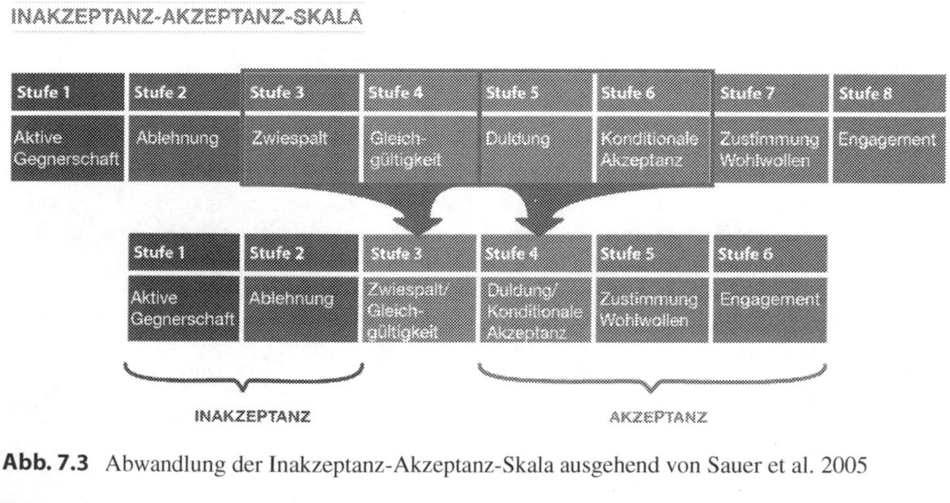

Abb. 7.3 Abwandlung der Inakzeptanz-Akzeptanz-Skala ausgehend von Sauer et al. 2005

diese für die Zielgruppe Ü65 eher unbekannt und damit abstrakt waren. Die Freitextfelder wurden häufig verwendet, um Ängste und Bedenken allgemein gegenüber technischen Lösungen und Interaktionsformen zu kommunizieren. Teilweise wurden diese Ausführungen nicht konkret auf die jeweilige Frage, das spezielle Endgerät oder eine bestimmte Interaktionsmöglichkeit bezogen, sondern sehr allgemein zum Thema technischer Fortschritt formuliert und teilweise redundant verwendet. Diese Vorgehensweise ist bei Senior:innen jedoch nicht unüblich. Auch (Kühn und Porst 1999) stellten bereits fest, dass Senior:innen vor allem die Beantwortung offener Fragen Schwierigkeiten bereiten kann und sie sich daher mit stereotypischen (Teil-)Antworten behelfen oder auf Wiederholungen zurückgreifen. Zudem benötigen Senior:innen laut Kühn und Porst (1999) mehr Informationen für den Entscheidungsprozess innerhalb einer Befragung als jüngere Teilnehmende. Aufgrund der oben genannten inhaltlichen Diskrepanz zwischen einzelnen Fragestellungen und den gegebenen Freitext-Antworten kann davon ausgegangen werden, dass die Erläuterungen zu Fremdwörtern in den Erklärboxen teilweise nicht ausreichend waren, um die Thematik und Fragestellung vollständig zu erschließen und auf eigene Handlungen im Alltag zu übertragen. Das Bereitstellen von Zusatzinformationen, bspw. in Form von Videos, kann helfen, Unklarheiten während der Bearbeitung auszuräumen. Alternativ sollte die Option erwogen werden, Interviews (persönlich oder telefonisch) durchzuführen oder den Teilnehmenden die Möglichkeit zu geben, telefonisch Fragen zu klären.

Fragen zur Akzeptanz verschiedener Interaktionsmöglichkeiten unter Nutzung der in Abschn. 7.3.1.2 beschriebenen Skala wurden mehrheitlich vollständig beantwortet. Auch hier wurde, wie auch in den darauffolgenden Freitext-Ausführungen, die fehlende Erfahrung mit Gesten- und Aktivitätssteuerung ersichtlich, da überwiegend Stufe 3 (Gleichgültigkeit) gewählt und keine spezifischen, sondern grundsätzliche Bedenken gegenüber Smart Home dokumentiert wurden. In den folgenden inhaltlichen Erkenntnissen wird u. a. die Argumentation der Befragten für die Wahl der einzelnen Akzeptanz-Stufen genauer erläutert.

7.3.1.4 Inhaltliche Erkenntnisse

Die teilnehmenden 87 Befragten waren zwischen 62 und 90 Jahren alt. Das Durchschnittsalter lag bei 75,2 Jahren, wobei die Geschlechterverteilung mit 47 Männern (54 %) und 40 Frauen (46 %) ähnlich war (siehe Abb. 7.4).

Bzgl. der Technikaffinität gab es eine klare Positivselektion der Teilnehmenden. Ca. 75 % gaben an, sich mindestens in den Grundfunktionen ihrer technischen Geräte (Smartphone, Tablet, PC) zurechtzufinden. Über ein Drittel der Befragten (37,93 %) gab sogar an, viel oder sehr viel Erfahrung mit Grundfunktionen (z. B. Lesen und Senden von E-Mails, Aufrufen von Webseiten) von Endgeräten zu haben. Wie auch in den folgenden zwei Projekten (siehe Abschn. 7.3.2 und 7.3.3) ersichtlich, lautet eine Erkenntnis im Zusammenhang mit der Akquise, dass hauptsächlich Senior:innen mit überdurchschnittlichen Erfahrungen in Bezug auf technische Geräte überhaupt gewillt sind, bei wissenschaftlichen Erhebungen zu technischen Themen teilzunehmen. Im Umkehrschluss sind technikunerfahrene Senior:innen häufig der Meinung, dass sie aufgrund ihrer

GESCHLECHTERVERTEILUNG

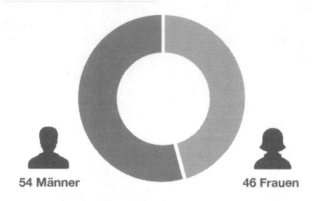

54 Männer   46 Frauen

Altersspanne 62–90 Jahre
Altersdurchschnitt 75,2 Jahre

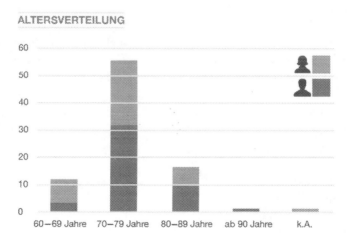

Abb. 7.4 Geschlechter- und Altersverteilung der Umfrageteilnehmenden

Unerfahrenheit zu dieser Thematik nichts beitragen können, und lehnen eine Teilnahme daher ab. Auch in dieser Forschungsarbeit zeigte sich, dass das persönliche Interesse an der Thematik bei älteren Menschen einen größeren Einfluss auf die Motivation zur Teilnahme hat als bei jüngeren Teilnehmenden (siehe auch Kühn und Porst 1999). Zu Erfahrungen und Fähigkeiten im Umgang mit technischen Geräten wurde deutlich, dass Smart-Home-Geräte bei dieser Zielgruppe noch sehr selten Einsatz finden. Während bspw. 76 % der Befragten sogar täglich ein Smartphone nutzen, sind Smart-Home-Geräte (wie intelligente Thermostate, Rolladensteuerung oder intelligente Lichtsteuerung) weit weniger stark verbreitet. Obwohl 93 % der Befragten angaben, schon von Smart Home gehört zu haben, besitzen davon nur 8 % eigene Smart-Home-Geräte. Insgesamt zeigten sich viele Senior:innen offen gegenüber neuer Technik, wie Smart-Home-Systeme, jedoch findet der Großteil der Befragten, dass der Einsatz von unterstützender Technik menschliche Unterstützung nicht ersetzen soll („Viel schöner wäre es, mit Personenhilfe alles zu erledigen."). Dort, wo menschliche Hilfe nicht möglich ist, wäre laut den befragten Senior:innen die Nutzung technischer Unterstützungssysteme einem Umzug ins Pflegeheim oder betreute Wohnen vorzuziehen.

In den Freitext-Antworten wurde insgesamt ersichtlich, dass sich die Offenheit gegenüber technischer Unterstützung jedoch allgemein auf Senior:innen mit (stärkeren) Einschränkungen bezieht und nicht auf die Befragten selbst („Bei körperlicher Beeinträchtigung kann das hilfreich sein."), da sie sich selbst (noch) nicht als hilfsbedürftig einschätzen. Als Erklärung könnte die subjektive Selbstwahrnehmung des Gesundheitszustands im Alter dienen, die dazu führt, dass, obwohl sich der Status quo verschlechtert, der eigene Zustand im Vergleich zu Gleichaltrigen als deutlich besser wahrgenommen wird (Kühn und Porst 1999). Zudem fühlen sich Senior:innen von heute viel jünger, als sie sind (Generali Deutschland AG 2017). Dazu passt eine Erkenntnis aus der hier berichteten Erhebung, dass Senior:innen mit deutlich spürbaren körperlichen Einschränkungen offener für das Erlernen von neuen Interaktionsformen zu sein scheinen. Etwa ein Drittel der Befragten gab beispielsweise an, der Sprachsteuerung positiv gegenüberzustehen bzw. sie bei körperlichen Einschränkungen, insbesondere des Sehvermögens, zu verwenden („Verwende sie, da ich durch meine Kurzsichtigkeit stark eingeschränkt bin."). Aufgrund verschiedener körperlicher Einschränkungen kommen generell bestimmte Interaktionsformen für die betreffenden Personen nicht infrage, wobei andere wiederum genau aus diesem Grund sehr sinnvoll unterstützend eingesetzt werden können. Bei der Bewertung der vier Interaktionsformen wurde deutlich, dass Touch- und Sprachsteuerung innerhalb der verwendeten Skala die größte Zustimmung erhielten. Beispielsweise nutzen etwa 54 % der Befragten mindestens gelegentlich bis täglich ein Tablet. Zudem ist die Touchsteuerung aus vielen anderen Lebensbereichen (z. B. Geldautomat, Navigationsgerät) auch für diese Zielgruppe mehrheitlich sehr präsent. Einzelne Befragte beanstandeten jedoch die Haptik solcher Geräte („Unbewusstes Berühren", „Gerade im Auto führt es zu Sicherheitsproblemen, da man reale Knöpfe auch blind ertasten kann."). Kritisch kommentierten viele Befragte vor allem den eigenen aktuellen Nutzen von Smart-Home-Geräten, Anschaffungs-, Wartungs- und Betriebskosten, Datensicherheit oder vermeintliche Umweltverschmutzung. Konkret äußerten die Befragten zudem, dass sie befürchten, ausspioniert zu werden. Beispiele hierfür waren der Saugroboter, der den Grundriss der Wohnung scannt, oder Sprachassistenten, die Gespräche aufnehmen könnten. Einige Senior:innen beschrieben, dass sie sich im Umgang mit technischen Geräten unsicher fühlen, da sie nicht einschätzen können, welche Folgen ihre Handlungen haben. Daher suchen viele Unterstützung durch z. B. Familienmitglieder, die ihnen bei der Verwendung oder Einrichtung dieser Geräte behilflich sind. Zudem betonten einige Befragte den zunehmenden

Kontrollverlust, damit einhergehend das Gefühl des Ausgeliefertseins und die Abhängigkeit von eingesetzter Technik und deren negative Auswirkungen auf das Wohlbefinden.

7.3.1.5 Reflexion und weiterer Forschungsbedarf
Die postalische Umfrage konnte Ergebnisse zur Nutzung von einzelnen Smart-Home-
Geräten und zur Haltung der Senior:innen generieren. Aufgrund der fehlenden Vertraut-
heit mit komplexeren Smart-Home-Systemen und speziellen Interaktionsformen muss jedoch von einer verzerrten Wahrnehmung ausgegangen werden. Eine erneute Bewertung
der Interaktionsformen durch exploratives, reales Erkunden der Interaktionsformen innerhalb eines echten Smart Homes kann Aufschluss darüber geben, ob Touch- und Sprachsteuerung deshalb häufiger und bevorzugt verwendet werden, weil sie aktuell vielfach in
Produkten implementiert oder weil sie für die Zielgruppe tatsächlich am attraktivsten sind.

7.3.2 GetAll-App (mehrfaches Durchlaufen der UCD-Prozessschritte)

Während das erste Projekt zum Thema Interaktionsformen in einem sehr frühen Stadium
des UCD-Prozesses ansetzte, durchlief die in dieser Forschungsarbeit entwickelte „GetAll-
App" alle vier Phasen des Prozesses. Das Konzept der GetAll-App basiert auf folgender
Problemstellung: Durch die technische und visuelle Komplexität und die Vielfalt der auf
dem Markt befindlichen Smart-Home- bzw. AAL-Lösungen gestaltet sich der Einsatz der
Systeme für Personen Ü65 ohne oder mit nur wenig Technikerfahrung als sehr schwierig.
Daher wurde ein Prototyp für eine Applikation konzipiert, die wie ein Baukasten verschiedene, auf dem Markt befindliche Assistenzsysteme und Smart-Home-Produkte nach
Bedarf integriert, über ein einheitliches User Interface steuerbar macht und z. B. mit haus-
haltsnahen Dienstleistungen verknüpft. Der prototypische Reifegrad (*low fidelity*) der App
wurde bewusst gewählt, um innerhalb der weiteren Forschung verschiedene Szenarien
flexibel demonstrieren und Anpassungen vornehmen zu können.

7.3.2.1 Fragestellung und Methoden
Um die folgende Forschungsfrage zu bearbeiten, wurden im Entwicklungsprozess der
App für die Zielgruppe der Senior:innen Ü65 alle vier Phasen von der Analyse des
Nutzungskontextes über die Erarbeitung von Anforderungen und passenden Gestaltungs-
lösungen bis zu deren Evaluation durchlaufen (siehe Abb. 7.1):

- *Wie muss eine App, die Smart-Home- und AAL-Komponenten einheitlich steuerbar
  macht, beschaffen sein, damit sie für Senior:innen gebrauchstauglich ist und von ihnen
  akzeptiert wird?*

In der ersten Phase des Prozesses ist neben einer eingehenden Marktrecherche der direkte
Austausch mit der Zielgruppe sinnvoll, um den Nutzungskontext effektiv analysieren zu
können. So wurde die betreffende Zielgruppe der wenig technikerfahrenen Senior:innen in

Abb. 7.5 Projektmitarbeiter im Austausch mit Teilnehmenden des Smarten Frühstücks; Fotografin: Marzena Seidel

einem offenen Gesprächstreff, dem „Smarten Frühstück" des Vereins Miteinander – Füreinander oberes Fuldatal e.V. kontaktiert (siehe Abb. 7.5). Innerhalb einer, das Alter und die Erfahrung mit technischen Geräten betreffend, homogenen Gruppe findet hier in lockerer Atmosphäre ein regelmäßiger Austausch statt. In dieser Umgebung konnte mit Interviews und Beobachtungen der Umgang der Zielgruppe mit technischen Geräten, wie Smartphone und Tablet, analysiert und Problemstellungen im Gespräch identifiziert werden.

Die Nutzungsanforderungen der speziellen Zielgruppe für die Entwicklung der App wurden dann auf Basis dieser Erkenntnisse abgeleitet und Gestaltungslösungen erarbeitet, die diese Anforderungen berücksichtigen. Für die erste Iteration wurde ein sogenannter „digitaler Papier-Prototyp" erstellt, bei welchem die Interaktionsflächen klickbar gemacht wurden, um einen realitätsnäheren Benutzertest zu ermöglichen. Der Funktionsumfang des Prototyps wurde an die für den späteren Usability-Test definierten Aufgaben/Szenarien angepasst. Die Steuerung von bestimmten Geräten oder Produkten, wie z. B. Lampen, wurde im Test simuliert, wodurch den Teilnehmenden die Funktionsfähigkeit der App suggeriert und ein entsprechendes Feedback zur Interaktion mit der Anwendung gegeben werden konnte. Zur Evaluation des Papier-Prototyps aus der Nutzerperspektive erfolgte ein Usability-Test in einem Wohnlabor der Hochschule Fulda mit acht Vertreter:innen der Zielgruppe. Das Wohnlabor (siehe Abb. 7.6) ist ein mit Smart-Home-Komponenten und Möbeln ausgestatteter Wohnraum, der einen Wohn-/Ess- und Arbeitsbereich nachbildet (Hochschule Fulda 2022c). Diese Wohnumgebung sollte den Teilnehmenden helfen, sich in das vorgegebene Szenario einzudenken und entsprechend realitätsnah zu interagieren.

Abb. 7.6 Wohnlabor an der Hochschule Fulda

Zudem wurden die Teilnehmenden aufgefordert, während der Interaktion laut zu denken (Dickinson et al. 2007), um Moderator und Beobachter die Möglichkeit zu geben, an ihren Gedanken und Ideen teilzuhaben und sie besser nachvollziehen zu können.

7.3.2.2 Methodische Erkenntnisse

Zwei der vier Aktivitäten des UCD-Prozesses (1. Analyse des Nutzungskontextes und 4. Evaluation der Gestaltungslösungen) gehen mit direktem Nutzer:innenkontakt einher. Neben den inhaltlichen Ergebnissen zur Entwicklung der App wird im Folgenden auch die Tauglichkeit der verwendeten Methoden in Bezug auf die Zielgruppe der über 65-Jährigen betrachtet. Methodisch gesehen eignen sich Gruppen-Formate wie das Smarte Frühstück für diese Zielgruppe sehr gut, um Aussagen zu Nutzungsanforderungen treffen zu können. Hemmnisse wurden aufgrund der überwiegend vertrauten Teilnehmenden schnell abgebaut, sodass ein lockerer, offener Austausch möglich war. Hierbei haben sich Anschauungsobjekte als sehr wertvoll erwiesen, um den meist unerfahrenen Senior:innen die Möglichkeit zu geben, sich auszuprobieren und die Nutzung technischer Geräte besser verstehen und hinsichtlich des Mehrwerts für die eigene Person bewerten zu können. Auch die Evaluation des Papier-Prototyps mittels Usability-Test im Wohnlabor verlief erfolgreich, da sie zahlreiche inhaltliche Erkenntnisse für die Weiterentwicklung der App generierte, die anschließend dahin gehend überarbeitet wurde. Der bei Eintreffen der Teilnehmenden eingeplante Small Talk zum „Warm werden" bei Keksen und Getränk lockerte die Atmosphäre und förderte die Gesprächsbereitschaft der Senior:innen. In der realitätsnahen Wohnumgebung konnten sich die Senior:innen in die beschriebenen Szenarien hineinversetzen und entsprechend interagieren. Sie waren durchweg sehr kommunikativ und scheuten sich nicht, auch kritische Anmerkungen zu machen.

Insgesamt lässt sich zusammenfassen, dass die gewählten Methoden zur Nutzerbeteiligung (Beobachtung, Interview, Usability-Test im Wohnlabor) für die Entwicklung der

App in hohem Maße zielführend waren, um Erkenntnisse zur Optimierung der App hinsichtlich der Anforderungen dieser speziellen Zielgruppe zu identifizieren. Erkannte Schwachstellen aus Sicht der Senior:innen werden nun nochmals überarbeitet und evaluiert.

7.3.2.3 Inhaltliche Erkenntnisse

Neben den methodischen Erkenntnissen werden im Folgenden ausgewählte inhaltliche Ergebnisse der Datenerhebung exemplarisch für die Einhaltung der Nutzungsanforderungen beschrieben. Generell begegnen älteren Nutzer:innen bei der Bedienung von Smartphones größtenteils dieselben Usability-Hürden wie jüngeren Menschen. Weil sich Jüngere oft aufgrund eines größeren Erfahrungsschatzes mit Technik einen „Work Around" im Umgang mit solchen Hürden angeeignet haben, können sie die Funktionen in den meisten Fällen dennoch nutzen und sind allenfalls nur irritiert. Für ältere Nutzer:innen stellen diese vermeintlich kleinen Hürden jedoch hohe Zugangsbarrieren dar. Sie scheitern daher häufiger daran, können folglich einzelne Funktionen nicht nutzen oder verzichten ganz auf die Nutzung der Anwendung (Erharter und Xharo 2016). Dies macht deutlich, dass die Gestaltung von innovativen Technologien für Ältere höheren Anforderungen unterliegt (siehe auch Nielsen 2012).

Dass Konsistenz für eine gute Usability nötig ist (Erharter und Xharo 2016), zeigte sich besonders in den Beobachtungen der Senior:innen beim Smarten Frühstück. Ein Wechsel zwischen verschiedenen Betriebssystemen mit unterschiedlichen Strukturen führte bspw. bei gleicher Anwendung zu enormen Orientierungsproblemen seitens der Nutzer:innen. Das Erlernen neuer Systeme erfordert bei dieser Zielgruppe einen höheren kognitiven Aufwand, da sie weitaus seltener auf vorhandene mentale Modelle zurückgreifen können als jüngere Nutzer (Staab 2015). Im Usability-Test wurde diese Anforderung der Konsistenz geprüft. Die konsistente und übersichtliche Struktur zur Anordnung aller Elemente der Applikation wurde von den Teilnehmenden positiv gewürdigt und erleichterte im Zusammenspiel mit der reduzierten Komplexität (einfache Dialoge mit maximal drei Hierarchieebenen) die Navigation innerhalb der App (siehe Abb. 7.7). Die gute Orientierung innerhalb der Anwendung war jedoch nicht in jedem Schritt gegeben. Es stelle sich heraus, dass die Erweiterung der Statusanzeige durch eine Breadcrumb-Navigation bei der Überarbeitung der App sinnvoll ist. So wird den Nutzer:innen angezeigt, auf welcher Ebene der App man sich gerade befindet. Verständliche Icons und eine übersichtliche Gestaltung mit ausreichend großen Text- und Bildbestandteilen tragen ebenfalls dazu bei, dass sich Nutzer:innen Ü65 innerhalb einer Anwendung sicher bewegen können und sie nicht sofort wieder verlassen. Icons, deren Bildbestandteile in Analogie zur realen Welt gestaltet werden, sind für diese Zielgruppe besser verständlich als sehr abstrakte Symbole mit hohem Lernaufwand (siehe Abb. 7.8). Ein zusätzlicher Textbaustein auf jedem Icon unterstützt die Herleitung der dahinterliegenden Funktion (Staab 2015). Gerade für die Zielgruppe der Senior:innen ist die visuelle Differenzierung von klickbaren und statischen Zeichen von besonderer Bedeutung. Die Gestaltung der Zeichen wurde von den Teilnehmenden durchweg positiv bewertet, da sie die Einprägsamkeit und damit das Auf-

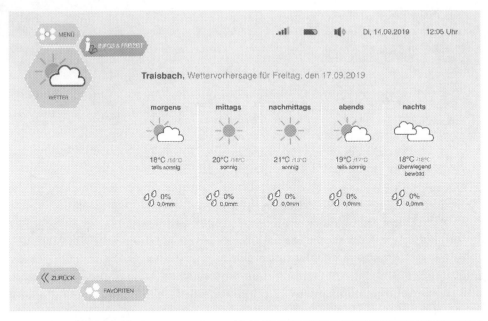

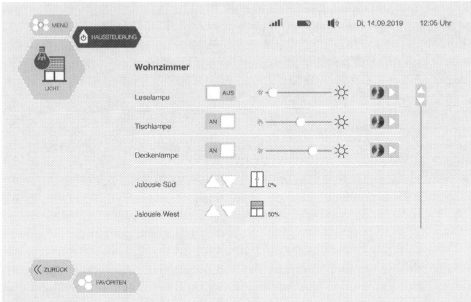

Abb. 7.7 Auszug aus dem User Interface der GetAll-App (digitaler App-Prototyp)

finden verschiedener Funktionen erleichtert. Die ikonische Darstellung der Zeichen hilft, dargestellte Gegenstände oder Sachverhalte mit den hinterlegten Funktionen zu verbinden und besser zu erinnern. Die Kombination aus prägnantem Text und ikonischem Bild wurde als sehr gut verständlich angesehen. Die visuelle Trennung von klickbaren und statischen

Abb. 7.8 Kombination von ikonischem Bild und prägnantem Text

Zeichen wurde von den Teilnehmenden im Test erkannt und verstanden. Im Interview betonten sie, dass deutlich wurde, dass umrahmte Zeichen und Wörter grundsätzlich klickbar und mit Funktion hinterlegt sind und nicht umrahmte Zeichen statische Informationen darstellen. Dies half den Nutzer:innen, Steuerungselemente schnell erkennen und nutzen zu können.

Bekanntes Wording und einfache Sprache sorgen für eine bessere Usability bei der Zielgruppe. Während in der Umfrage zu Interaktionsmöglichkeiten Fachwörter in Erklärboxen zu finden waren (vgl. Abschn. 7.3.1.2), wurde in der App besonders viel Wert darauf gelegt, Fachwörter und Anglizismen komplett zu vermeiden. Stattdessen wurden diese durch für die Zielgruppe geläufige Begriffe ersetzt. Im Test zeigte sich das ausgewählte Wording größtenteils als verständlich, wobei sich einzelne Wörter, wie z. B. „Farbtemperatur", für die Einstellung der Lichtfarbe bei der Zielgruppe als unbekannter Fachausdruck erwiesen und in der nächsten Iteration überarbeitet wurden. Die Ergebnisse des Usability-Tests mit der Zielgruppe wurden genutzt, um den Papier-Prototyp zu optimieren bzw. an die neu gewonnenen oder aktualisierten Anforderungen anzupassen. Für die zweite Iteration wurde der bestehende Papier-Prototyp digital ausgearbeitet. Auch die farbliche Gestaltung kam in diesem Entwicklungsstadium zum Tragen, sodass dieser Prototyp der zukünftigen interaktiven Anwendung bereits sehr ähnlich ist. Wie auch die Umfrage zu den Interaktionsmöglichkeiten bestätigte (vgl. Abschn. 7.3.1.4), muss eine Beeinträchtigung des Sehvermögens bei der Zielgruppe bedacht werden. Da der Farbkontrast gerade bei älteren Nutzer:innen mit nachlassender Sehkraft eine starke Rolle spielt (Staab 2015), wurde dies bei der Überarbeitung berücksichtigt. Ein rein weißer Hintergrund mit schwarzer Schrift führt z. B. dazu, dass Betrachter:innen der vollen Lichtstrahlung ausgesetzt sind. Dadurch entsteht ein Flimmern, welches die Lesbarkeit erschweren kann (Staab 2015). Der Hintergrund der App wurde daher in einem hellen Grauton umgesetzt.

Abb. 7.9 Sechs Themenbereiche der GetAll-App in Wabenstruktur (digitaler App-Prototyp)

Insgesamt basiert das Gestaltungskonzept auf einem dreiteiligen Gestaltungsraster, in dessen Zentrum eine sechseckige Wabenstruktur als Herzstück den Hauptinhalt der Applikation gliedert (siehe Abb. 7.9). Die Funktionen der App sind in sechs farbig codierte Themenbereiche (Gesundheit, Sicherheit, Haussteuerung, Dienstleistung, Kommunikation und Unterhaltung) geclustert.

7.3.2.4 Reflexion und weiterer Forschungsbedarf

Der digitale Stand der GetAll-App dient dazu, bei weiteren Gesprächen mit der Zielgruppe verschiedene Smart-Home- und AAL-Szenarien zu demonstrieren und zu evaluieren. Auch das explorative Erkunden der App und damit möglicher Funktionen von Smart Home und AAL kann dazu beitragen, Themen wie die Akzeptanz dieser technischen Lösungen noch tiefer gehend zu untersuchen.

7.3.3   Smarter Spiegel (Analyse des Nutzungskontextes)

Nachdem die vorherigen beiden Projekte die Entwicklung eines neuen Produktes innerhalb des ersten Iterationsdurchlaufs im UCD-Prozess unterstützten, setzt die im Folgenden beschriebene Studie bei der bereits auf dem Markt befindlichen Produktkategorie Smarter Spiegel und damit in einem nachgelagerten Durchlauf an (siehe Abb. 7.1).

Zielsetzung war, dazu beizutragen, nutzbringende Funktionen für eine neue Zielgruppe (Senior:innen Ü65) zu identifizieren. Auf die Frage nach der im Alter favorisierten Wohnsituation liegt das eigene Zuhause an der Spitze (Dialego 2018 sowie TNS Emnid 2011). Die eigenen vier Wände gilt es demnach, seniorengerecht einzurichten, um dort möglichst lange selbstbestimmt leben zu können. Smarte Spiegel (*engl. smart mirror*), die die Funktionalitäten eines Tablets in einen Spiegel integrieren, könnten zukünftig im Rahmen von AAL-Systemen vermehrt in Seniorenwohnungen Einzug halten. Als Möbelstücke mit einem festen Standort, welche im Wohnraum regelmäßig frequentiert werden, bieten Smarte Spiegel die Möglichkeit einer stetigen, niederschwelligen Interaktion und stellen somit leicht zugängliche Endgeräte dar, die damit für Senior:innen im Alltag einen Mehrwert bieten könnten (Dorado et al. 2021).

7.3.3.1 Fragestellung
Um an einem bereits erhältlichen Produkt Anpassungen für eine neue Zielgruppe vornehmen zu können, bedarf es einer erneuten, darauf zugeschnittenen Analyse des Nutzungskontextes. Zur Beantwortung der Forschungsfrage:

Wie kann ein Smarter Spiegel im Alltag von Senior:innen unterstützend eingesetzt werden?

wurde im Sommer 2020 eine Online-Fokusgruppe mit sieben Senior:innen zwischen 65 und 78 Jahren realisiert. Ein Erkenntnisgewinn konnte sowohl hinsichtlich der Besonderheiten der Methodik „Online-Fokusgruppe" für Senior:innen als auch bezüglich des Nutzungsumfangs Smarter Spiegel generiert werden.

7.3.3.2 Methode (Online-Fokusgruppe)
Fokusgruppen kommen im UCD-Prozess überwiegend in frühen Entwicklungsstadien eines Produktes z. B. zur Analyse des Nutzungskontextes zum Einsatz. Sie werden zur qualitativen Datenerhebung genutzt und eignen sich besonders gut, um gemeinsam mit der Zielgruppe bedarfsgerecht innovative Ideen zu erarbeiten (Jacobson und Meyer 2019). Üblicherweise werden Fokusgruppen in technisch entsprechend ausgestatteten Räumen durchgeführt, was mit den pandemiebedingten Kontaktbeschränkungen für die Zielgruppe jedoch nicht möglich war. Alternativ zu Präsenzformaten sind Online-Tools im UCD-Prozess bereits fest etabliert (Bolt und Tulathimutte 2010 sowie Pacholsky 2020). Allerdings werden speziell Senior:innen online häufig (noch) nicht adressiert, obgleich eine Adaption dieser Tools für dieses Altersegment neue Chancen und Möglichkeiten bietet. Eine Umfrage zeigt, dass bei der großen Mehrheit der Senior:innen ein Internetzugang vorliegt (Kortmann et al., 2021), aber nur zwischen 40 und 55 % der über 60- bzw. über 70-Jährigen, die sog. Onliner, das Internet mehrmals pro Woche oder öfter nutzen (IfD Allensbach 2021a sowie b). Insbesondere die Nutzung der Funktion „Videotelefonie" nimmt unter den Onlinern (Ü65) (pandemiebedingt) stark zu (Bitkom Research 2020) und liegt mittlerweile bei ca. 40 %. Diese Zahlen dienten als Anreiz, die Fokusgruppe in der

Online-Version durchzuführen, um die Partizipation der Zielgruppe Ü65 während der Pandemie zu gewährleisten. Da ältere Menschen besonders dann unter Aufmerksamkeitsproblemen leiden, wenn mehrere Aktionen parallel ausgeführt werden müssen und/oder eintreffende Informationen relativ komplex sind, muss die Aufmerksamkeit als limitierender Faktor besonders bedacht (Lehmann und Jüling 2020 sowie Nunes et al. 2010) und die Methodik an die Bedürfnisse und Fähigkeiten der Teilnehmenden angepasst werden. Im Zuge dessen wurden sowohl während der Fokusgruppe als auch bei der Vor- und Nachbereitung analoge und digitale Techniken zielführend kombiniert. Die Schlüsselbund-Technik zum Einstieg und Kennenlernen (Beermann et al. 2015), Ja/Nein-Karten zum Erzeugen eines Stimmungsbildes während der Diskussion und farbige Kategorie-Karten zum Strukturieren der Ideen wurden als analoge Bestandteile in die Online-Fokusgruppenmethode integriert (siehe Abb. 7.10). Online konnte während der Durchführung der moderierten Gruppendiskussion eine Produktvorstellung des im Fokus stehenden Smarten Spiegels lediglich als Video-Präsentation mittels Screensharing durchgeführt werden.

Verlinkungen zu Online-Formularen wurden für die Anmeldung, Datenschutzerklärung oder für ein Feedback am Ende der Diskussionsrunde eingesetzt. Lediglich die Zusendung des analogen Materials (z. B. Ja/Nein- und Kategorie-Karten sowie eine Anleitung des Videokonferenz-Tools) erfolgte postalisch. Der technische Support vor und während der Durchführung der Online-Fokusgruppe wurde telefonisch realisiert, um spontan bei Problemen und Fragen der Teilnehmenden zu unterstützen. Während der kompletten Kommunikation mit den Senior:innen wurde wie in den zuvor beschriebenen Arbeiten auf eine verständliche, fremd- und fachwortarme Ausdrucksweise geachtet. Im Vergleich zur postalischen Umfrage der Senior:innen zu den Interaktionsmöglichkeiten (vgl. Abschn. 7.3.1.2) wurde die Kontaktaufnahme telefonisch und der Informationsaustausch für die Online-Fokusgruppe überwiegend online durchgeführt (Online-Formulare und E-Mails).

7.3.3.3 Methodische Erkenntnisse

Wie im Projekt „GetAll-App" zeigte sich auch bei der Durchführung der Online-Fokusgruppe, dass eine lockere, angenehme Atmosphäre für den Austausch der Teilnehmenden essenziell ist (vgl. Abschn. 7.3.2.3). Informationen zur Person, die im Rahmen der eingesetzten Schlüsselbund-Technik spielerisch in den bedeutsamen Kennenlernprozess (Nachwuchsgruppe FANS, TU Berlin 2015) eingebettet wurden, trugen wesentlich zum von den Senior:innen gelobten Gruppenklima bei. Zudem befanden sich die Teilnehmenden aufgrund des Online-Formats in ihrem gewohnten heimischen Umfeld, was mögliche Hemmungen mindert. Vorteilhaft ist auch, dass die Anreise bei Online-Fokusgruppen entfällt und folglich Zeit und Kosten gespart werden. Damit geht einher, dass der (potenzielle) Teilnehmerkreis nicht standortgebunden ist und sich damit vergrößert (Yom und Wilhelm 2004). Gerade um die Teilhabe von Senior:innen aus ländlichen Gebieten in Forschungsprojekten zu sichern, bietet sich ein digitaler, aktiver Austausch u. a. in Form von Online-Fokusgruppen auch unabhängig von pandemiebedingten

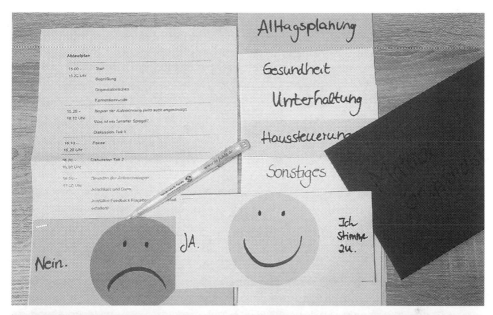

Abb. 7.10 Screenshot aus der Online-Fokusgruppe während der Verwendung der Ja/Nein-Karten sowie Beispiel einer Postsendung mit verschiedenen Materialien. (Quelle: Rietze et al. 2021)

Einschränkungen an, um Anfahrtswege aus ländlichen Regionen, die vom ÖPNV nur wenig frequentiert werden (Wittowsky und Ahlmeyer 2018), zu kompensieren. Dem gegenüber stehen Hindernisse und Nachteile von Online-Fokusgruppen, wie mögliche technische Probleme oder methodische Herausforderungen, auf die im Folgenden eingegangen wird.

Für den Erstkontakt im Rahmen der Akquise wurden E-Mails an die Zielgruppe Ü65 versendet. Diese hatten nur eine sehr geringe Rücklaufquote, wohingegen die persönliche telefonische Ansprache beim zweiten Rekrutierungsversuch deutlich mehr positive Rückmeldungen ergab. Dies könnte bspw. mit der unregelmäßigen Kontrolle des E-Mail-Postfachs zusammenhängen. Eine postalische Anfrage wie im ersten Projekt „Interaktionsmöglichkeiten" (vgl. Abschn. 7.3.1.2) ist für Senior:innen aktuell zu bevorzugen. Die teilnehmenden Senior:innen gaben an, im Vergleich zu Gleichaltrigen überdurchschnittlich affin im Umgang mit dem Internet und den eigenen Endgeräten zu sein. Fast alle wiesen auf ihre Vorerfahrungen mit Videokonferenzen oder -telefonie hin. Im Ergebnis konnten alle Teilnehmenden mithilfe der zugesendeten Materialien und des eingerichteten Telefonsupports eigenständig teilnehmen. Dennoch sollten die Senior:innen von der Akquise bis zum Abschluss-Feedback umfangreich unterstützt werden. Diese Hilfestellungen sind bereits zu Beginn zu kommunizieren, um Bedenken gegenüber einer Teilnahme direkt auszuräumen. Von den Teilnehmenden wurden im Nachgang der obligatorisch eingerichtete „Vorab-Technik-Check" und die bebilderte Anleitung, die alle relevanten Schritte innerhalb des Videokonferenz-Tools erläutert, besonders positiv erwähnt (Rietze et al. 2021). Ebenso positiv wurde der einfache Zugang zu dem im Funktionsumfang reduzierten Videokonferenz-Tool DFNconf hervorgehoben, welches in diesem Setting eine zentrale Rolle einnahm, da jedwede Interaktion hierüber stattfand. Der Zugang sollte für die eher technikunerfahrene Zielgruppe so niederschwellig wie möglich erfolgen. Elementar sind ein simpler Log-in, eine leichte Bedienung und möglichst keine unnötigen Zusatzfunktionen. Bei der Auswahl sollten auch die Themen Datenschutz und Sicherheit berücksichtigt werden, da sie bei Senior:innen eine wichtige Rolle spielen (Deutsches Institut für Vertrauen und Sicherheit im Internet 2016).

Im Verlauf hat sich eine Kombination von analogen und digitalen Techniken und Materialien als besonders geeignet erwiesen (vgl. auch Nachwuchsgruppe FANS, TU Berlin 2015). Diese spiegelt auch die Lebensrealität wider, in der Senior:innen einerseits die Vorzüge des Digitalen begreifen und nutzen, aber zugleich sicherer im Umgang mit analogen Methoden sind (vgl. Deutsches Institut für Vertrauen und Sicherheit im Internet 2016). Die Anschaulichkeit des Materials sowie das Zurückgreifen auf Erfahrungswerte helfen den mit Online-Tools wenig vertrauten Senior:innen, sich auf die Inhalte zu konzentrieren und wenig mentale Belastung zur Bedienung der Technik/Online-Tools zu erzeugen. Um Abstimmungen im Online-Format nachvollziehbar, zügig und ohne Wortmeldungen ablaufen zu lassen, werden häufig digitale Voting- oder Umfragefunktionen genutzt. Diese können technik-averse Personen während der Konferenz leicht überfordern, weswegen sich ein Rückbezug auf eine analoge Abstimmungstechnik anbot. Die dafür eingesetzten analogen Ja/Nein-Karten wurden von allen Teilnehmenden zur Abstimmung sehr gut angenommen und erfolgreich verwendet (Rietze et al. 2021).

Bezüglich Befragungen über Online-Formulare zeigte sich für die Teilnehmenden aufgrund des mit analogen Varianten vergleichbaren Aufbaus ein vertrautes Bild, sodass durch die intuitiven Bedienoptionen des Online-Tools eine sehr gute Rücklaufquote und eine hohe Akzeptanz dieser digitalen Technik erzielt werden konnten. Während der digitalen Produktvorstellung (Videos mit Szenarien der Nutzung) stellte sich heraus, dass die Senior:innen bei Fragen zur Standortwahl eines Smarten Spiegels in ihrer Wohnung in Ermangelung eines präsenten Anschauungsobjektes und ohne Vorerfahrungen mit dieser Produktklasse Schwierigkeiten mit der Meinungsbildung hatten. Darüber hinaus können gewisse Aspekte, die die Interaktion mit dem Produkt betreffen, im Online-Format gar nicht adressiert werden, weil die reale Erfahrung nicht vermittelt werden kann. Beispielsweise waren dadurch im konkreten Fall Fragen zum Umgang mit der spiegelnden Oberfläche, zur Haptik oder Lesbarkeit nicht möglich.

7.3.3.4 Inhaltliche Erkenntnisse

Inhaltlich konnten innerhalb der Online-Fokusgruppe einige nutzbringende Funktionen herausgearbeitet werden. Die Ideen wurden mithilfe der farbigen Kategorie-Karten in fünf Bereiche geclustert: Alltagsplanung, Gesundheit, Unterhaltung, Haussteuerung und Sonstiges. Kategorieübergreifend sahen alle Teilnehmenden den Smarten Spiegel in verschiedenen Kontexten als Gedächtnisstütze bzw. interaktive Pinnwand. Da der Spiegel als Möbelstück im Wohnraum stetig frequentiert wurde, konnte dieser dezent und zuverlässig auf wichtige Aufgaben oder Termine hinweisen und damit eine Entlastung bieten. Die Teilnehmenden konnten sich Erinnerungsmeldungen an (Arzt-)Termine, Geburtstage, wiederkehrende To-dos, Wartungsintervalle oder regelmäßige haushaltsbezogene Aufgaben (z. B. Abfall-Kalender) als Anzeige auf dem Smarten Spiegel gut vorstellen. Breite Zustimmung signalisierten die Teilnehmenden unter Einsatz der Ja/Nein-Karten zu Funktionalitäten aus dem Bereich der „Alltagsplanung", wie Datum, Uhrzeit, Wetter und Nachrichten. Diese sind in Smarten Spiegeln bereits standardmäßig implementiert. Innerhalb der Kategorie „Gesundheit" wurden Vorschläge zu „Notfallfunktionen" diskutiert. Präferiert wurden die Idee, über den Spiegel selbst einen Notruf absenden zu können, sowie die Option, dass der Spiegel ein System bereithält, das Notfälle erkennt und Notfallkontakte automatisiert benachrichtigen kann. Positives Feedback erhielten im Bereich „Haussteuerung" Funktionalitäten, die einen Überblick über eingeschaltete Heizkörper oder Lampen sowie über offene Fenster oder Türen geben. Übereinstimmend sahen die Teilnehmenden den Spiegel auch als Entertainer. Innerhalb der Kategorie „Unterhaltung" wurden nicht nur Funktionen wie Radio bzw. Streaming-Dienste genannt, sondern der Spiegel auch als Kommunikationspartner gesehen, der Einsamkeit im Alter entgegenwirkt. Smarte Spiegel könnten nach Meinung der Gruppe den Tag mit inspirierenden Worten oder Bildern bereichern, wie im Märchen („Spieglein, Spieglein ..."") mit Komplimenten erheitern oder die wieder einmal verlegte Brille lokalisieren. Letztlich wurden von den Teilnehmenden Funktionen begrüßt, die die Primäraufgabe des Spiegels sinnvoll ergänzen, etwa ein Vergrößerungsmodus, die Auswahl der eigenen Seiten- oder Rückansicht als Ergänzung des analogen Spiegelbilds, die Aufhebung der spiegelverkehrten Ansicht oder Filter. Im Rahmen der Diskussionsrunde wurde deutlich, dass ein Smarter Spiegel in der Vorstellung aller Teilnehmenden dort verortet sein soll, wo bereits üblicherweise ein Spiegel im Wohnraum angebracht ist: im Badezimmer oder Flur. Seitens der Teilnehmenden wurde jedoch darauf hingewiesen, dass in Ermangelung eines Anschauungsobjektes und einer realitätsnahen Nutzungsumgebung die endgültige Festlegung des Wunschstandortes schwerfällt. Ebenfalls wurden mögliche Steuerungsoptionen diskutiert. Hierbei forcierten die Teilnehmenden sowohl die Touch-Bedienung als auch Sprachsteuerung bzw. eine Kombination von beiden. In diesem Zusammenhang sind auch die Ergebnisse aus der Forschungsarbeit „Interaktionsmöglichkeiten" (vgl. Abschn. 7.3.1.4) interessant.

7.3.3.5 Reflexion und weiterer Forschungsbedarf

Die Umsetzung der Methode „Fokusgruppe" im Online-Format mit weniger technikerfahrenen Senior:innen Ü65 ist mit entsprechenden Anpassungen möglich, auch wenn die Teilnehmerzahl von sieben Personen zu gering ist, um allgemeingültige Ergebnisse abzuleiten. Gleiches gilt für die inhaltlichen Erkenntnisse zu nutzbringenden Funktionen von Smarten Spiegeln. Wenngleich sich bereits innerhalb der realisierten Fokusgruppe favorisierte Funktionalitäten herauskristallisiert haben, sollten diese in weiteren Runden gesichert werden. Zudem sollten zur vertieften Analyse des Nutzungskontextes in einem Präsenz-Format jene Fragen zur Interaktion mit dem Produkt geklärt werden, die online, ohne reales Anschauungsobjekt nicht oder nicht ausreichend geklärt werden können.

7.4   Fazit und Ausblick

In der Literatur sind Empfehlungen zu Methoden für Erhebungen speziell mit Senior:innen Ü65 nach wie vor sehr selten, überholt bzw. nicht auf technische Themen bezogen. Im vorliegenden Beitrag wird erläutert, welche methodischen Anpassungen für die nutzerzentrierte Entwicklung mit Senior:innen nötig und sinnvoll sind, um die Bedürfnisse und Kompetenzen der Zielgruppe im Kontext innovativer Themen zu adressieren. Eine persönliche bzw. postalische Ansprache zur Kontaktaufnahme und eine positive Atmosphäre während der Teilnahme sind gerade für die teilnehmenden Senior:innen eine wichtige Grundlage für den Austausch. Während des kompletten Ablaufs sollte besonders auf das Wording und die Komplexitätsreduktion geachtet werden. Miss- oder unverständliche Fachwörter sollten vermieden oder anschaulich umschrieben werden. Die Aufmerksamkeit sollte deutlich auf das Wesentliche gerichtet und nur Informationen gegeben werden, die für die Zielgruppe in diesem Moment hilfreich und nötig sind. Anschauungsobjekte sind vor allem bei technischen Themen, wie sie im Beitrag behandelt wurden, besonders wichtig, um den Untersuchungsgegenstand der eher technikunerfahrenen Zielgruppe näherbringen zu können.

Inhaltlich zeigen die gesammelten Daten, dass die Mehrheit der Senior:innen Ü65 aufgeschlossen gegenüber technischen Geräten ist, jedoch Unsicherheiten und zahlreiche Fragen zu deren Anwendung existieren. Zudem finden Interaktionsformen, wie Gesten- oder Aktivitätssteuerung derzeit noch zu wenig Einsatz in der Praxis, sodass sie für die befragte Zielgruppe weitgehend unbekannt sind. Umfangreiche Aufklärung über neuartige Technologien und durchgängige Unterstützung bei der Verwendung sind nötig, um Senior:innen als Nutzer:innen für digitale Assistenzsysteme zu gewinnen. Auch wenn Formate ohne persönlichen bzw. physischen Kontakt, wie postalische Umfragen oder Online-Fokusgruppen, bereits wertvolle Erkenntnisse liefern können, muss man sich der Schwächen dieser Formate bewusst sein. Bestimmte Fragestellungen, insbesondere solche, die die direkte Interaktion mit einem physischen Produkt betreffen, können ausschließlich in Präsenzformaten mit persönlichem Kontakt bearbeitet werden. Im zugrunde liegenden GetAll-Projekt werden daher nun weitergehende Fragestellungen verfolgt, die mit den bisher gewählten Methoden nicht bearbeitet werden konnten. Für die erneute, vertiefte Bewertung der Interaktionsformen soll bspw. durch exploratives Erkunden und umfangreiche Aufklärung das Bewusstsein für noch unbekannte digitale Assistenzsysteme und deren Interaktionsmöglichkeiten geschaffen werden. Dies soll durch einen Demonstrator umgesetzt werden, der im vorliegenden Fall aus der entsprechend überarbeiteten GetAll-App zur Steuerung diverser Smart-Home-Komponenten bestehen wird.

Literatur

Beermann S, Schubach M, Tornow OE (2015) Spiele für Workshops und Seminare. Haufe, Freiburg

Bernsteiner M, Boggatz T (2016) Wohlbefinden im Alter – Die Inhaltsvalidität der Ryff-Skala für BewohnerInnen von Pflegeheimen und betreuten Wohneinrichtungen. Pflege 29:137–149. https://doi.org/10.1024/1012-5302/a000485

Bitkom Research (2020) Was machen Sie zumindest ab und zu im Internet? Befragung von Über-65-Jährigen. https://www.bitkom.org/Presse/Presseinformation/Streaming-Online-Banking-Telemedizin-So-nutzen-Senioren-digitale-Technologien. Zugegriffen am 21.04.2022

Bitkom Research (2021) Was würden Sie sich wünschen, um digitale Technologien besser nutzen zu können? https://digitaltag.eu/sites/default/files/2021-06/210608_DT21_PPT_PK_Digitaltag%20V3_Website_DFA_0.pdf. Zugegriffen am 21.04.2022

Bolt N, Tulathimutte T (2010) Remote research: real users, real time, real research. Rosenfeld Media, New York

Bundesministerium des Inneren (2017) Jedes Alter zählt „Für mehr Wohlstand und Lebensqualität aller Generationen". https://www.demografie-portal.de/SharedDocs/Downloads/DE/BerichteKonzepte/Bund. Zugegriffen am 21.04.2022

Bundesministerium für Bildung und Forschung (2021) Viele Erkrankungen werden mit dem Alter häufig. Gesundheitsforschung. https://www.gesundheitsforschung-bmbf.de/de/viele-erkrankungen-werden-mit-dem-alter-haufig-6786.php. Zugegriffen am 21.04.2022

Bundesministerium für Familie, Senioren, Frauen und Jugend (2020) Achter Altersbericht: Ältere Menschen und Digitalisierung. Achter Altersbericht. https://www.achter-altersbericht.de/fileadmin/altersbericht/pdf/aktive_PDF_Altersbericht_DT-Drucksache.pdf. Zugegriffen am 21.04.2022

Deutsches Institut für Vertrauen und Sicherheit im Internet (2016) DIVSI Ü60-Studie: Die digitalen Lebenswelten der über 60-Jährigen in Deutschland. https://www.divsi.de/publikationen/studien/divsi-ue60-studie-die-digitalen-lebenswelten-der-ueber-60-jaehrigen-deutschland/index.html. Zugegriffen am 21.04.2022

Dialego, Agentur für digitale Marktforschung (2018) Senioren – Wünsche an Produkte und das Leben im Alter? https://web.dialego.de/blog/2018/08/28/senioren. Zugegriffen am 22.04.2022

Dickinson A, Arnott J, Prior S (2007) Methods for human-computer interaction research with older people. Behav Inform Technol 26:343–352. https://doi.org/10.1080/01449290601176948

Dorado CJ, Ruiz F-BJ, Santofimia Romero MJ, Bolaños Peño C, Unzueta Irurtia L, Garcia Perea M, del Toro GX, Villanueva Molina FJ, Grigoleit S, Lopez JC (2021) The shapes smart mirror approach for independent living, healthy and active ageing. Sensors 21:7938. https://doi.org/10.3390/s21237938

Erharter D, Xharo E (2016) Developer-Guideline Usability von Apps für Seniorinnen und Senioren, entstanden im Rahmen des Projektes „mobi.senior.A", Wien. http://mobiseniora.at/appentwicklung. Zugegriffen am 22.04.2022

Generali Deutschland AG (2017) Generali Altersstudie 2017 – Wie ältere Menschen in Deutschland denken und leben. Repräsentative Studie des Instituts für Demoskopie Allensbach mit Kommentaren des wissenschaftlichen Beirats der Generali Altersstudie 2017. Springer, Berlin. https://doi.org/10.1007/978-3-662-50395-9

Hessisches Statistisches Landesamt, Wiesbaden (2019) Bevölkerung 2018 und 2040 in den kreisfreien Städten und Landkreisen nach Altersgruppen sowie Durchschnittsalter der Bevölkerung. https://statistik.hessen.de/sites/statistik.hessen.de/files/Bevoelkerung_2040_Durchschnittsalter.xlsx. Zugegriffen am 22.04.2022

Hochschule Fulda (2022a) Das GEViA-Panel – Gesundheit, Ernährung und Versorgung im Alter. https://www.hs-fulda.de/forschen/forschungseinrichtungen/wissenschaftliche-zentren-und-forschungsverbuende/elve/forschen/das-gevia-panel. Zugegriffen am 22.04.2022

Hochschule Fulda (2022b) RIGL-Fulda Regionales Innovationszentrum Gesundheit und Lebensqualität Fulda. https://www.hs-fulda.de/forschen/wissens-und-technologietransfer/rigl-fulda. Zugegriffen am 22.04.2022

Hochschule Fulda (2022c) Wohnlabor. https://www.hs-fulda.de/oecotrophologie/ueber-uns/labore/wohnlabor. Zugegriffen am 22.04.2022

IfD Allensbach (2021a) Umfrage zur Nutzung des Internets bei Personen ab 60 Jahren in Deutschland im Jahr 2021 – Allensbacher Markt- und Werbeträger-Analyse – AWA 2021. https://de.statista.com/statistik/daten/studie/1100772/umfrage/internetnutzung-von-senioren. Zugegriffen am 22.04.2022

IfD Allensbach (2021b) Senioren (70 Jahre und älter) in Deutschland nach der Nutzungshäufigkeit des Internets im Vergleich mit der Bevölkerung im Jahr 2021 – Allensbacher Markt- und Werbeträger-Analyse – AWA 2021. https://de.statista.com/statistik/daten/studie/1035162/umfrage/senioren-in-deutschland-nach-der-nutzungshaeufigkeit-des-internets. Zugegriffen am 22.04.2022

Jacobson J, Meyer L (2019) Praxisbuch Usability und UX. Rheinwerk, Bonn

Kortmann L, Hagen C, Endter C, Riesch J, Tesch-Römer C (2021) Internetnutzung von Menschen in der zweiten Lebenshälfte während der Corona-Pandemie: Soziale Ungleichheiten bleiben bestehen, in: dza-aktuell: Deutscher Alterssurvey, 05/2021

Kühn K, Porst R (1999) Befragung alter und sehr alter Menschen: Besonderheiten, Schwierigkeiten und methodische Konsequenzen – ein Literaturbericht, in: ZUMA-Arbeitsbericht, Zentrum für Umfragen, Methoden und Analysen, (Vol. 03) GESIS, Mannheim

Lehmann W, Jüling I (2020) Auch alte Bäume wachsen noch. Springer, Berlin, S 83–89

Menold N, Bogner K (2015) Gestaltung von Ratingskalen in Fragebögen. GESIS – Leibniz-Institut für Sozialwissenschaften, Mannheim

Möhring W, Schlütz D (2010) Die Befragung in der Medien- und Kommunikationswissenschaft. Springer Fachmedien, Wiesbaden

Nachwuchsgruppe FANS, TU Berlin (2015) Dos und Don'ts bei der Forschung mit älteren Menschen. Institut für Psychologie und Arbeitswissenschaft Nachwuchsgruppe FANS. https://www.fans.tu-berlin.de/fileadmin/a3532_fans/Does_und_Don__ts_bei_der_Forschung_mit_aelteren_Menschen.pdf. Zugegriffen am 22.04.2022

Nielsen J (2012) How many test users in a usability study? https://www.nngroup.com/articles/how-many-test-users. Zugegriffen am 22.04.2022

Nunes F, Silva PA (2010) 3 × 7 Usability testing guidelines for older adults. In: Mexican HCI conference, Universidad Politécnica, San Luis Potosí, 8–10 Nov 2010

Nunes F, Silva PA, Abrantes F (2010) Human-computer interaction and the older adult: an example using user research and personas. In: Proceedings of the 3rd international conference on pervasive technologies related to assistive environments, Samos, 23–25 Juni 2010. https://doi.org/10.1145/1839294.1839353

Pacholsky J (2020) Tools für moderierte Usability-Tests während und nach Corona. t3n. https://t3n.de/news/tools-moderierte-usability-tests-online-1295066. Zugegriffen am 22.04.2022

Rieß H, Uhlig M, Klein P (2018) Unterstützen, motivieren, interagieren – Gestaltung von Produkten und Services für Senioren. In: IT für soziale Inklusion. De Gruyter/Oldenbourg, Berlin

Rietze J, Bürkner I, Pfister A, Blum R (2021) Online-Fokusgruppen mit und für Senior:innen: Besonderheiten, Herausforderungen, Empfehlungen, in: Proceedings of the Mensch und Computer 2021 (MuC '21), Technische Hochschule 5.–8. September 2021, Ingolstadt https://doi.org/10.1145/3473856.3474300

Sauer A, Luz F, Suda M, Weiland U (2005) Steigerung der Akzeptanz von FFH-Gebieten, in: Bfn-Skripte 144. https://www.bfn.de/sites/default/files/BfN/service/Dokumente/skripten/skript144.pdf. Zugegriffen am 22.04.2022

Schwarz N (2008) Self-reports of behaviors and opinions: cognitive and communicative processes. In: Cognitive aging – a primer. Psychology Press, Philadelphia. Kapitel 13

Splendid Research (2019) Pressemitteilung zur Studie: Deutsche mit Smart Home überfordert? Nur wenige Nutzer rufen das volle Potenzial ab. https://www.splendid-research.com/de/splendid-news/pressemitteilungen/studie-deutsche-mit-smart-home-%C3%BCberfordert-nur-wenige-nutzer-rufen-das-volle-potenzial-ab. Zugegriffen am 04.05.2022

Staab T (2015) Einflussfaktoren zur selbstständigen Nutzung von gesundheitsförderlicher IKT durch ältere Menschen (Masterarbeit, unveröffentlicht), Masterstudiengang Human Computer Interaction, Universität Siegen. http://www.wineme.uni-siegen.de/wp-content/uploads/2016/11/sw_masterarbeit_tamara_staab_1045372.pdf. Zugegriffen am 25.04.2022

TNS Emnid (2011) Wohnwünsche im Alter. Statista. https://de.statista.com/statistik/daten/studie/170431/umfrage/gewuenschte-wohnformen-der-generation 50 plus-mit-70-jahren. Zugegriffen am 25.04.2022

Weiß C, Stubbe J, Naujoks C, Weide S (2017) Digitalisierung für mehr Optionen und Teilhabe im Alter. Digitalisierung für mehr Optionen und Teilhabe im Alter. Hans Kock Buch- und Offsetdruck GmbH, Bielefeld. https://www.bertelsmann-stiftung.de/fileadmin/files/Projekte/Smart_Country/DigitaleTeilhabe_2017_final.pdf. Zugegriffen am 25.04.2022

Wittowsky D, Ahlmeyer F (2018) Verkehr im ländlichen Raum. In: Handwörterbuch der Stadt und Raumentwicklung (Hrsg) ARL – Akademie für Raumforschung und Landesplanung, 4:2791–2797. http://nbn-resolving.de/urn:nbn:de:0156-55992641. Zugegriffen am 06.03.2023

Yom M, Wilhelm T (2004) Web usability-testing and qualitative methods – a case-study with online-focus groups. i-com. https://doi.org/10.1524/icom.3.1.22.32966

Digitale Selbstvermessungstechnologien und die Bedeutung für das Gesundheitsverhalten im Alter

Diana Hentschel und Horst Kunhardt

8.1 Digitale Selbstvermessung – mehr als ein Trend

Gesundheits-Apps, Fitnessarmbänder, Aktivitäts-Tracker erfreuen sich auch in Deutschland anwachsender Beliebtheit. Laut der Studie von der Techniker Krankenkasse (TK) nutzte im Jahr 2018 mehr als ein Viertel der Befragten die digitalen Anwendungen wie Gesundheits-Apps, Pulsuhr, Fitness-Tracker, E-Coach und Smart Watch, mit dem Ziel die eigene Gesundheit zu überwachen (Hombrecher 2018, S.27). Der 2020 veröffentlichte Achte Altersbericht zeigt auf, dass mittlerweile Tracking-Systeme und Systeme zur Aktivitätsüberwachung im Alter durchaus weit verbreitet sind. Die „Quantifizierung des Selbst" ist demnach auch bei älteren Personen keine bloße Neuerscheinung mehr (BMFSFJ 2020, S. 74). Zwischen 50 und 70 % der 55- bis 79-Jährigen nutzt mittlerweile ein Smartphone, um unter anderem Vital- und Aktivitätsdaten zu messen (Doh 2020). Der digitalen Selbstvermessung wird laut Gesundheitsfachpersonen vor allem in den Bereichen der Gesundheitsförderung und -prävention großes Potenzial zugesprochen (Scheermesser et al. 2018). Sie kann bewirken, dass das Gesundheitsverhalten durch regelmäßige Kontrolle positiv beeinflusst und gleichzeitig das Wissen über die eigene Gesundheit durch objektive Daten gestärkt werden kann. Im Bereich der Prävention liegt der Schwerpunkt darin, frühzeitig problematische Verhaltensweisen zu erkennen und ebenfalls bei der Verhaltensänderung zu unterstützen. Für bereits erkrankte Personen kann ihr Einsatz beim Krankheits-

D. Hentschel (✉)
Friedrich-Alexander-Universität Erlangen-Nürnberg, Nürnberg, Deutschland
E-Mail: hentschel_diana@web.de

H. Kunhardt
Technische Hochschule Deggendorf, Deggendorf, Deutschland
E-Mail: horst.kunhardt@th-deg.de

A. S. Esslinger, H. Truckenbrodt (Hrsg.), *Digitalisierung von Gesundheitsleistungen für Senior:innen*, https://doi.org/10.1007/978-3-658-42115-1_8

selbstmanagement unterstützen. Effekte auf das Wohlbefinden und Gesundheitsverhalten sind zu erwarten. Dies liegt vor allem an den kontinuierlichen Feedbacks innerhalb der Selbstvermessung (Scheermesser et al. 2018; Seifert et al. 2017). Infolgedessen sieht es so aus, als würde „der Sprung von „eigentlich weiß ich das" zur konkreten Verhaltens-änderung" (Roediger 2015, S. 40) mit Hilfe von Selbstvermessungs-Tools besser ge-lingen können.

In der Literatur wurden keine Studien gefunden, die ausschließlich den subjektiven Er-fahrungswert der älteren Menschen bei der Nutzung von digitalen Selbstvermessungs-technologien abfragen. Zwar werden wie bei Seifert und Meidert (2018) die Beweggründe und Einflussfaktoren hinter der Nutzung von digitalen Selbstvermessungstechnologien untersucht, jedoch bleibt der direkte Bezug zum Gesundheitsverhalten aus (Seifert und Meidert 2018). Der Untersuchungsrahmen stützt sich hier unter anderem auf die Messung der objektiven Daten vor und nach der Intervention. Und auch in einer Studie von Schlo-mann (2017) werden unter anderem die objektiv gemessenen Daten des Aktivitäts-Trackers mit einbezogen, um zu verstehen, warum ältere Menschen Aktivitäts-Tracker nutzen (Schlomann 2017). Insgesamt zeigt sich aber, dass der primäre Fokus bei den Forschungsarbeiten auf der Akzeptanz und Nutzung von Apps oder Wearables liegt. Um das Potenzial dieser Technologien im Sinne einer längerfristigen Nutzung stärker zu ent-falten, zeigen aber durchaus Studien, dass Technikaffinität und der selbst erlebte Nutzen Vorhersagekraft bieten, ob sich eine langfristige Nutzung einstellt (Rasche et al. 2016; Schlomann 2017). Demnach sind Einflüsse, Einstellungen und Fähigkeiten relevant, um mit Hilfe digitaler Selbstvermessungstechnologien nachhaltig das Gesundheitsverhalten zu unterstützen. So stellt sich die Frage, welchen Einfluss sensorbasierte personen-bezogene Gesundheitsinformationen auf das Gesundheitsverhalten Älterer haben.

8.1.1 Digitale Selbstvermessungstechnologien

Die digitale Selbstvermessung ist in der Literatur unter vielzähligen Begriffen bekannt, wie Quantified-Self, Self-tracking, Self-quantification, Living by numbers, Personal ana-lytics und Self-monitoring, Lifelogging (Scheermesser et al. 2018). Dabei werden sowohl körpereigene Daten (objektive Daten) wie körperliche Aktivität, Schlafverhalten, Ge-wichtsschwankungen, Ernährungsverhalten durch sensorbasierte Tracking-Tools ge-messen als auch subjektive Phänomene wie Stimmungen und Emotionen selbstständig in Applikationen (Apps) eingegeben. Diese Quantifizierung des eigenen Körpers wird in fol-genden Bereichen eingesetzt:

- Aktivitäten: Körperliche Leistungsfähigkeit, Schritte, Schlaf
- Ernährung: Kalorienaufnahme, Nährstoffe
- Biometrische Daten und Vitaldaten: Gewicht, Blutwerte, Puls, Blutdruck, BMI (Body-Maß-Index), Hirnaktivität, Blutzuckerwerte, Atmung, Menstruations-Zyklus

- Emotionen: Gefühle, Geisteszustand, Ängstlichkeitsbewusstsein, Aufzeichnung der Stimmung (Swan 2013)

Durch die digitalen Selbstvermessungstechnologien wird das Ziel verfolgt, aktiv und automatisch gesundheits- und fitnessrelevante Daten für die Nutzer:innen zu sammeln, damit diese ihr Verhalten analysieren, reflektieren und optimieren können (Seifert und Meidert 2018; Weiß et al. 2017). Je nachdem, in welcher Form die Technologien vorliegen, werden die Daten als Zahlen mittels sensorbasierter Gesundheitsinformationen in Tools, Apps und Wearables sichtbar gemacht. Dabei zeigt sich der Trend, den Gesundheitszustand im Hinblick auf „das Bewegungs-, Ernährungs- und Schlafverhalten sowie Vitaldaten zu monitoren, um somit Veränderung zu Gunsten eines gesunden Lebensstils zu bewirken" (Steinert et al. 2015, S. 5). Das Angebot reicht von Applikationen wie Lifestyle-, Gesundheits-, Medizin-Apps über sensorbasierte digitale Geräte wie Wearables, Tracking-Geräte bis hin zu sensorbasierten Textilien und Accessoires (Weiß et al. 2017).

Wenn es darum geht, Gesundheitsdaten zu kontrollieren, ist die Abgrenzung zu mHealth, eHealth und Telemedizin schwierig, da sich die digitalen Selbstvermessungsinstrumente inhaltlich und technologisch stark in den Bereichen überschneiden (Seifert und Meidert 2018). Die Selbstvermessungsprodukte (digitale Geräte, Applikationen) können zudem zwischen Medizin- und Konsumprodukten differenziert werden. Der Großteil ist den Konsumprodukten zugeordnet, die zur Messung der Fitness, des Lifestyles und der Gesundheit dienen. Im Gegensatz dazu unterliegen Medizinprodukte den strengen Regulativen des Heilmittelrechts (Scheermesser et al. 2018, S. 16).

8.1.2 Gesundheitsverhalten, Gesundheitshandeln und (digitale) Gesundheitskompetenz

Gesundheitsverhalten beschreibt aktive oder auch passive (i. S. des Unterlassens) Verhaltensweisen, die medizinisch betrachtet für Menschen gesundheitsförderlich oder riskant sein können und somit krankheitsverursachend wirken können.

Demgegenüber greift das **Gesundheitshandeln**, in dem sowohl gesunde als auch kranke Menschen nicht stringent nach Expertenempfehlungen und wissenschaftlichen Erkenntnissen handeln, sondern sich das Verhalten auf die subjektive Einschätzung stützt (Faltermaier 2017). Faltermaier beschreibt dazu: „Als Gesundheitsverhalten werden Handlungen von gesunden Menschen bezeichnet, die das Risiko von Erkrankungen nachweislich senken oder die Chance für Gesundheit erhöhen. […] Gesundheitshandeln wiederum umfasst die Verhaltensweisen von gesunden wie auch kranken Menschen, die als subjektiv bedeutsam für die Gesunderhaltung betrachtet werden" (Faltermaier 2020).

Um zu verstehen, wie bestimmte Einflüsse zum jeweiligen Gesundheitsverhalten führen, gibt es verschiedene Erklärungsmodelle. So geht Bandura (2004) in der sozial-kognitiven Theorie (SCT) davon aus, dass Individuen einen Wissensvorrat über mögliche Gesundheitsrisiken und -gewinne haben. Ebenso ist ihnen bewusst, dass ihr Lebensstil durch eigene Veränderungen beeinflusst werden kann (Bandura 2004; Warner et al. 2014). Die drei sozialkognitiven Variablen sind **Selbstwirksamkeitserwartung (SWE), Ergebniserwartung** und **soziostrukturelle Faktoren**. Sie beeinflussen die Intentionsbildung beim Prozess der Verhaltensänderung. Besonders relevant ist der Fokus auf der SWE (Lippke und Hessel 2018), die einen direkten Einfluss auf das Verhalten hat (Rovniak et al. 2002; Young et al. 2014; speziell bei Älteren: McAuley et al. 2003). Die zweite Variable (Ergebniserwartung) beschreibt die Reflexion des eigenen Verhaltens und die damit eintretende positive oder negative Handlungsfolge. Die dritte Variable umfasst den sozialen Unterstützungsfaktor im Hinblick auf Familie, Freunde oder das Gesundheitssystem (Vollmann und Weber 2005). Es besteht aber eine Erklärungslücke, da die Zielabsicht allein noch nicht ausreicht, um ein Verhalten zu realisieren (Gollwitzer und Sheeran 2006; Lippke und Renneberg 2006; ähnlich auch Wood et al. 2016). An dieser Stelle greift die volitionale Phase, welche die Prozesse zwischen Intention und Verhalten beschreibt. Es geht in dieser Phase um die Steuerung von Gedanken, Emotionen, Motiven und Handlungen, um die feststehenden Absichten in Handlungen umzusetzen.

Im sozialkognitiven Prozessmodel des Gesundheitsverhaltens (Health Action Process Approach – HAPA) von Schwarzer (1992, 2001) wird konkret zwischen der **Motivationsphase** und der **Volitionsphase** unterschieden. Außerdem wird zwischen verschiedenen Stadien der Verhaltensänderung differenziert. Zunächst, in der Motivationsphase, beeinflussen die SWE neben der Handlungs-Ergebnis-Erwartung und der Risikowahrnehmung die Intention zu handeln. Wenn die drei sozialkognitiven Variablen erfolgreich zur Intention beigetragen haben, gleitet der Mensch vom Non-Intender zum Intender. Anschließend werden in der Volitionsphase die vorher feststehenden Absichten konkret geplant, um das gewollte Verhaltensziel auch in eine Handlung umzusetzen (Faltermaier 2020; Lippke et al. 2020). Die Handlungs- und Bewältigungsplanung sind die Vorstufen zur tatsächlichen Umsetzung des Verhaltens. In der Handlungsplanung wird die Verhaltensumstellung durch das Wann, Wo und Wie konkretisiert. Zudem werden Strategien entwickelt, wie Barrieren und Rückschläge zu bewältigen sind (Faltermaier 2020; Renner und Staudinger 2008). Darüber hinaus kann das soziale Umfeld eine zusätzliche Unterstützung sein, um Widerstände erfolgreich zu meistern (Ettema et al. 2005; Lange et al. 2018; Lippke et al. 2020). Speziell bei älteren Menschen ist die Planung der Verhaltensänderung wesentlich, um das vorgesehene Gesundheitsverhalten umzusetzen (Kelley und Abraham 2004; Scholz et al. 2007). Anhand der beiden vorgestellten Modelle des Gesundheitsverhaltens wird deutlich, dass die Selbstwirksamkeit eine tragende Rolle bei der Umsetzung einer Verhaltensänderung ist. Auch andere Studien kommen zu dem gleichen Ergebnis (Lange et al. 2018; Renner und Staudinger 2008). Ergänzend basiert das aktive Handeln auf dem Vorhandensein und Umsetzen der Gesundheitskompetenz (Faltermaier 2005).

Laut BMG (2023) lässt sich **Gesundheitskompetenz** wie folgt definieren: „Der Begriff „Gesundheitskompetenz" umfasst das Wissen, die Motivation und die Fähigkeiten von Menschen, relevante Gesundheitsinformationen zu finden, zu verstehen, zu beurteilen und im Alltag anzuwenden. Gesundheitskompetenz spielt bei der Gesunderhaltung und Krankheitsbewältigung eine wichtige Rolle". Um zu verstehen, wie Gesundheitsverhalten und

Gesundheitskompetenz zusammengehören, lässt sich die Gesundheitskompetenz nach Lenartz' Strukturmodell (2014) in Basisfertigkeiten und weiterentwickelte Fähigkeiten differenzieren. Dabei wird als Outcome-Variable das Gesundheitsverhalten genannt. Die Basisfähigkeiten können als gesundheitsbezogenes Grundwissen mit entsprechenden Grundfertigkeiten verstanden werden (Lenartz et al. 2014, S. 30). Man kann sie auch als erforderliches Wissen, nötige Motivation und entwickelte Kompetenz für den Zugang, das Verstehen, Beurteilen und Nutzen von Gesundheitsinformationen begreifen, die dazu dienen, durch gesundheitsrelevante Entscheidungen präventiv und gesundheitsförderlich in allen Lebensphasen die eigene Gesundheit zu erhalten und zu verbessern (Kolpatzik et al. 2018). Allumfassend lässt sich schlussfolgern, dass die Gesundheitskompetenz als „notwendige Voraussetzung für ein eigenständiges, dem Erhalt der Gesundheit zuträgliches Verhalten gesehen wird" (Lenartz et al. 2014, S. 29).

In einer zunehmend digitalisierten Welt und der damit verbundenen digitalen Selbstvermessung spielt entsprechend die digitale Gesundheitskompetenz für die Gesunderhaltung eine wichtige Rolle. Dementsprechend hat sich mittlerweile die digitale Gesundheitskompetenz **„e-Health-Literacy"** etabliert. Dabei verfolgt die digitale Gesundheitskompetenz das gleiche Grundprinzip wie die Gesundheitskompetenz, jedoch mit der Erweiterung von digitalen Informationsquellen sowie der Nutzung und kritischen Reflexion von digitalen Gesundheitsinformationen (Samerski und Müller 2019, S. 43). Gemäß der Studie „TK-DiSK; Digital, Selbstbestimmt. Kompetent" von Samerksi und Müller (2019, S. 48) haben sich bei der Definition von der digitalen Gesundheitskompetenz zusätzlich, sowohl auf individueller Ebene als auch auf Organisationsebene, noch weitere wesentliche Aspekte herauskristallisiert. Die Kompetenzen, mit den digitalen Technologien im Gesundheitsbereich umgehen zu können und die Selbstbestimmung zu wahren, werden als wichtige Bestandteile der digitalen Gesundheitskompetenz genannt. Im Falle der digitalen Selbstvermessung ist dies auch von wesentlicher Bedeutung.

8.2   Einsatz der Selbstvermessung am Beispiel der Schlafphase

Das Forschungsprojekt „DeinHaus 4.0 – Niederbayern" ist an der Technischen Hochschule Deggendorf im Mai 2018 gestartet und wird noch bis April 2024 vom Bayerischen Staatsministerium für Gesundheit und Pflege gefördert (deinhaus4-0.de). Im Rahmen des Forschungsprojekts „DeinHaus 4.0 – Niederbayern" wurden die digitalen Selbstvermessungstechnologien zur Verfügung gestellt. Das Thema umfasst die Untersuchung der digitalen Selbstvermessung und deren Bedeutung auf das Gesundheitsverhalten. Der Testzeitraum der digitalen Selbstvermessungstechnologien war vom 26.07.2021 bis einschließlich 19.08.2021. Im weiteren Verlauf werden Ausschnitte aus dieser Teilstudie vorgestellt.

8.2.1 Vorgehensweise

Bei der Untersuchung handelt es sich um eine qualitative Studie zur Untersuchung des Einflusses der digitalen Selbstvermessung auf das Gesundheitsverhalten Älterer (> 65 Jahre), das offenbar von der Gesundheitskompetenz abhängig ist. Hierbei wurden subjektive Sichtweisen in Anlehnung an Lamnek und Krell (2016) sowie Mayring (2016) in einem Prä-Post-Design durch den Einsatz eines halbstandardisierten und leitfadengestützten Interviews abgefragt. Die Themenkomplexe waren:

- **Wissen**: Hier wird zielgerichtet über das Wissen von gesundheitsförderlichen Verhalten und digitalen Selbstvermessungstechnologien abgefragt.
- **Motivation**: In Anlehnung an die sozialkognitiven Theorien wird hier auf die einzelnen sozialkognitiven Variablen eingegangen.
- **Kompetenzen**: Hier wird die Wahrnehmung der eigenen Kompetenz abgefragt. Konkret handelt es sich um Technikkompetenzorientierung, Gesundheitskompetenz und digitale Kompetenz.

Zunächst erfolgte das erste Interview. Das zweite Interview fand nach dem vierwöchigen Testzeitraum statt. Die Erhebung basierte auf einer narrativen Erzählweise, indem die Proband:innen von ihrem individuellen Erfahrungswert mit den digitalen Selbstvermessungstechnologien berichten sollten. Voraussetzung für die Teilnahme der Älteren an der Studie war der Besitz eines Smartphones. Außerdem sollten die Senior:innen Interesse am Testen digitaler Selbstvermessungstechnologien (smarte Uhr und Schlafsensor) haben und in Bayern selbstständig wohnen. Eingesetzt wurde eine sensorbasierte Schlafmatte, die auf dem Lattenrost angebracht wurde. Vitalparameter wie die Atemfrequenz und der Herzschlag wurden gemessen. Dabei gab der Schlafsensor Aufschluss über die nächtliche Gesundheit (verschiedene Schlafphasen, Schlafqualität) und ermittelte das Risiko einer Schlafapnoe, indem die Atemaussetzer gemessen wurden. Diese schlafbasierten Daten konnten in der kompatiblen App eingesehen werden. Im Gegenzug war bei der zur Verfügung gestellten Smart Watch keine App vorgesehen, um die gemessenen Daten (Herzfrequenz, Bewegungen) einzusehen. Insgesamt nahmen sechs Personen im Alter von 65–77 Jahren teil. Vier Personen waren weiblich und zwei männlich. Zwei Personen waren verwitwet und vier verheiratet. Bei zwei Personen handelte es sich zudem um ein Ehepaar.

Schlussendlich konnten, unter Einhaltung aller erforderlichen datenschutzrechtlichen und ethischen Voraussetzungen guter Forschung, zehn Pre- und Post-Interviews durchgeführt werden. Krankheitsbedingt fielen bei den Post-Interviews zwei Proband:innen aus. Die zehn auditiv erfassten Interviews wurden mit Hilfe des Computerprogrammes MAX-QDA verschriftlicht. Danach erfolgte der Codierungsprozess im Rahmen der qualitativen Inhaltsanalyse nach Mayring (2016). Für die gewählte Forschungsmethode der qualitativen Inhaltsanalyse nach Mayring (2016) stehen inhaltlich-thematische Aspekte auf Grundlage der Transkriptionsregeln von Udo Kuckartz (2014) im Vordergrund. Unter anderem werden die Ergebnisse mit direkten Ankerzitaten der Proband:innen hervorgehoben. Um die Anonymität der Proband:innen zu gewährleisten, werden hierfür die Kürzel B1 bis B6 verwendet.

8.2.2 Ergebnisse

Die Ergebnisse werden entlang der drei Themenkomplexe vorgestellt. Kategorie 1 setzt sich aus dem Wissen über Gesundheitsverhaltensweisen und der subjektiven Einschätzung der Gesundheit zusammen. Dies ist insofern wichtig, da sie Aufschluss darüber gibt, welche Einstellungsmerkmale vorliegen. Kategorie 2 umfasst die Motivation im Hinblick auf die digitalen Selbstvermessungstechnologien. Hierbei wird unter anderem Bezug auf die sozialkognitiven Variablen der verschiedenen Modelle genommen. Gleichzeitig wird hier die Bedeutung gegenüber diesen Technologien thematisiert. Anschließend bilden Kompetenzen die Kategorie 3, in der der Umgang mit diesen digitalen Selbstvermessungstechnologien beschrieben wird.

8.2.2.1 Wissen über Gesundheitsverhaltensweisen

Um den Einfluss von sensorbasierten Gesundheitsinformationen auf das Gesundheitsverhalten herausfinden zu können, ist zunächst wichtig, sich selbst im Hinblick auf die **eigene Gesundheit einzuschätzen**. Fast durchweg, auch bei Vorliegen gesundheitlicher Probleme, wird ein positiver Gesundheitszustand angegeben, selbst wenn gesundheitliche Einschränkungen vorliegen. Dabei werden Faktoren wie Resilienz und Kohärenzgefühl deutlich. So gibt B6 an, sich fit und vital zu fühlen und sich viel zu bewegen (B6, Z. 72). Ebenso beschreibt B4, dass sie das, was sie derzeit tut, nicht machen könnte, wenn sie körperlich eingeschränkt wäre (B4, Z. 91–95). Im Hinblick auf das Koheränzgefühl benennt B1:

> „Ich fühl mich gesamtkörperlich gut. Es ist immer die Gesamtheit, wenn es mir mal einen Tag nicht so gut geht, ist das nicht so wichtig, der Schnitt zählt" (B1, Z. 76–78).

Interessant ist als Nächstes zu erkennen, inwieweit die Älteren sich selbst **gesund verhalten**. Bei allen sechs Proband:innen hatte die körperliche Aktivität einen hohen Stellenwert in ihrem Leben, trotz teilweiser körperlicher Einschränkungen. Hierbei fiel bei drei Personen das Sprichwort „Wer rastet, der rostet". Ein anderer Proband hat das so ausgedrückt:

> „Man bemüht sich viel zu machen. Ich verfolge die Devise: Nichts tun ist tödlich. Geistig und körperlich, soweit es geht, die Grenzen erreicht man sehr schnell, man muss einfach am Ball bleiben. Man muss einfach was tun!" (B1, Z. 48–51).

Die **Motivation** ist nicht bei allen Proband:innen gleichermaßen gegeben. So berichtet B3 von geringer Motivation, allein spazieren zu gehen (B3, 106–107). Auch B2 teilt mit, dass sie sich in ihrer Partnerschaft gegenseitig motivieren, rauszugehen (B2, Z. 42–45).

Inwieweit die Proband:innen nach ihrem subjektiven Verständnis gesund handeln, ist ebenso wichtig. **Subjektives Gesundheitshandeln** erfolgt in Anpassung an die eigene Gesundheit, wodurch selbstständig Gewohnheiten passend zum Gesundheitszustand herausgefunden werden. Das eigene Körpergefühl und die Intuition sind für die Proband:innen wesentlich. B5 gibt an, dass sie der Ansicht ist, das eigene Schlafverhalten gut einschätzen zu können, und genau spürt, ob sie erholsam schlief oder nicht (B5, Z. 114–117). Passend zur Intuition äußert sich Person B1:

> „Man findet seine Eigenheiten selber raus, danach muss man sich einfach richten. Wissen allein genügt nicht, man muss es versuchen, man muss selbst was dagegen tun" (B1, Z. 36–38). „Ich richte mich allein intuitiv nach meinem Gefühl, nach meinen Erfahrungen, was mir guttut" (B1, Z. 41–42).

Auch bei der Frage nach der Einschätzung des Bewegungsverhaltens zeigen die Proband:innen auf, dass es vom subjektiven Verständnis abhängt, wie viel Bewegung im Alltag integriert ist. Auf der einen Seite äußert sich B2 wie folgt: „1000 Schritte sollst du tun und dann eine Stunde ruhen" (B3, Z. 14–15). Auf der anderen Seite wird bei den Äußerungen von B2 und B5 deutlich, dass sie früher auch schon einen sehr aktiven Lebensstil geführt haben. Dementsprechend war die Bedeutung von Bewegung schon von Anfang an im Leben integriert und stützt sich dabei ebenfalls auf die eigenen Erfahrungswerte.

8.2.2.2 Motivation für Selbstvermessungstechnologien

Durch den digitalen Wandel und den Einzug der Digitalisierung in verschiedene Lebensbereiche des Menschen ist es wichtig zu erfahren, welche **Haltung gegenüber Technologien** allgemein vorliegt (Offenheit oder Abneigung). Zusätzlich wurde erfragt, inwieweit Bewusstsein über Potenziale und Funktionalitäten von digitalen Wearables und Gesundheits-Apps zur Selbstvermessung besteht. Da die Teilnahme an der Studie kostenlos war, wurde unterstellt, dass Interesse am Ausprobieren dieser Selbstvermessungstechnologien vorhanden ist. Jedoch gilt es, hier zu differenzieren, ob eine wirkliche Begeisterung vorliegt oder das Interesse nur aufgrund des absehbaren Zeitraums vorhanden ist. B1 stellt fest, dass sie neugierig auf die Technik ist und sich interessiert (B1, Z. 57–58). Auch B2 ist aufgeschlossen. Gleichermaßen sagt sie, dass sie zwar Neues ausprobiert, aber dafür kein Geld ausgeben würde (B2, Z. 85–89). Wie aus den Modellen hervorging, spielt die **Selbstwirksamkeit** eine wichtige Rolle, um ein Gesundheitsverhalten umzusetzen. Dies kann auch auf den Umgang mit digitalen Technologien übertragen werden. Der Glaube und der Wille, mit den Technologien umgehen zu können, oder wenigstens der Versuch, sich damit auseinanderzusetzen, kann bei der Bewältigung helfen. Die Einstellungen der Proband:innen sind hier recht unterschiedlich und reichen von optimistischer Überzeugung bis zu geringem Zutrauen. So führt B6 aus, dass sie denkt, sie schaffe das und sonst auch traurig wäre (B6, Z. 48–50), und B1 sagt, dass sie es versuchen würde, neue Lösungen zu nutzen (B1, Z. 61). Hingegen benennt B3, dass Ungewohntes ihr Schwierigkeiten bereite (B3, Z. 100). Auch B5 sieht sich als wenig selbstwirksam und verweist auf den Ehepartner, der dann unterstützt (B5, Z. 124–125). Insbesondere interessant ist die Aussage von B3:

> „Ja, ich kann gut damit umgehen, wenn mir das jemand ein- zweimal gezeigt hat" (B3, Z. 125).

Bei dieser letzten Aussage zeigt sich, dass sich, wie aus dem HAPA-Modell bei der Handlungsplanung hervorgeht, Unterstützung vom sozialen Umfeld geholt wird. Im Hinblick auf die Ergebniserwartung kann die **Bedeutung der digitalen Selbstvermessungstechnologien** als Indikator aufgefasst werden. Die positive Erwartung zeigt sich zum Beispiel in Form von eigenständiger Kontrolle über die Vitalparameter. So gibt B6 zu Protokoll, dass sie ja vor Einsatz der Technik nur Vermutungen über ihre Werte haben kann und schon gespannt ist, wie die Ergebnisse lauten (B6, Z. 38–41). Auch lassen sich die digitalen Selbstvermessungstechnologien als Anhaltspunkt für eine Verhaltensänderung sehen:

> „Mich interessiert, ob es wirklich so ist, wie ich es mir einbilde, oder ob ich da was verändern muss" oder „ich bin auch auf das Ergebnis neugierig. Wer dann lügt, er oder ich" (B1, Z. 58–59).

Ebenso wird der **Motivationsfaktor** genannt, der mit diesen Selbstvermessungstechnologien einhergeht, wobei diese Ansicht nicht von allen Proband:innen geteilt wird. B5 meint, dass sie nach der Messung dann einen Anhaltspunkt habe, sich noch mehr zu bewegen (B5, Z. 93–94). Wohingegen B2 der Ansicht ist, dass sie das schon selbst wisse und eine Messung keinen Unterschied machen würde (B2, Z. 23–24). Auch kann die negative Ergebniserwartung auf die eigene positive Gesundheitseinschätzung zurückgeführt werden, in der die **Angst** besteht, was die objektiven Daten über die selbst eingeschätzte Gesundheit aussagen. Die Angst des Verlustes der eigenen Körperwahrnehmung spielt ebenso eine Rolle. So räumt B4 ein, dass sie hin- und hergerissen wäre – wenn die gemessenen Daten schlechte Werte aufzeigen würden –, ob sie sich mit ihrem Gesundheitszustand weiter auseinandersetzen würde oder lieber nicht (B4, Z. 76–79). B5 sagt deutlich, dass es für sie keiner Daten bedürfe, um zu beurteilen, wie ihre Schlafqualität ausfällt (B5, Z. 114–117). Bedeutsam ist die weitere Nennung von B5, die ausführt:

> „Solange es mir gutgeht, interessiert mich das eigentlich gar nicht" (B5, Z. 27).

Es wird deutlich, dass somit das Messen der Vitalparameter erst dann wichtig wird, wenn ein Krankheitsereignis bereits eingetreten ist. Als präventives Unterstützungsinstrument wird die Innovation abgelehnt.

8.2.2.3 Kompetenzen

Um herauszufinden, wie es um die Gesundheitskompetenz steht, beziehen sich die Fragen darauf, inwieweit das **Internet zur Recherche** von Gesundheitsthemen herangezogen wird und inwieweit ein Bewusstsein über digitale Selbstvermessungstechnologien herrscht. Bei Fragen rund um das Thema Gesundheit haben alle Proband:innen angegeben, dass sie zuerst im Internet nachschauen, bevor sie einen Arzt konsultieren. Dennoch geben alle Proband:innen an, dass sie das Internet nicht als Selbstdiagnose-Tool verwenden:

> „Man schaut freilich mal nach, aber ich gehe trotzdem immer noch zu meiner Ärztin, wenn ich körperliche Veränderungen feststelle. Nicht so wie manche, die nehmen das Internet als Doktor her" (B6, Z. 67–70).

Anhand der Erhebungen ist ersichtlich geworden, dass die Vertrauensbasis dann doch eher beim Arzt liegt, als sich komplett auf das Internet zu verlassen. Aus den Erzählungen heraus haben zwei Proband:innen klar und deutlich kenntlich gemacht, sich kritisch mit dem „Dschungel aus Daten" (B2, Z. 71) auseinanderzusetzen und auch ein „geschultes Auge" (B2, Z. 83) dafür zu besitzen, unseriöse Quellen zu erkennen. Die anderen vier Proband:innen äußern sich dahin gehend eher zurückhaltend und schauen, wenn ihnen die Seite „spanisch vorkommt" (B3, Z. 155), auf anderen Internetseiten weiter ohne Kenntnis dessen, was verlässliche Quellen sind. Während die digitalen Selbstvermessungstechnologien genutzt werden, ist eine **Auseinandersetzung mit den übermittelten Daten** notwendig, um das Verhalten in Bezug auf Gesundheit wahrzunehmen und zu verändern. In diesem Rahmen ist unter anderem wieder die Gesundheitskompetenz notwendig, um die sensorbasierten Daten des Schlafverhaltens und des Bewegungsverhaltens zu finden, verstehen, beurteilen und anwenden zu können. Aus diesem Grund erfolgt eine Betrachtung der Erfahrungen getrennt voneinander. Alle Proband:innen haben angegeben, dass sie sich vorher noch nicht näher mit ihrem Schlafverhalten auseinandergesetzt haben und kein Wissen darüber besteht, welche Daten nachts gemessen werden können. Zudem trat die Frage auf, was die Gesundheitsdaten überhaupt bedeuten und welche Richtwerte dafür gelten. So erläutert B4, dass sie generell die Pulswerte nicht kennen würde und noch nie etwas von Schlafphasen gehört habe (B4, Z. 41–43). Dabei ist zu beobachten, dass die Gesundheitskompetenz gefehlt hat, da nicht eigenständig im Internet nachgeschaut wurde, was diese Parameter zu bedeuten haben. Auch B3 berichtet, dass sie nicht auf die Idee gekommen wäre, im Internet mal nachzuschauen (B3_P, Z. 77–79).

8.2.3   Ergebnisse nach der Nutzung der digitalen Selbstvermessungstechnologien

Nach der Benutzung der Selbstvermessungstechnologien wurden die Proband:innen hinsichtlich ihrer gemachten Erfahrungen befragt. In Tab. 8.1 werden die Kernergebnisse des Einflusses der Selbstvermessungstechnologien auf das Gesundheitsverhalten aufgelistet.

Vor der Erhebung wurden Einstiegsfragen gestellt, in denen die Proband:innen frei über ihr Bewegungs- und Schlafverhalten erzählt haben. Dadurch haben sie eine Selbstein-

Tab. 8.1 Kernergebnisse des Einflusses auf das Gesundheitsverhalten. (Quelle: Eigene Abbildung)

Positive Auffassung über sensorbasierte Gesundheitsinformationen	Negative Auffassung über sensorbasierte Gesundheitsinformationen
Kontrolle der subjektiven Selbsteinschätzung	Verlust der eigenen Körperwahrnehmung
Eigenkontrolle der Vitalparameter	Angst vor schlechten Neuigkeiten
Anhaltspunkt zur Verhaltensänderung	Diskrepanz zur Verhaltensänderung
Teilnahme am digitalen Fortschritt	zukünftige Nutzung angestrebt

schätzung ihrer Gesundheit in Bezug auf ihren Schlaf und ihre körperliche Aktivität vorgenommen. Im Nachgang an die Erhebung kam durch die **Kontrolle** zum Vorschein, dass die objektiven Daten nicht immer die subjektive Einschätzung widergespiegelt haben. So tun die Proband:innen B6, B3 und B1 ihre Überraschung kund, dass die Messungen so schlechte Werte zeigen, obwohl sie doch eigentlich dachten, einen guten Schlaf zu haben (B6_P, Z. 58–60; B3_P, Z. 2–5; B1_P, Z. 21–26). Menschen bauen sich über viele Jahre hinweg, gerade in dem Alter, in dem sich die Proband:innen befinden, ein Gefühl für ihren eigenen Körper auf. Durch die permanente Kontrolle der Daten kann das auch dazu führen, „langsam zum Hypochonder" (B5_P, Z. 28–30) zu werden. Dementsprechend kann dies auch als **Verlust der eigenen Körperwahrnehmung** empfunden werden. Ebenfalls sind die vergangenen **Erfahrungen** prägend für das Gesundheitsbewusstsein jedes Einzelnen, weshalb die objektiven Daten keinen Mehrwert bieten bzw. lediglich in der Hinsicht, um ihr subjektives Gefühl zu bestätigen. So sagt B3, dass die Messungen genau das bestätigen, was sie ohnehin annahm (B3_P, Z. 34–35). B4 teilt mit, dass faktische Daten für sie nicht nötig wären (B4_P, Z. 27–29). Hinter der Nutzung digitaler Selbstvermessungstechnologien steht die Absicht, sich **selbstständig** durch die sensorbasierten Gesundheitsinformationen zu kontrollieren. Innerhalb der Untersuchung konnten die Proband:innen ihre Gesundheitsdaten anhand der Vitalparameter messen. Dies dient dazu, die Gesundheit zu beobachten. Diese Kontrolle ist bei älteren Leuten sowohl positiv als auch negativ bewertet worden. Die einen haben schon vor der Nutzung regelmäßig ihre Vitaldaten gemessen und haben demgegenüber eine positivere Haltung. B3 berichtet, mehrmals am Tag die Herzfrequenz zu messen, ohne an Bluthochdruck zu leiden, weil sie interessiert sei (B3_P, Z. 77–86). Ein anderer Proband zeigt deutliches Interesse an der Messung seiner Daten, um sie mit seinen Vorstellungen abzugleichen, denn das Schlafverhalten sei ja wichtig für die Gesundheit (B6_P, Z. 17–20). Wohingegen ein anderer eher **Angst** davor zeigt, dass die Daten eher schlechte Neuigkeiten bereithalten. B4 benennt das explizit:

> „Ich schau lieber nicht nach, sonst krieg ich noch die Krise" (B4_P, Z. 30–32).

Ebenfalls zeigt sich, dass, wenn sich die Älteren selbst gut fühlen, kein Interesse an der Nachverfolgung der Daten vorhanden ist. Sowohl B2 als auch B4 bestätigen, dass, wenn sie sich doch gut fühlen, es dann nicht notwendig ist, irgendeine Messung vorzunehmen (B2, Z. 24–28; B4_P, Z. 17–20). Dies zeigt eine ambivalente Haltung im Betrachtungsfeld der Verhaltensänderung. Auf der einen Seite werden die **sensorbasierten Gesundheits-**

informationen als Anregung wahrgenommen, um das Verhalten verändern zu können. Wenn die Daten mittels dieser Technologien weiterhin verfolgt werden, hat sich ihr Zweck erfüllt, die Gesundheit datengestützt zu verfolgen. So nennen B6 und B3 die positive Möglichkeit, sich durch die Kontrolle ja dann im Verhalten anzupassen (B6_P, Z. 48–50; B3_P, Z. 38–40). Wenn die Daten sich auf Vitalparameter wie die Herzfrequenz, Atemfrequenz, Puls und Blutdruck beziehen, dann ist eine eigene Handlung nicht mehr ausreichend, sondern bedingt eine medizinische Nachverfolgung. Auch hier hat sich in der Erhebung herausgestellt, dass bei einem Probanden ein hohes Risiko der Schlafapnoe herausgekommen ist. Ohne in Krise zu geraten, hat er gesagt, dass er seinem Hausarzt die Daten vorlegen und überprüfen lassen will, ob an dem Risiko etwas dran ist oder nicht. Auf der anderen Seite gilt aber auch das Paradigma **„Erkenntnis ist nicht handlungsleitend",** und zwar ist das Bewusstsein da, dass eine Verhaltensänderung passieren muss, jedoch reichen da die objektiven Daten nicht aus, um zu wissen, was genau verändert werden muss oder wie eine Verbesserung entsteht. Als danach gefragt wird, ob sie glauben, dass das Wissen um diese Daten einen Mehrwert bietet, antworten zwei der Proband:innen, dass sie zum einen nicht wüssten, was sie jetzt ändern könnten (B4_P, Z.79–81) und zum anderen auch mit dem Wissen nichts ändern könnten (B6_P, Z. 11–12).

> „Ich kenne Leute, die sagen, was willst den mit dem Zeug. Und manche sind dann voll begeistert, teilweise viel ältere Leute als ich" (B6_P, Z. 31–33).

Diese Aussage zeigt die Ambivalenz zwischen denen, die den **digitalen Fortschritt** für sich **nutzen** wollen, und denen, die ihn grundsätzlich **ablehnen**. In dieser Erhebung ist ein ähnliches Phänomen diesen Widerspruch betreffend aufgetreten. Durch die Erhebung hat sich gezeigt, dass durchaus auch in dieser befragten Personengruppe der Fortschritt der digitalen Möglichkeiten im Gesundheitswesen angekommen ist. Zwei Proband:innen haben dies so zum Ausdruck gebracht:

> „Wir leben in einer ganz anderen Zeit jetzt. Ich war noch nie gegen das Moderne. Im Gegenteil dieser Fortschritt ist doch gut" (B6_P, Z. 21–24).

Ähnlich sagt auch B1, dass das Neue und der Fortschritt eine Chance seien, die man individuell nutzen und ausprobieren könne (B1_P, Z. 28–32). Trotz des Interesses und der Neugierde an den digitalen Technologien scheitert es trotzdem häufig daran, dass die Leute kein Wissen darüber besitzen, welche Möglichkeiten konkret für ihren individuellen Bedarf existieren. Das führt dazu, dass an klassischen, altbekannten **Gewohnheiten** festgehalten wird. So führt B1 durchaus auch aus, dass sie letztlich ja doch ein bisschen altmodisch sei, wenig Kenntnisse habe und letztlich die einfachen alten Apparate vorziehen würde (B1_P, Z. 28–32). Hinsichtlich der Nutzung haben die Proband:innen sich geäußert, dass sie die digitalen Selbstvermessungstechnologien dann einsetzen würden, wenn der **Arzt sie empfiehlt**. Hier stimmen B4 und B3 deutlich zu und fänden es dann sinnvoll, wenn der Arzt die Notwendigkeit sehen würde aufgrund des Gesundheitszustandes, die Vitalparameter zu kontrollieren (B4_P, Z. 9–12; B3_P, Z. 17–19, B1_P, Z. 37–40). Dadurch zeigt sich, dass dem Arzt noch immer ein hohes Vertrauen entgegengebracht wird. Ebenfalls scheint der gefühlte, **subjektiv eingeschätzte Gesundheitszustand** ausschlaggebend dafür zu sein, ob die digitale Technik unabhängig von der Studie genutzt werden würde. Hier zeigt sich, dass erst eine gesundheitliche Notwendigkeit gegeben sein muss, um die digitalen Selbstvermessungstechnologien wirklich im Nachhinein zu kaufen. B6 teilt mit, dass sie den Schlafsensor zwar vermissen würde, aber dennoch jetzt – solange sie fit genug wäre – noch nicht anschaffen würde (B6_P, Z. 25–28). Auch B4 und B3 sind der Ansicht, dass im Krankheitsfall die Innovation gut wäre, um Werte besser kontrollieren zu können (B4_P, Z. 24–26; B3_P, Z. 25–27). Schließlich zeigt sich bei einem Probanden, dass der Nutzen erst dann anerkannt wird, wenn die sensorbasierten Gesundheitsdaten einen schlechten Gesundheitszustand aufgezeigt hätten. So ergänzt B3, dass, wenn die Daten schlecht gewesen wären, dann die Anschaffung schon attraktiv gewesen wäre (B3_P, Z. 84–85; Z. 29–30).

8.2.4   Interpretation der Ergebnisse

Es zeigte sich sehr deutlich, dass Bewusstsein gegenüber der Bedeutung von körperlicher Aktivität für die Gesundheit gegeben ist. Im Gegensatz dazu stellte sich heraus, dass über die Schlafparameter kaum Wissen herrscht, was diese sensorbasierten Daten aussagen. Hier hätten sowohl das Internet als auch die bereitgestellten schlafbasierten Daten auf der App helfen können, um zu verstehen, was diese Parameter aussagen und wie diese Daten einzuschätzen sind. Zudem konnte festgestellt werden, dass die datengetriebene Realität vermieden worden ist, wenn vor der Nutzung schon eine gewisse Skepsis gegenüber den digitalen Selbstvermessungstechnologien vorlag. Hieraus kann abgeleitet werden, dass die Absicht eigentlich überhaupt nicht gegeben war, sich mit den Daten auseinanderzusetzen. Somit ist an dieser Stelle davon auszugehen, dass die negative Ergebniserwartung dazu geführt hat, dass die motivationale Phase nicht eingeleitet wurde. Auch die vorherige Erwartung gegenüber diesen Selbstvermessungstechnologien spielt dabei eine Rolle, ob ein Mehrwert gesehen wird oder nicht. Bei einer positiven Ergebniserwartung und hoher Technikbereitschaft hat sich gezeigt, dass sich bewusst mit den Daten auseinandergesetzt wurde. Zwei Proband:innen haben vorher einen klaren Mehrwert in den Daten gesehen, denn sie wollten herausfinden, ob ihre subjektive Einschätzung ihrer Gesundheit in Bezug auf ihr Schlaf- und Bewegungsverhalten den objektiv gemessenen Daten gleicht. Gleichzeitig hatten sie die Grenzen ihrer Fähigkeiten reflektiert und sich Hilfestellung von familiärem Umfeld geholt. Die Absicht, sich mit den digitalen Selbstvermessungstechnologien auseinanderzusetzen, war gegeben.

Mit Blick darauf zeigt sich als weitere Auffälligkeit, dass verwitwete Frauen sich eher dafür begeistern können als verheirate. Ein Grund hierfür könnte sein, dass sie allein auf sich gestellt sind und keinen Partner mehr haben, der sie dabei unterstützen könnte. Hieraus kann geschlussfolgert werden, dass, wenn der Nutzen dieser digitalen Möglichkeiten nicht erkannt wird, die Motivation auch fernbleibt, sich mit den sensorbasierten

Gesundheitsinformationen auseinanderzusetzen, und somit die Zielbildung nicht erfolgreich abgeschlossen wird. Sofern sich mit den Daten auseinandergesetzt wurde, war hierbei deutlich erkennbar, dass durch die sensorbasierten Gesundheitsdaten ein Anhaltspunkt gegeben war, das eigene Gesundheitsverhalten zu überdenken. Es stellte sich heraus, dass das Bewusstsein über die objektiven Daten allein nicht ausreicht, um zu wissen, wie danach mit den Daten umzugehen ist. An dieser Stelle besteht Handlungsbedarf bei den digitalen Selbstvermessungstechnologien, indem nach der Vermittlung der Daten nicht nur gesagt wird, wie es um die Gesundheit steht, sondern was jetzt genau getan werden muss, ob besser ein Arzt aufgesucht werden sollte oder eine Verbesserung auch durch eigene Verhaltensänderungen gegeben ist. In diesem Zusammenhang kann, wie deutlich wurde, der Arzt eine lenkende Rolle spielen. Es wird deutlich, dass die Proband:innen die Vermessungen primär als wichtig erachteten, wenn sie eine Abweichung vom erwarteten Gesundheitszustand feststellen konnten. Eine weiterführende Kontrolle bei wenig überraschenden Ergebnissen wurde nicht als nötig erachtet. Gleichermaßen wurde in einem Fall bei einer Abweichung von der Erwartung die Technik an sich infrage gestellt, aber auch in einem anderen Fall weitere Schritte unternommen, um eine mögliche Problematik auszuschließen oder zu behandeln.

Um die Hauptfrage zu beantworten, die nach dem Einfluss der sensorbasierten Gesundheitsdaten auf das Gesundheitsverhalten fragt, lässt sich sagen: Um einen Einfluss von sensorbasierten Gesundheitsinformationen auf das Gesundheitsverhalten zu erkennen, ist es von wesentlicher Relevanz, welche Bedeutung den digitalen Selbstvermessungstechnologien vorab zugeschrieben wird. Wenn eine positive Haltung diesen gegenüber vorliegt, wird sich eher mit den Daten auseinandergesetzt als mit einer ablehnenden Haltung. Wenn hohe Selbstwirksamkeit, eine positive Ergebniserwartung und die Technikbereitschaft für die Intention, die Technik anzuwenden, gegeben ist, dann braucht es die digitale Gesundheitskompetenz, um sich mit den sensorbasierten Daten auseinanderzusetzen. Denn nur, wenn Daten kritisch reflektiert werden, kann folglich gehandelt werden.

8.3   Fazit

Die Ergebnisse haben gezeigt, dass die subjektive Einstellung und die Technikbereitschaft gegenüber Gesundheitstechnologien den Grundstein bilden, um sich überhaupt mit sensorbasierten Gesundheitsinformationen auseinanderzusetzen. Subjektive Einstellung meint in diesem Sinne, ob dem eigenen Empfinden nach ein Mehrwert durch diese Technologien gesehen wird oder nicht. Gleichzeitig spielt auch die subjektive Gesundheitseinschätzung eine Rolle. Die Motivation zum Einsatz dieser Technologien ist in hohem Maße von einer positiven und hohen Ergebniserwartung abhängig. Dies ist wiederum eine entscheidende Voraussetzung dafür, sich tatsächlich mit den übermittelten sensorbasierten Gesundheitsinformationen auseinanderzusetzen. Danach schließt sich die Frage an, wie mit den Gesundheitsinformationen umgegangen wird. Ob die Daten ignoriert werden, die Weiterverfolgung über den Arzt angestrebt wird oder eine eigene Verhaltensänderung vorgenommen wird. Demnach entscheidet die Handlungsphase darüber, ob ein Einfluss auf das Gesundheitsverhalten festgestellt werden kann.

Die Ergebnisse haben gezeigt, dass an zwei Stellen anzusetzen ist. Erstens sollte sich in der App-Entwicklungsphase stärker darauf fokussiert werden, gezielt die älteren Menschen zu adressieren, die Empfehlungen abgeben, wie mit den Daten umgegangen werden soll und wie und wann die Daten verfolgt werden sollen. Zweitens sollte hier am Ausbau der digitalen Gesundheitskompetenz gerade für die ältere Zielgruppe angesetzt werden, sodass die eigenen sensorbasierten Gesundheitsinformationen auch beurteilt und eingeschätzt werden können. Auch konnte auf Basis der Ergebnisse festgestellt werden, dass den digitalen Selbstvermessungstechnologien erst dann eine Notwendigkeit zugesprochen wird, wenn der Krankheitszustand das voraussetzt. Ansonsten wird das Vertrauen eher in das eigene Körpergefühl gesetzt, während auf einen Abgleich mit objektiven Daten eher verzichtet wird. Jedoch ist zu sagen, dass im Gegensatz dazu die Technik durchaus teilweise zumindest aus Neugier eingesetzt wird, aber eben nicht, um gezielt den Fitnesszustand zu optimieren.

So ist festzustellen, dass die Hauptnutzenden eher gesunde Nutzer ohne Krankheitsbezug sind, jedoch mit der Intention verbunden, das eigene Wohlbefinden zu steigern und die Gesundheit weiter zu optimieren. Die Untersuchungsergebnisse haben gezeigt, dass ältere Menschen noch nicht erkannt haben, dass die digitale Selbstvermessung eine gute Möglichkeit und Ergänzung darstellen würde, um präventiv vor Krankheiten zu schützen. Gerade altersbedingte Krankheiten könnten durch ein frühzeitiges Erkennen von Normabweichungen bei den Vitalparametern festgestellt werden. Auch hat sich gezeigt, dass zum größten Teil die subjektive Gesundheit besser eingeschätzt wurde, als die objektiven Daten das bestätigt haben. An dieser Stelle könnten die sensorbasierten Gesundheitsinformationen ein wirkliches Potenzial darstellen. Aus der medizinischen Forschung ist bekannt, dass die Vitalparameter wie Herzfrequenz, Puls, Atmung und Blutdruck einen erheblichen Einfluss auf die Gesundheit haben. Somit könnte man durch solche digitalen Selbstvermessungstechnologien die Vitalparameter überwachen, um frühzeitig ein Risiko festzustellen, und damit das Erkrankungsrisiko senken.

Daneben gilt es, die Wissenslücke, welche Gesundheits-Apps und Medizin-Apps es auf dem Markt gibt, zu schließen. Gleichermaßen betrifft dies den Einbezug von digitalen Gadgets, die für die jeweilige Lebenssituation empfehlenswert wären. Hier wären die Hausarztpraxen eine mögliche Anlaufstelle, den älteren Personen Aufschluss über digitale Selbstvermessungstechnologien zu geben. Auch Folgendes könnte Teil der Lösung sein: ein seniorengerechtes Internetportal einzurichten, in dem Gesundheits-Apps vorab geprüft und dann anschließend einer bestimmten Rubrik zugeordnet werden, wie zum Beispiel den Kategorien Diabetes, Schlaf, Blutdruck oder Wohlbefinden. Durch eine strukturierte und gesammelte Übersicht über alle vorhandenen Gesundheits- und Medizin-Apps könnte Hilfestellung für die älteren Personen gegeben werden, sich in der Masse an Apps zurechtzufinden. Schließlich braucht es noch weiterer Forschung mit größeren Datenmengen, um die ersten diesbezüglichen Erkenntnisse zu überprüfen, zu ergänzen oder zu erweitern. Festzuhalten bleibt, dass wir wohl noch umfangreiche Aufklärungsarbeit, die Förderung

der digitalen Gesundheitskompetenz und einfache, zielgruppenadäquate Informations-
portale brauchen, um das Potenzial der Technologien tatsächlich ausschöpfen zu können.

Literatur

Bandura A (2004) Health promotion by social cognitive means. Health Educ Behav. https://doi.
    org/10.1177/1090198104263660
BMFSFJ [Bundesministerium für Familie, Senioren, Frauen und Jugend] (2020) Achter Alters-
    bericht. Ältere Menschen und Digitalisierung. BMFSFJ, Berlin. https://www.bmfsfj.de/bmfsfj/
    ministerium/berichte-der-bundesregierung/achter-altersbericht. Zugegriffen am 06.03.2023
BMG (2023) Gesundheitskompetenz. https://www.bundesgesundheitsministerium.de/gesundheits-
    kompetenz.html. Zugegriffen am 06.03.2023
Doh M (2020) Auswertung von empirischen Studien zur Nutzung von Internet, digitalen Medien
    und Informations- und Kommunikations-Technologien bei älteren Menschen, Expertise zum
    Achten Altersbericht der Bundesregierung, herausgegeben von Hagen C, Endter C, Berner F,
    Deutsches Zentrum für Altersfragen, Berlin
Ettema TP, Dres R-M, Lange de J, Mellenbergh GJ, Ribbe MW (2005) A review of quality of life
    instruments used in dementia. Qual Life Res. https://doi.org/10.1007/s11136-004-1258-0
Faltermaier TP (2005) Subjektive Konzepte und Theorien von Gesundheit und Krankheit. In:
    Schwarzer R (Hrsg) Gesundheitspsychologie. Hogrefe, Göttingen, S 31–53
Faltermaier TP (2017) Gesundheitspsychologie. Kohlhammer Kenntnis und Können, Bd 21, 2. Aufl.
    W. Kohlhammer, Stuttgart
Faltermaier TP (2020) Gesundheitsverhalten, Krankheitsverhalten, Gesundheitshandeln. https://doi.
    org/10.17623/BZGA:224-I060-2.0
Gollwitzer PM, Sheeran P (2006) Implementation intentions and goal achievement: a meta-analysis
    of effects and processes. In: Advances in experimental social psychology. Advances in experi-
    mental social psychology volume 38. Elsevier. https://doi.org/10.1016/S0065-2601(06)38002-1
Kelley K, Abraham C (2004) RCT of a theory-based intervention promoting healthy eating and phy-
    sical activity amongst out-patients older than 65 years. Soc Sci Med 59:787–797. https://doi.
    org/10.1016/j.socscimed.2003.11.036
Kolpatzik K, Schaeffer D, Vogt D (2018) Förderung der Gesundheitskompetenz. Eine Aufgabe der
    Pflege. In: Szepan N-M, Wagner F (Hrsg) Agenda Pflege 2021. Grundlagen für den fach-
    politischen Diskurs. KomPart, Berlin, S. 73–89
Kuckartz U (2014) Qualitative Inhaltsanalyse: Methoden, Praxis, Computerunterstützung, 2. Aufl.
    Beltz Juventa, Weinheim
Lamnek S, Krell C (2016) Qualitative Sozialforschung: Mit Online-Material, 6, überarb. Aufl. Beltz. http://
    www.beltz.de/de/nc/verlagsgruppe-beltz/gesamtprogramm,Weinheim html?isbn=978-3-621-28269-7.
    Zugegriffen am 06.03.2023
Lange D, Corbett J, Knoll N, Schwarzer R, Lippke S (2018) Fruit and vegetable intake: the interplay
    of planning, social support, and sex. Int J Behav Med 25:421–430. https://doi.org/10.1007/
    s12529-018-9718-z
Lenartz N, Soellner R, Rudinger G (2014) Gesundheitskompetenz: Modellbildung und empirische
    Modellprüfung einer Schlüsselqualifikation für gesundes Leben. Z Erwachsenenbild 2:29–32.
    https://doi.org/10.3278/DIE1402W029
Lippke S, Hessel A (2018) Verhaltens- und Verhältnisinterventionen in der Prävention: Metaanalytische
    Befunde und Implikationen. Prävent Rehabilitat 30:121–132. https://doi.org/10.5414/PRX0533

Lippke S, Renneberg B (2006) Theorien und Modelle des Gesundheitsverhaltens. In: Renneberg B, Hammelstein P (Hrsg.) Springer-Lehrbuch. Gesundheitspsychologie, Springer, Berlin/Heidelberg, S. 35–60. https://doi.org/10.1007/978-3-540-47632-0_5

Lippke S, Schüz B, Godde B. (2020) Modelle gesundheitsbezogenen Handelns und Verhaltensänderung. In: Tiemann M, Mohokum M (Hrsg.) Springer Reference Pflege – Therapie – Gesundheit. Prävention und Gesundheitsförderung, Bd 40. Springer, Berlin/Heidelberg, S. 1–17. https://doi.org/10.1007/978-3-662-55793-8_8-1

Mayring P (2016) Einführung in die qualitative Sozialforschung: Eine Anleitung zu qualitativem Denken, 6. Aufl., Pädagogik. Beltz, Weinheim. http://www.beltz.de/de/nc/verlagsgruppe-beltz/gesamtprogramm.html?isbn=978-3-407-25734-5. Zugegriffen am 06.03.2023

McAuley E, Jerome GJ, Elavsky S, Marquez DX, Ramsey SN (2003) Predicting long-term maintenance of physical activity in older adults. Prev Med 37:110–118. https://doi.org/10.1016/S0091-7435(03)00089-6

Rasche P, Schäfer K, Theis S, Bröhl C, Wille M, Mertens A (2016) Age-related usability investigation of an activity tracker. Int J Hum Factors Ergon 4:187. https://doi.org/10.1504/IJHFE.2016.083506

Renner B, Staudinger UM (2008) Gesundheitsverhalten alter Menschen, Alter, Gesundheit und Krankheit. Huber, Bern, S 193–206

Roediger A (2015) mHealth – unterwegs zu Gesundheitskompetenz 2.0. In: Schweizerische Akademie der Medizinischen Wissenschaften: Gesundheitskompetenz in der Schweiz – Stand und Perspektiven. Schweizerische Akademie der Medizinischen Wissenschaften, Bern, S 72–74

Rovniak LS, Anderson ES, Winett RA, Stephens RS (2002) Social cognitive determinants of physical activity in young adults: a prospective structural equation analysis. Ann Behav Med 24:149–156. https://doi.org/10.1207/S15324796ABM2402_12

Samerski S, Müller H (2019) Digitale Gesundheitskompetenz in Deutschland – gefordert, aber nicht gefördert? Ergebnisse der empirischen Studie TK-DiSK [Digital health literacy in Germany – requested, but not supported? Results of the empirical study TK-DiSK]. Zeitschrift fur Evidenz, Fortbildung und Qualitat im Gesundheitswesen 144–145:42–51. https://doi.org/10.1016/j.zefq.2019.05.006

Scheermesser M, Meidert U, Evers-Wölk M, Prieu Y, Hegyi S, Becker H (2018) Die digitale Selbstvermessung in Lifestyle und Medizin. TATuP – Zeitschrift für Technikfolgenabschätzung in Theorie und Praxis 27:57–62. https://doi.org/10.14512/tatup.27.3.57

Schlomann A (2017) A case study on older adults' long-term use of an activity tracker. Gerontechnology 16:115–124. https://doi.org/10.4017/gt.2017.16.2.007.00

Scholz U, Sniehotta FF, Burkert S, Schwarzer R (2007) Increasing physical exercise levels. J Aging Health 19:851–866. https://doi.org/10.1177/0898264307305207

Schwarzer R (1992) Self-efficacy in the adoption and maintenance of health behaviors: Theoretical approaches and a new model. In Self-Efficacy: Thought control of action. Hemisphere, Washington DC, S 217–243

Schwarzer R (2001) Social-cognitive factors in changing health-related behaviors. Curr Dir Psychol Sci 10:47–51. https://doi.org/10.1111/1467-8721.00112

Seifert A, Meidert U (2018) Quantified seniors. Prävent Gesundheitsförder 13:353–360. https://doi.org/10.1007/s11553-018-0646-1

Seifert A, Schlomann A, Rietz C, Schelling HR (2017) The use of mobile devices for physical activity tracking in older adults' everyday life. Digital Health. https://doi.org/10.1177/2055207617740088

Steinert A, Wegel S, Steinhagen-Thiessen E (2015) Selbst-Monitoring der physischen Aktivität von Senioren. HeilberufeSCIENCE 6:115–120. https://doi.org/10.1007/s16024-015-0251-6

Swan M (2013) The quantified self. Fundamental disruption in big data science and biological discovery. Big Data 1(2):85–99. Zugegriffen am 06.03.2023

Hombrecher M (2018) Homo Digivitalis – TK Studie zur Digitalen Gesundheitskompetenz 2018. Techniker Krankenkasse, Hamburg

Vollmann M, Weber H (2005) Gesundheitspsychologie. Kohlhammer, Stuttgart

Warner LM, Schüz B, Wolff JK, Parschau L, Wurm S, Schwarzer R (2014) Sources of self-efficacy for physical activity. Health Psychol 33:1298–1308. https://doi.org/10.1037/hea0000085

Weiß C, Stubbe J, Naujoks C, Weide S (2017) Digitalisierung für mehr Optionen und Teilhabe im Alter. Bertelsmann Stiftung, Gütersloh

Wood C, Conner M, Miles E, Sandberg T, Taylor N, Godin G, Sheeran P (2016) The impact of asking intention or self-prediction questions on subsequent behavior: a meta-analysis. Personal Soc Psychol Rev 20:245–268. https://doi.org/10.1177/1088868315592334

Young MD, Plotnikoff RC, Collins CE, Callister R, Morgan PJ (2014) Social cognitive theory and physical activity: a systematic review and meta-analysis. Obes Rev 15:983–995. https://doi.org/10.1111/obr.12225

Selbstverständnis und Wirkkraft ärztlicher Führungskräfte in der digitalen Transformation

Marius Grom und Johannes Casimir Hiller

9.1 Digitale Transformation in der stationären Versorgung

Die rund 2000 deutschen Krankenhäuser stehen im Mittelpunkt der stationären Patient:innenversorgung und liefern einen wichtigen Beitrag zur flächendeckenden und qualitativ hochwertigen Gesundheitsversorgung (Beivers und Spangenberg 2008, S. 91). Trotz der Vorgaben des Gesetzgebers (§ 1 Raumordnungsgesetz), dass Krankenhäuser ohne größere Entfernung zum Wohnort erreichbar sein sollen, existiert in ländlichen Gebieten eine geringere Versorgungsdichte (Fleßa und Gieseler 2016, S. 44). Die Sicherstellung sog. „gleichwertiger Lebensverhältnisse" zeigt sich – im Gegensatz zur städtischen Bevölkerung – gerade im ländlichen Bereich als weitaus herausfordernder (siehe Beitrag 2 von Olbrich in diesem Band). Um als Krankenhaus wirtschaftlich stabil agieren zu können, sind große Einzugsgebiete notwendig, die wiederum in langen Anfahrten für Patient:innen resultieren. Im Gegenzug ist die ländliche Bevölkerungsstruktur älter als in der Stadt und deshalb oftmals weniger mobil, chronisch erkrankt und multimorbide mit einem erhöhten Hilfe- und Pflegebedarf (van den Berg et al. 2021; Techniker Krankenkasse 2021, S. 1). Ergänzend bestehen die „klassischen" Probleme des Krankenhaussektors, wie Fachkräftemangel, Wettbewerbsdruck und generelle Finanzierungsschwierigkeiten (Cramer et al. 2022, S. 2). Insgesamt führt dies dazu, dass innovative Konzepte zur Überwindung der Probleme im hoch relevanten Krankenhaussektor notwendig werden. Neben Kooperationen zur sektorenübergreifenden Versorgung, einer besseren Arbeitsteilung zwischen den Gesundheitsberufen oder der Zusammenarbeit der Grund- und Maximalversorger spielen digitale Lösungen eine besondere Rolle (Hoffmann et al. 2020, S. 163–166).

M. Grom (✉) · J. C. Hiller
Friedrich-Alexander-Universität Erlangen-Nürnberg, Erlangen, Deutschland
E-Mail: marius.grom@fau.de

A. S. Esslinger, H. Truckenbrodt (Hrsg.), *Digitalisierung von Gesundheitsleistungen für Senior:innen*, https://doi.org/10.1007/978-3-658-42115-1_9

Allerdings ist die flächendeckende digitale Transformation im Gesundheitswesen im Vergleich mit anderen Branchen rückständig (Lauterbach und Körner 2019, S. 124; Kade-Lamprecht und Sander 2017, S. 145–147). Dies wird auch international, gemessen an dem sogenannten Electronic Medical Record Adoption Model (EMRAM-Reifegrad), bestätigt (Stephani et al. 2019, S. 27). Besonders in Anbetracht verschärfter Wettbewerbsbedingungen, Kostendruck und Investitionsstau zeigt sich aber die Relevanz der digitalen Transformation (Eberlein-Gonska 2010, S. 463–464; Bräutigam et al. 2017, S. 15; Hübner et al. 2018, S. 23–27), und die expliziten Vorteile und Potenziale digitaler Möglichkeiten erscheinen zahlreich. Einige von ihnen seien hier aufgelistet:

- Patient:innenportale oder Telemedizin für Austausch zwischen Arztpraxen und Patient:innen, insb. für chronisch Erkrankte (Lauterbach und Körner 2019, S. 126–128; Schrinner und Handelsblatt Research Institute 2023, S. 4).
- Reduktion von Wege- und Wartezeiten, auch über größere Entfernungen in ländlichen Regionen (Lux et al. 2017, S. 693; Schrinner und Handelsblatt Research Institute 2023, S. 4).
- Tracking von Vitalwerten oder das Führen einer Medikamenten-Compliance für geriatrische Patient:innen (z. B. Abschätzung der Notwendigkeit von Notfallbehandlungen durch Telemonitoring und künstliche Intelligenz, Einleitung von Gegenmaßnahmen auch ohne Zutun der Betroffenen) (Schrinner und Handelsblatt Research Institute 2023, S. 9).
- Verbesserung des Empowerments durch bessere Einbindung der Patient:innen in Versorgung und Stärkung der Souveränität (Lux et al. 2017, S. 693).
- Entlastung von Routineaufgaben, Erhöhung der Patient:innensicherheit und Anwender:innenzufriedenheit und dadurch mehr Zeit für Patient:innenkontakt (Bräutigam et al. 2017, S. 15; Hübner et al. 2018, S. 23–27).
- Steigerung der Effizienz einer sektorenübergreifenden Kommunikation und Prozessbeschleunigung (Diagnostik und/oder Therapieauswahl) (Lux et al. 2017, S. 693).
- Einsatz der Telemedizin oder digitalen Patient:innenakte (Schrinner und Handelsblatt Research Institute 2023, S. 4) und Lösen von Schnittstellenproblemen und Säulendenken (Eberlein-Gonska 2010, S. 463–464),
- Qualitäts- und Effizienzsteigerung in der gesamten Prozesskette der Versorgung (Eberlein-Gonska 2010, S. 463–464).

Gleichermaßen gibt es Hindernisse, die eine Digitalisierung noch langsam voranschreiten lassen. Sie sind in erster Linie organisationaler Natur und können wie folgt zusammengefasst werden (Behrendt 2009, S. 187–191; Rippman 2020, S. 119):

- Unterschiedliche Erwartungen der Organisationsteilnehmer:innen gegenüber digitalen Möglichkeiten (Wundermittel versus Mehrarbeit)
- Sorge vor „Garbage-in-garbage-out-Phänomen" durch die Digitalisierung schlechter Prozesse ohne vorhergehende Optimierung

- Keine vorausschauende Vorbereitung, Anwender:innenschulung oder Kommunikation (zudem Rump und Eilers 2017, S. 20)
- Mangelnde Partizipationsmöglichkeit und wenig Transparenz zu Vorhaben im Themenfeld digitaler Wandel sowie Zeitaufwand für Implementation
- Dezentrale Führungsstrukturen und Säulendenken statt Kooperation

Die digitale Transformation im Krankenhaus und eine flächendeckende und vernetzte Gesundheitsversorgung, um insbesondere unterversorgte Gebiete zu erreichen, ist schließlich von mehreren Faktoren abhängig. Eindeutig spielen der technologische Fortschritt an sich eine Rolle sowie die digitale Infrastruktur für eine erfolgreiche Datenübertragung. Auch datenschutzrechtliche und ethische Aspekte sind stets mit zu berücksichtigen. Vor allem aber nützt die beste Infrastruktur und Technik nichts, wenn Menschen nicht in die Lage versetzt werden, sie auch zu nutzen. Dementsprechend wird das Wissensmanagement zentral und der Aufbau entsprechender Kompetenzen wichtig. Partizipation aller Mitarbeitenden in frühen Innovationsprozessen unterstützt zudem die Benutzerfreundlichkeit, bessere Akzeptanz und Umsetzbarkeit digitaler Lösungen (Mangiapane und Bender 2020, S. 14–17). Dies bedarf eines organisationalen Wandels, der durch die einrichtungsinterne Führung gelenkt wird (Rixgens 2017, S. 7). So spielt diese eine übergeordnete Rolle, deren Aufgabe es ist, die prozessualen und informationellen Möglichkeiten der Digitalisierung, aber auch den resultierenden Organisations- und Kulturwandel bestmöglich zu organisieren und umzusetzen (Oswald und Goedereis 2019, S. 52–55; Mangiapane und Bender 2020, S. 17; Rixgens 2017, S. 7–8; Robert et al. 2023, S. 25). Insbesondere die visionäre Führung wird wichtig für die Implementation digitaler Lösungen, die einhergeht mit einer ausführlichen lateralen, horizontalen und vertikalen Kommunikation aller Organisationsmitglieder über die verschiedenen Berufsgruppen und Fachdisziplinen hinweg (Sligo et al. 2017, S. 91). Es bestehe eine hohe Evidenz, dass insbesondere „Leuchttürme" in der Führungsebene durch ausführliche Information und Kommunikation den digitalen Wandel signifikant unterstützen oder eben auch bremsen (Sligo et al. 2017, S. 91). Weitere Hemmnisse umfassen ein mangelndes Engagement der Führungsebene sowie eine unzureichende Nutzenbewertung digitaler Lösungen durch die Mitarbeitenden (Pare et al. 2008, S. 257). Andere wichtige Faktoren beziehen sich auf eine ausreichende und ressourcenintensive Schulung sowie einen ausreichenden technischen Support, um das nötige Vertrauen der End-Anwender gegenüber der Technik aufzubauen. So ist das Management, speziell die einzelne Führungskraft, von zentraler Wichtigkeit. Das Vorgehen der einzelnen Führungskraft und ihr damit verbundener individueller Führungsstil scheinen maßgeblichen Einfluss auf die Umsetzbarkeit digitaler Implementationen zu haben (Hensellek 2020, S. 1999–200; Mangiapane und Bender 2020, S. 18–21). Insofern kommt der Ärzt:innenschaft in der Digitalisierung – und dem Gesundheitswesen allgemein – eine besondere Rolle zu. Der „Halbgott in Weiß" gilt in der Gesellschaft noch immer als Vorbild und insofern auch als Orientierungspunkt des individuellen Handelns für etliche Bürger:innen.

9.2   Einfluss der Digitalisierung auf die Arbeitswelt Krankenhaus

Bevor die ärztliche Führungskraft an sich im Fokus der Auseinandersetzung steht, ist es wichtig, sich einen Überblick über aktuelle Einstellungen und Effekte der Digitalisierung im ärztlichen Kontext zu verschaffen, um spezifischere Herausforderungen und/oder Handlungsoptionen der ärztlichen Führungskraft zu identifizieren. So verändert die Digitalisierung maßgeblich das ärztliche Handeln, die berufliche Ausbildung und die Arzt-Patient:innen-Beziehung (Matusiewicz et al. 2019, S. 101). Eine Studie des Hartmannbundes in Kooperation mit bitkom research kam zu dem Ergebnis, dass mehr als zwei Drittel der befragten Ärzt:innen (n = 477) die Digitalisierung als Chance sehen (Rohleder und Reinhardt 2017), wobei ältere Ärzt:innen skeptischer sind (Rohleder und Reinhardt 2017, S. 5–8; Röthlisberger et al. 2018, S. 1689) als jüngere (BJÄ 2020, S. 265–266).

Durch Digitalisierung verändert sich die Arzt-Patient:innen-Beziehung und leicht zugängliche Gesundheitsinformationen verschieben bestehende Informationsasymmetrien. So suchen bereits heute viele Patient:innen Informationen über mögliche Krankheiten o. ä. im Internet. Digitale Apps helfen Ärzt:innen und Patient:innen bei der Anamnese und Diagnostik. Die Entscheidungsfindung wird also zukünftig mehr und mehr gemeinsam stattfinden und Patient:innen stärker eingebunden werden (Matusiewicz et al. 2019, S. 109). Es steigen ihre Autonomie und Eigenverantwortung (Urbanek 2021, S. 67; Rohleder und Reinhardt 2017, S. 12). Die durch das Internet mündiger werdenden Patient:innen werden „anstregender" aus Sicht der Mehrheit der Ärzt:innen (Rohleder und Reinhardt 2017, S. 12). Transparenz bzw. der Einblick in die eigene Patient:innenakte verbessern aber schließlich die Beziehung mit Ärzt:innen und die Qualität hinsichtlich Adhärenz und Compliance sowie Selbstwirksamkeit. Nichtsdestotrotz ist der persönliche Arzt-Patient:innen-Austausch nach wie vor unabdingbar, wobei Ärzt:innen im digitalen Gesundheitswesen mehr und mehr eine beratende und vermittelnde Rolle einnehmen. Insbesondere Kommunikationsfähigkeit und Empathie werden an Relevanz zunehmen, vor allem da individuelle Wünsche und Bedürfnisse von Patient:innen zentraler Bestandteil zukünftiger Behandlungen sein werden (Matusiewicz et al. 2019, S. 109–110).

Spricht man konkret von ärztlicher Führung im Krankenhaus, ist damit die leitende Ärzt:innenschaft in einer Fachabteilung/Klinik gemeint. Chefärzt:innen haben Aufgaben- und Entscheidungskompetenz und nehmen maßgeblichen Einfluss auf den Krankenhausbetrieb. So beeinflussen ihr Führungsstil und ihre -entscheidungen etwa die medizinische Leistungsqualität, die Leistungsform und letztlich auch die Kostenstrukturen (Siess 1999, S. 8; Rixgens 2017, S. 28–31). Insbesondere fällt die Koordination der medizinischen Kernprozesse, wie Diagnostik und Therapie, in ihre Verantwortung. Innerhalb der Dienstleistungserstellung sind sie für die effiziente und effektive Ressourcenallokation menschlicher Arbeitsleistung und Betriebsmittel zuständig (Siess 1999, S. 203). Kommunikationstalent, Organisationskompetenz und Führungsstärke sind notwendige Fähigkeiten, über die Chefärzt:innen verfügen müssen. Die Rolle als „Multitalent" ist dementsprechend heterogen – jedoch vor allem in jüngster Historie verschiedenen Einschränkungen unterworfen (Martin 2016, S. 11). Durch Personalmangel und ökonomische Vorgaben werden ehemals breit gefächerte Entscheidungs- und Gestaltungsspielräume mehr und mehr eingeschränkt. Krankenhausträger und -management drängen sich vor allem aus wirtschaftlichen Vorgaben in das Führungskonstrukt der Chefärzt:innen. Veränderte Rollenbilder auf personeller und organisationaler Ebene, medizinischer Fortschritt, zunehmende Ökonomisierung, fortschreitende Spezialisierung wie auch juristische und ethische Anforderungen sind nur Teilbereiche, denen sich Chefärzt:innen heute gegenübersehen. Die Digitalisierung und ihre innovativen wie auch disruptiven Folgen werden gleichermaßen als Herausforderung und Chance aktueller und zukünftiger Führungskräfte im Gesundheitswesen angesehen (Lee et al. 2018, S. 30). Die ehemals status- und machtbewusste Führungskultur der Chefärzt:innen verlagert sich zunehmend in ein fluides Konstrukt, in dem die Einflussmöglichkeiten maßgeblich vom Nutzen führungsbezogener Möglichkeiten abhängig sein werden (Schmitz et al. 2017, S. 1098–1102). Zusammenfassend geht es hierbei vorrangig um die Entwicklung von Kompetenzen und die sinnvolle Koordination im Hierarchiegefüge – in Wechselwirkung angestoßen und begleitet durch die ärztliche Führungskraft (Hollmann und Sobanski 2016, S. 490–494).

Genauere Untersuchungen zu den Wirkungen von Führungskraft und Digitalisierung liegen insbesondere im ärztlichen Bereich kaum vor (Rixgens 2017, S. 14). Weiterhin lag der bisherige Studienfokus eher auf technologischen Aspekten, die spezifische Fähigkeiten zum digitalen Führen, aber auch das sich ändernde Rollenbild innerhalb der digitalen Transformation vernachlässigten (Keijser et al. 2016, S. 332). Rixgens führt aus, dass im ärztlichen Bereich, vorrangig berufskulturell bedingt, autoritäre oder indifferente Führungsstile Anwendung finden (Rixgens 2017, S. 240). Weiter wird konstatiert, dass aber eine reine fachliche Sicht auf die ärztliche Arbeitsanforderung Kompetenz nicht mehr ausreiche, sondern auch Sozialwissen vonnöten sei. Die Führungskraft an sich habe im Krankenhauswesen hohen Einfluss auf den Leistungs- und Unternehmenserfolg (Rixgens 2017, S. 247–250). Eine der wohl bedeutungsvollsten Publikationen zum Thema ärztlicher Führungsstil und Digitalisierung umfasst die systematische Literaturanalyse von Keijser et al. aus dem Jahr 2016. Hier wird deutlich, dass eine spezifische Rollenbeschreibung zum ärztlichen digitalen Leadership gänzlich fehlt (Keijser et al. 2016, S. 337–338). Organisationales Wissen, etwa über Wertschöpfungsprozesse und Teamkultur, sowie Soft Skills, bspw. technischer Natur, aber auch im Konflikt- und Zeitmanagement werden in der digitalen Transformation aber bedeutsam. Zudem müssen digitale Leader über gewisse Charaktereigenschaften wie Anpassungsfähigkeit, Begeisterungsfähigkeit, emotionale Intelligenz, Sinn für Humor, Konsequenz oder Ehrlichkeit verfügen. Insgesamt sind neben Präsenz/Erreichbarkeit der Führungskraft in diesem Zusammenhang Sachwissen und Enthusiasmus gegenüber den Potenzialen der digitalen Transformation unabdingbar (Keijser et al. 2016, S. 336–339).

9.3   Wahrnehmung der Führung: Anspruch und Wirklichkeit

Es wird deutlich, dass wichtig wird, die subjektive Wahrnehmung von Einflussmöglich-keiten aus Sicht ärztlicher Führungskräfte zu erheben. Entsprechend wurde eine qualita-tive Untersuchung vorgenommen, in der gefragt wurde, wie sich Chef:ärztinnen als Führungskraft mit ihrem Führungsstil begreifen. Die subjektive Wahrnehmung sowie das Bewusstsein von Einflussmöglichkeiten und deren Nutzung, insbesondere im organisatio-nalen, kommunikativen und sozialen Bereich, wurden abgefragt. Weitere Faktoren, wie die subjektive Selbsteinschätzung vorhandener digitaler Kompetenzen, aber auch die Ein-schätzung über digitale Potenziale und Herausforderungen, sollten möglicherweise vor-handene Komponenten hinsichtlich eines Digital Leaderships erfassen. Übergreifend ging diese Arbeit schließlich der Frage nach, wie die ärztliche Führungskraft als angenommene zentrale Komponente des digitalen Wandels ebendiesen beeinflussen könne.

9.3.1   Befragung: Durchführung und Ergebnisse

Zur Beantwortung der Fragestellungen wurden sechs Expert:innen-Interviews durch-geführt, um Wissen zu erheben und bspw. praktische Handlungsempfehlungen geben zu können (Hopf 2017, S. 350). Nach erfolgtem Erst- und Zweitdurchlauf wurden die Materialinhalte entsprechend den Kriterien zur zusammenfassenden Inhaltsanalyse nach Mayring (2015, S. 103) zunächst paraphrasiert, reduziert und schließlich innerhalb der Unterkategorien generalisiert, um zusammenfassende Aussagen zum Inhalt entlang des Kategoriensystems treffen zu können (Mayring 2015, S. 71–72).

Insgesamt wurden n = 6 Chefärzt:innen befragt. Alle Befragten waren männlichen Ge-schlechts. Dabei betrug das Durchschnittsalter 55 Jahre. Die meisten der Chefärzte waren in chirurgischen Fachrichtungen tätig (n = 4). Konservative Fachrichtungen umfassten die Neurologie und Geriatrie. Die durchschnittliche Tätigkeit als Chefarzt betrug zwölf Jahre. Zwei der Befragten verfügten darüber hinaus über eine zusätzliche akademische Quali-fikation (Medizinethik und Health Management).

9.3.1.1 Wahrnehmung von und Umgang mit Digitalisierung

Hinsichtlich der Frage der **Wahrnehmung von und Umgang mit Digitalisierung** zeig-ten sich teils heterogene, teils jedoch auch sehr homogene Ergebnisse. Die Befragten zeigen insgesamt ein hohes Bewusstsein für Digitalisierung und Veränderungen, die damit im klinischen Alltag verbunden sind. Vorrangig umfasst dies die Dokumentation und den Informationsaustausch. Wenn die befragten Chefärzte von Digitalisierung spre-chen, geht dies meist über die klassische elektronische Patientenakte hinaus. Mehrfach wird ausführliches Hintergrundwissen zu den verschiedenen Potenzialen der Digitalisie-rung, aber auch deren Herausforderungen deutlich. Neben der Möglichkeit, schneller und ortsunabhängiger Informationen auszutauschen, wird oftmals die Arbeit von zu Hause oder eine bessere Kommunikation untereinander als zukunftsträchtig angesehen. Die

Entscheidungsunterstützung, etwa durch künstliche Intelligenz und eine damit einhergehende Verbesserung der Behandlungsqualität, ist wohl das größte Potenzial, das die Digitalisierung birgt. Die Chefärzt:innen stimmen jedoch darin überein, dass die digitale Transformation innerhalb ihrer Kliniken größtenteils noch ausstehe. Begründet ist dies oft durch mangelhafte technische, organisatorische und monetäre, aber auch rechtliche Möglichkeiten. Vor allem der Datenschutz wie auch die Anwenderfreundlichkeit sind zentrale Aspekte, die es im digitalen Wandel zu beachten gilt. Die im Alltag genutzten Programme erwecken oftmals den Eindruck, weder praxisfertig noch anwenderorientiert zu sein. Ein mangelnder Einbezug der Anwender:innen wird nicht nur bei der Programmentwicklung, sondern auch deren Kaufentscheidung als große Herausforderung gesehen. So werden Chefärzt:innen oftmals zu wenig oder gar nicht in den Entscheidungsablauf einbezogen. In der Praxis gehen die Chefärzt:innen teilweise sehr ähnlich mit der Digitalisierung und ihren Herausforderungen um. Gerade bei „nichtfertigen" digitalen Lösungen wird oftmals allein oder mit ärztlichen Kollegen nach Lösungen und Alternativen gesucht, den aktuell problematischen Prozess doch zu integrieren (bspw. neue Medikamentenverordnung). Auch das Lernen voneinander ist essenziell und erweitert die digitale Kompetenz. Der Großteil der Befragten nutzt den ortsunabhängigen Zugriff – vorrangig den hausinternen Zugang über unterschiedliche PCs, teils auch VPN-Client – für ein flexibleres Arbeiten. Den richtigen Umgang mit der Informations- und Wissensflut beschreibt ein Chefarzt als Schlüsselaufgabe. Dabei spielt die Selbstdisziplin jedes Einzelnen eine entscheidende Rolle. Man muss Strategien entwickeln, um die Informationen sinnvoll zu selektieren. Ihre eigene digitale Kompetenz schätzen die Befragten fast einstimmig als mittelmäßig bis schlecht ein. Ihre Mitarbeiter:innen werden oft als weitaus digital affiner beschrieben, in mehreren Fällen besser als die Führungskräfte selbst. Die digitale Kompetenz hängt auch mit dem Alter zusammen und zeigt sich dementsprechend unterschiedlich in den zu leitenden Teams. Je älter ärztliche Mitarbeiter:innen, desto weniger Digitalkompetenz sei nach Meinung der Befragten vorhanden. Um die Kompetenzen zu fördern, sind Schulungen essenziell, es fehlt jedoch oft an Kontinuität und Ressourcen. Weiterhin bewegen sich bestehende Schulungskonzepte vorrangig im medizinischen Bereich, weniger im technischen oder digitalen. So umfasst das Medizinstudium als akademische Grundausbildung wenige bis keine Inhalte zu Digitalisierung und deren Umfeld. Auch wirkt aus Sicht der Befragten der ärztliche Habitus an sich hemmend; so sind selbstredend medizinische Belange im beruflichen Alltag relevant, nicht digitale. Als Schlüsselfaktoren zur erfolgreichen Digitalisierung werden vorrangig eine hohe Anwenderfreundlichkeit und nötige Akzeptanz durch die Mitarbeitenden benannt, was sich gegenseitig bedingt. Wenn klinische Abläufe sich durch Digitalisierung tatsächlich verbessern, an Anwender:innen angepasst sind und direkten Nutzen schaffen, steigt die Akzeptanz. Weiterhin essenziell ist eine ausreichende Vorbereitung, etwa durch stringente Kommunikation oder die Bereitstellung zeitlicher und bildender Ressourcen; zum einen, um Kompetenzen zu fördern, zum anderen, um Barrieren und Ängste abzubauen. Auf technischer Seite müssen Insellösungen vermieden und ein funktionierendes Gesamtsystem geschaffen werden.

9.3.1.2 Rollenverständnis und Einflussmöglichkeiten

Hinsichtlich **Rollenverständnis und Einflussmöglichkeiten** zeichnete sich ein einheitliches Bild ab. So übernehmen Chefärzt:innen mehr eine ausführende statt entscheidende oder mitwirkende Rolle. Sie sind meist vermittelnd oder inspirierend tätig. Entscheidungsbezogene Komponenten umfassen ausschließlich Vorschlagsrechte. Insgesamt agieren die befragten Chefärzte innerhalb der Digitalisierung vordergründig passiv. Teilweise werden nur medizinische oder mitarbeiterfördernde Aspekte genannt und selten soziale Einflussmöglichkeiten angesprochen. Einer der Befragten würde einzelnen Teammitgliedern innerhalb der Digitalisierung eine hohe Verantwortung übertragen, ein anderer sieht oft das Problem, seine Mitarbeitenden mitreißen zu müssen. Ein weiterer Proband versucht, vor allem die IT auf sozialer Ebene zu beeinflussen, um schließlich technisch Einfluss ausüben zu können. Auch auf organisatorischer Seite schätzen die Chefärzte ihre Möglichkeiten als sehr gering ein. Vereinzelt können die Befragten ungefähre Rahmenbedingungen, etwa hinsichtlich klinischer Abläufe, vorgeben. Insgesamt aber sind sie innerhalb der Digitalisierung lediglich Inputgeber. Teilweise können sie mit einschätzen, ob ein Produkt nützlich ist oder nicht, aber die Entscheidung über eine Anschaffung oder Implementierung einer neuen Technologie trifft nach Aussage aller Befragten die Geschäftsführung ohne sie. Die generellen internen Entscheidungsstrukturen werden insgesamt als sehr schlecht und mit geringen eigenen Möglichkeiten eingeschätzt. Selten werden die Vorschläge der Befragten in digitalen Entscheidungen berücksichtigt. Ein Einbezug oder eine Rücksprache mit den ärztlichen Anwendern findet nur im besten Fall statt. Entscheidungsmöglichkeiten der Chefärzte gehen selten über medizinische Belange hinaus. So mangelt es innerhalb der Digitalisierung stark an der Berücksichtigung der Anwenderbetrachtung. Neben strukturellen Gegebenheiten sind es oft monetäre Aspekte, die die Vorschläge und den damit verbundenen chefärztlichen Einfluss beschränken. Auch die Zusammenarbeit mit der IT wird in den meisten Fällen als unbefriedigend bewertet. Es fehlen auch dort eine mangelnde Anwender:innenperspektive und gute Kommunikation. Wenn Chefärzte die Kooperation mit der IT als gut einschätzten, so liegt dies vorrangig daran, dass sie in ihrer ärztlichen Führungsposition (im Sinne der Hierarchie) wahrgenommen werden, oder an einer sehr aktiven sozialen Interaktion. Ein Austausch unter den jeweils klinikinternen Chefärzt:innen werde zwar angesprochen, es handele sich hierbei jedoch meist um einen reinen Informationsaustausch, der selten einer gemeinsamen Entscheidungsfindung diene. Insgesamt sehen sich die Interviewten jedoch in der Lage, digitale Lösungen hinsichtlich ihres Nutzens einzuschätzen und bewerten zu können. Diese positiv eingeschätzte Nutzenbewertung wird durch strukturelle Gegebenheiten, wie die alleinige Entscheidung durch die Geschäftsführung, beschränkt. Dies ist umso schwieriger, da nach Meinung einzelner Befragter die internen Entscheider:innen schlichtweg zu wenig qualifiziert sind, um konsistente Entscheidungen treffen zu können.

9.3.1.3 Führungsverständnis und -kompetenz

Hinsichtlich **Führungsverständnis und -kompetenz** zeigen sich recht große Schnittmengen. Zwar sind aus Expertensicht bekannte, hierarchische Strukturen nach wie vor vorherrschend, gestalten sich in der Praxis aber teilweise durchlässig. Die Chefärzte geben an, gegenüber ihren ärztlichen Mitarbeitenden offen zu sein. Ehrlichkeit, Respekt und Fairness werden oftmals in diesem Zusammenhang angesprochen. Die einzelnen beschriebenen Führungsstile zeigen sowohl autoritäre als auch kooperative Komponenten. Insbesondere bei medizinischen Entscheidungen ist aus Befragtensicht ein klares und konsistentes Vorgehen von chefärztlicher Seite notwendig, weil sie auch die Verantwortung tragen. Teilweise geben die Befragten an, dass es im medizinischen Bereich wenig Diskussionsspielraum gibt. Nach wie vor ist der Chefarzt die höchste hierarchische Instanz, von diesem Bewusstsein wird selten abgewichen – auch wenn sich die Befragten selbst als sehr umgänglich und mitarbeiterbezogen beschreiben. Fachwissen und Erfahrung spielen nach wie vor eine Rolle. Mehrfach werden ein kooperativer Umgang und das Einstehen für die Mitarbeitenden genannt. Nach Ansicht der Ärzte erwarten die Teammitglieder heute keinen Druck, gelebte Offenheit und die Beachtung individueller Ziele. Einen Gemeinschaftssinn zu schaffen, wird oftmals als Optimum beschrieben. Bei den Befragten der chirurgischen Fachrichtungen zeigt sich anhand der Aussagen ein autoritäreres chefärztliches Führungsverständnis. Mehrfach entstand der eigene Führungsstil aus den vorherigen beruflichen Erfahrungen. Selbst erlebtes autoritäres Führungsverhalten durch ehemalige Vorgesetzte wird kopiert und als Usus angesehen. Aspekte guter Führung umfassen einen kollegialen und respektvollen Umgang miteinander, wobei Abläufe, Prozesse und Grenzen klar durch die Führungskraft vorgegeben sein müssen. Auch das Vereinen der Belegschaft unter gemeinsame Ziele und ein daraus entstehendes Gemeinschaftsgefühl sind Bestandteile einer guten, erfolgreichen Führung. Letztendlich ist es oberstes Ziel, einen Ort zu schaffen, an dem die Belegschaft gerne ihrer Arbeit nachgeht.

9.3.2   Diskussion der Ergebnisse

Der Einfluss ärztlicher Führungskräfte auf die Digitalisierung in deutschen Krankenhäusern zeigt sich aus Sicht der Befragten als recht gering. Eingangs wurde die Annahme festgelegt, dass die Führungskraft maßgeblichen Einfluss ausüben könne (Rixgens 2017, S. 5–8; Hensellek 2020, S 1999–2001; Mangiapane und Bender 2020, S. 18–21). Entgegen dieser Annahme schätzten die befragten Chefärzte ihre Möglichkeiten insgesamt als sehr gering ein. Soziale Einflussmöglichkeiten, etwa durch die Wahrnehmung der eigenen Vorbildfunktion oder den aktiven Einsatz von Schulungsmöglichkeiten, wurden zwar genannt, waren jedoch nicht die Regel. Technische Einflussmöglichkeiten umfassten vorrangig die Nutzung hausinterner Ticket-Systeme, eine eigene Komponenten- oder Systemauswahl wurde selten angegeben. Die Einschätzung der Chefärzte hinsichtlich ihrer organisationalen Einflussmöglichkeiten wie auch der hausinternen Entscheidungsstrukturen zeigte sich defizitär und entgegen allen Annahmen; innerhalb der Digitalisierung äußerten die Befragten kaum Möglichkeiten, an der Einführung und/oder Entscheidung digitaler Lösungen mitzuwirken. In allen Fällen wählt die Geschäftsführung allein Systeme o. ä. aus, chefärztliche Mitarbeiter:innen können ihren Aussagen nach lediglich Ideen oder Vorschläge liefern. Dementsprechend scheint zusätzlich auch im chefärztlichen Bereich eine mangelnde Partizipation vorzuherrschen und nicht nur – wie in der Literatur teils angenommen – unter der generellen Belegschaft (Behrendt, 2009, S. 188–189; Rippman 2020, S. 120). Entgegen der postulierten Dezentralisierung als hemmenden Faktor scheint gerade die Zentralisierung für die befragten Chefärzte ein großes Problem darzustellen (Behrendt 2009, S. 188–189). Diskutabel scheint zweifelsohne, ob die chefärztlichen Aussagen wirklich der Realität entsprechen und wie die jeweiligen Geschäftsführer:innen die Entscheidungsstrukturen bewerten würden. Die hier erhobenen Ergebnisse sind in jedem Fall subjektiv und können die Realität nicht gänzlich abbilden. Nichtsdestotrotz liefern sie Hinweise darauf, dass Chefärzte trotz ihrer oftmals autoritären und hierarchischen Position außerhalb medizinischer Belange und innerhalb des digitalen Kontextes relativ wenig Handlungsspielraum besitzen könnten.

In der aktuellen Forschung zu Führungsstil und Digitalisierung bestehen überschaubare Erkenntnisse zur Rolle der ärztlichen Führungskraft (Keijser et al. 2016, S. 332; Rixgens 2017, S. 14). Hinsichtlich medizinischer Belange beschreiben sich die Befragten als Entscheider oder oberste Instanz. Sie würden letztendlich die Verantwortung tragen und sehen sich vorrangig als medizinische Führung. Innerhalb der Digitalisierung geben sie diese leitende Rolle jedoch offensichtlich ab; die Aussagen der Chefärzte bewegen sich größtenteils in einem passiven Rollenbereich. So liefern sie zwar meist Vorschläge und Ideen für mögliche Rahmenbedingungen oder unterstützen die Digitalisierung grundsätzlich, aber tatsächlichen Einfluss beschreiben sie nicht. Die Befragten wissen durchaus um mögliche Einflussmöglichkeiten und deren Potenziale. Gerade als Anwender sollten ärztliche Mitarbeiter:innen ihren Aussagen nach aktiv in die Nutzenbewertung, Auswahl und Implementation digitaler Lösungen einbezogen werden (vgl. Sligo et al. 2017, S. 91–92; Villalba-Mora et al. 2015, S. 483). Dies wird von mehreren Chefärzten gefordert, bilde aber nicht die Realität ab. Oftmals äußern die Befragten eine mangelnde Akzeptanz aufgrund der überschaubaren Anwenderintegration, was innerhalb der Literatur bereits angemerkt wurde (Mangiapane und Bender 2020, S. 14–17; Oswald und Goedereis 2019, S. 51). Aus Sicht der Chefärzte scheint dies auch die größte Herausforderung innerhalb der Digitalisierung zu sein, ressourcenbezogene Problematiken erschweren die Transformation weiterhin. Insgesamt spielt die ärztliche Führungskraft innerhalb des digitalen Wandels keine übergeordnete Rolle (vgl. Oswald und Goedereis 2019, S. 52–55; Mangiapane und Bender 2020, S. 17; Rixgens 2017, S. 7–8).

Die Befragten nehmen die Digitalisierung als weitreichenden Wandel wahr, der das gesamte Unternehmenssystem umfasst. Praktische Anwendung wie auch aktuelle Vorteile umfassen jedoch vorrangig Dokumentationsaspekte; als größte zukünftige Potenziale werden künstliche Intelligenz und Systeme zur Entscheidungsunterstützung genannt. Teilweise können die bisherigen Erkenntnisse des Hartmannbundes wie auch der Stiftung Gesundheit bestätigt werden; etwa hinsichtlich wahrgenommener Zeitersparnis durch Digitalisierung oder Verbesserung der Schnittstellenkommunikation (vgl. Rohleder und Reinhardt 2017, S. 5–7; Obermann et al. 2016, S. 15). Ergänzend und relativ einheitlich sprechen die befragten Chefärzte eine mangelnde Anwenderorientierung als größte Problematik an. So wird etwa medizinisches Personal zu wenig in die Entwicklung, aber auch Entscheidung digitaler Systeme eingebunden. In der Praxis existieren dementsprechend umständliche und nicht auf den klinischen Alltag zugeschnittene Programme. An dieser generellen Problematik kann der Chefarzt als Führungskraft aus seiner Sicht keinen Einfluss ausüben. Alle Befragten zeigen sich einer Partizipation gegenüber jedoch offen. Aus der Literatur bekannte Faktoren für eine erfolgreiche digitale Transformation können ebenfalls bestätigt werden (vgl. Sligo et al. 2017, S. 94). So wird mehrfach angesprochen, dass eine Kommunikation über digitale Anschaffungen o. ä. kaum bzw. schlecht umgesetzt wird. Erschwerend kommt der Austausch mit der hausinternen IT hinzu; der technische Support ist meist nicht ausreichend, um ein nötiges Vertrauen gegenüber der Technik aufzubauen (vgl. Sligo et al. 2017, S. 91). Oftmals ist diese interdisziplinäre Kommunikation schlecht. Schlüsselkomponenten innerhalb der Digitalisierung (vgl. Robert et al. 2023, S. 25; Konttila et al. 2018, S. 760) sind den Chefärzten zwar größtenteils bewusst, finden in der Praxis aus strukturellen und organisationalen Gründen jedoch kaum Anwendung. Etwa herrscht ganz im Gegenteil keine gute Kommunikation auf mittlerer Managementebene sowie zum Top-Management, eine mögliche Fehlerkultur wird nur im Einzelfall angesprochen.

Ein digitaler Leader sollte der gegenwärtigen Literatur zufolge über ein entsprechendes Mind- und Skillset verfügen und dieses auch einsetzen können (Hensellek 2020, S. 1198–1199; Petry 2018, S. 215). Darüber hinaus sollte er Ängste und Barrieren abbauen und als Vorbild vorausgehen sowie mit der erhöhten Informationsflut und -geschwindigkeit umgehen können (Mangiapane und Bender 2020, S. 13; Creusen et al. 2017, S. 132). Die befragten Studienteilnehmer zeigen bezogen auf die Offenheit für Neues und Innovationen (also das digitale Mindset) eine hohe Bereitschaft. Neue Operationstechniken, künstliche Intelligenz und digitale Diagnosetools werden positiv bewertet und mit einer Erleichterung des Klinikalltags in Verbindung gebracht. Insgesamt besteht zur Digitalisierung ein hohes Hintergrundwissen. So sind es nicht nur rein praktische Erfahrungen, die geäußert werden, sondern teilweise auch ausführliche technische, rechtliche oder auch gesellschaftliche Themenbereiche. Insgesamt zeigen sich die Chefärzte subjektiv recht versiert und interessiert. Das Skillset, also die digitale Kompetenz, wird von den Befragten jedoch relativ einheitlich als mittelmäßig bis unterdurchschnittlich eingeschätzt. So schätzen sie sich in den meisten Fällen als weit weniger kompetent ein als ihre Teammitglieder. Dies kann unter anderem mit dem von den Chefärzten beschriebenen hemmenden Faktor des Alters (je älter, umso schlechter) zusammenhängen. Die Aufgabe, als Vorbild vorauszugehen und somit Ängste und Bedenken abzubauen, wird von einzelnen Chefärzten erkannt und auch aktiv angesprochen. Gerne würden die meisten Chefärzt:innen ihren (ärztlichen) Mitarbeiter:innen mehr Ressourcen in Form von Zeit oder Schulungsmöglichkeiten bereitstellen, um in Folge auch die Akzeptanz innerhalb der Belegschaft zu erhöhen. Dies scheitert aber meist an der Limitierung vonseiten der Geschäftsführung. Das wichtige Bewusstsein, dass es insbesondere kommunikative und soziale Faktoren sind, die eine erfolgreiche Digitalisierung gewährleisten, kann allerdings nur in einzelnen Interviews interpretiert werden (vgl. Konttila et al. 2018, S. 757). So sind es aus Probandenperspektive vorrangig monetäre und technische Faktoren, die aus Sicht der Chefärzte positiv oder negativ auf Akzeptanz o. Ä. wirken, und nicht zwischenmenschliche und kompetenzfördernde Komponenten, auf die der Chefarzt als digitaler Leader einwirken kann. Die hier Befragten erwecken teilweise den Eindruck, die Verantwortung als Führungskraft innerhalb der Digitalisierung auf andere Organisationsmitglieder oder -gegebenheiten abgeben zu wollen. Es ist natürlich fraglich und benötigt weitere Untersuchungen, ob dies in der Realität wirklich der Fall ist.

9.4   Konsequenzen

Chefärzt:innen erwarten und wünschen sich mehr Partizipation in der Digitalisierung. Dementsprechend liegt es an der jeweiligen Klinikgeschäftsführung, bei Anschaffungen neuer Hard- oder Software mehr Teilhabe zu gewährleisten, beispielsweise in Form von Gesprächskreisen oder Konferenzen. Hierbei sollten jedoch nicht nur Vorschläge und Ideen der Chefärzt:innen angehört, sondern diese auch bei Entscheidungen berücksichtigt werden. Ist dies nicht der Fall, wird eine ausführliche Kommunikation über die jeweiligen Entscheidungsprozesse empfohlen, um Konflikte unter der medizinischen und kaufmännischen Führung, aber auch innerhalb der Anwender zu vermeiden. Eine entsprechende Anwenderpartizipation scheint aus Sicht der ärztlichen Führungskräfte für eine erfolgreiche Digitalisierung elementar und findet bisher wenig Beachtung. Des Weiteren erwarten Chefärzt:innen von der Geschäftsführung grundsätzlich eine höhere Ressourcenbereitstellung; etwa wenn es darum geht, digitale Systeme neu zu implementieren oder bereits vorhandene zu pflegen und anzupassen. Durch mehr Ressourcen, etwa personell (bspw. Experten), kompetenzbezogen (bspw. spezifischere Schulungen) oder auch organisational (bspw. Zeit), werde auch gleichzeitig die Akzeptanz der Belegschaft gegenüber der Digitalisierung erhöht.

Förderlich könnten grundlegende Änderungen in der Aus- und Fortbildung ärztlichen Personals sein. Innerhalb des Medizinstudiums sollte eine bessere Vorbereitung auf den Umgang im digitalen Kontext stattfinden, etwa hinsichtlich der technischen Anwendung oder auch gesetzlicher und kommunikativer Rahmenbedingungen. Beispielhaft sind hier Datenschutzbestimmungen, EPA oder das Prozessmanagement zu nennen. Betrachtet man den Wandel, dem die ärztliche Führungskraft nicht nur durch die Digitalisierung unterworfen ist, wird sie auch in Zukunft mehr und mehr gezwungen sein, hierarchische Strukturen abzubauen und zwischenmenschliche wie auch sozialkompetitive Eigenschaften auszubauen. Die ärztliche Führungskraft wird sich nicht mehr nur durch ihr bloßes medizinisches, sondern auch managementrelevantes und zukünftig wohl auch digitales Fach- und Handlungswissen abgrenzen und positionieren müssen. Der aktuelle digitale Wandel transformiert demnach auch die Anforderungen, die an aktuelle und zukünftige medizinische Führungskräfte gestellt werden.

Davon ausgehend, dass die „Halbgötter in Weiß" noch immer ein hohes Ansehen genießen und in der Gesellschaft einflussreich sind, ist es umso erstaunlicher, dass der Status quo in der Forschung und auch die Ergebnisse der Befragung ein anderes Bild zeigen. Im Hinblick auf die digitale Transformation sehen sich Chefärzte scheinbar so ganz und gar nicht in der Funktion eines „Change Agents". Vielmehr entsteht schlussendlich das Bild eines fachlich kompetenten Menschen, der zwar ein digitales Mindset hat, sich selbst aber als eher gering befähigt im Hinblick auf seine digitalen Kompetenzen und Fähigkeiten beschreibt. Zudem sehen sich die Chefärzte augenscheinlich als wenig in der Lage, sich trotz ihres beruflichen Status in der Organisation Krankenhaus ausreichend im Themenfeld der Digitalisierung bei Entscheidungen einbringen zu können. Somit verpassen sie die Chance, für ihre Mitarbeitenden als proaktive Gestalter aufzutreten, und geraten in eine (vermeintliche) Defensive. Diese Ergebnisse aus dem wichtigen Sektor der stationären Versorgung liefern erste Erkenntnisse für die digitale Gesundheitsversorgung im Allgemeinen. Es scheint zum aktuellen Zeitpunkt eben gerade nicht so, dass sich die Ärzteschaft in der Lage sieht oder es als ihre Aufgabe versteht, einen Wandel mitzugestalten und andere Gruppen der Gesellschaft (von Mitarbeitenden bis hin zu Patient:innen) von der Sinnhaftigkeit einer stärkeren Digitalisierung zu überzeugen. Ob diese schlussfolgernde Annahme allerdings der Wirklichkeit entspricht, gilt es, künftig in einer größeren repräsentativen Studie zu überprüfen.

Literatur

Behrendt I (2009) Klinische Informationssysteme im Krankenhausmanagement – eine neue Sicht auf die Entwicklung und Einführung innovativer KIS. In: Behrendt I, König H-J, Krystek U (Hrsg) Zukunftsorientierter Wandel im Krankenhausmanagement – Outsourcing, IT-Nutzenpotenziale, Kooperationsformen, Changemanagement. Springer, Berlin, S 187–189

Beivers A, Spangenberg M (2008) Ländliche Krankenhausversorgung im Fokus der Raumordnung. Inf Raumentwickl 1:91–99

Berg van den N, Fleßa S, Hoffmann W (2021) Gesundheitsversorgung im ländlichen Raum. Bundeszentrale für politische Bildung. https://www.bpb.de/themen/stadt-land/laendliche-raeume/334219/gesundheitsversorgung-im-laendlichen-raum/#node-content-title-0. Zugegriffen am 03.03.2023

Bräutigam C, Ernste P, Evans M, Hilbert J, Merkel S, Öz F (2017) Digitalisierung im Krankenhaus. Studie der Hans-Böckler-Stiftung 365. Hans-Böckler-Stiftung, Düsseldorf

Bündnis Junge Ärzt:innen (2020) Positionspapier des Bündnis Junge Ärzt:innen (BJÄ) zu Digitalisierung, Applikationen (Apps) und Künstlicher Intelligenz im Gesundheitswesen. Der Chirurg 91:265–266

Cramer E, Enste P, Wielga J (2022) Herausforderungen für die Gesundheitsversorgung in ländlichen Regionen am Beispiel des südöstlichen Hochsauerlandes. Forschung Aktuell 7. https://www.econstor.eu/bitstream/10419/261369/1/1809932122.pdf. Zugegriffen am 03.03.2023

Creusen U, Gall B, Hackl O (Hrsg) (2017) Digital Leadership. Führung in Zeiten des digitalen Wandels. Springer, Wiesbaden

Eberlein-Gonska M (2010) Prozessoptimierung im Krankenhaus – Vom Prozess zur Betriebsorganisation. Zeitschrift für Evidenz, Fortbildung und Qualität im Gesundheitswesen 104:463–473

Fleßa S, Gieseler V (2016) Die Rolle der Krankenhäuser im ländlichen Raum. In: Herbst M, Dünkel F, Stahl B (Hrsg) Daseinsvorsorge und Gemeinwesen im ländlichen Raum. Springer, Berling. https://link.springer.com/chapter/10.1007/978-3-658-11769-6_3. Zugegriffen am 03.03.2023

Hensellek S (2020) Digital Leadership – Ein Rahmenwerk zur erfolgreichen Führung im digitalen Zeitalter. In: Kollmann T (Hrsg) Handbuch Digitale Wirtschaft. Springer Gabler, Wiesbaden, S 1189–1208

Hoffmann W, Stentzel U, Görsch M, Kleinke F, Thome-Soos F, van den Berg N (2020) Medizinische Versorgung in ländlichen Räumen – Herausforderungen und Lösungsansätze. In: Kröhnert S, Ningel R, Thome T (Hrsg) Ortsentwicklung in ländlichen Räumen. Haupt, Bern, S 163–166

Hollmann J, Sobanski A (2016) Kurswechsel – Nur ein Anfangszauber? Chancen und Risiken des Change. In: Deitert U, Höppner W, Steller J (Hrsg) Traumjob oder Albtraum – Chefarzt w/m. Ein Rat- und Perspektivgeber. Springer, Berlin/Heidelberg, S 484–496

Hopf C (2017) Qualitative Interviews – ein Überblick. In: Flick U, Kardorff E v, Steinke I (Hrsg) Qualitative Forschung, Ein Handbuch. Rowohlt, Reinbeck, S 349–359

Hübner U, Esdar M, Hüsers J, Liebe J-D, Rauch J, Thye J, Weiß J-P (2018) IT-Report Gesundheitswesen – Wie reif ist die IT in deutschen Krankenhäusern? Forschungsgruppe Informatik im Gesundheitswesen (IGW) Hochschule Osnabrück 2018, Osnabrück, S 23–40

Kade-Lamprecht E, Sander M (2017) Was kann die Gesundheitswirtschaft aus dem Retail lernen. In: Matusiewicz D, Muhrer-Schwaiger M (Hrsg) Neuvermessung der Gesundheitswirtschaft. Springer Gabler, Wiesbaden, S 147–154

Keijser W, Smits J, Pentermann L, Wilderom C (2016) Physician leadership in e-health? A systematic literature review. Leadersh Health Serv 29:331–347

Konttila J, Siira H, Kyngäs H, Lahtinen M, Elo S, Kääriäinen M, Kaakinen P, Oikarinen A, Yamakawa M, Fukui S, Utsumi M, Higami Y, Higuchi A, Mikkonen K (2018) Healthcare professionals' competence in digitalisation: a systematic review. J Clin Nurs :28745–28761. https://doi.org/10.1111/jocn.14710. Epub 2018 Nov 22

Lauterbach M, Körner K (2019) Erfolgsfaktoren in der Digitalisierung der Gesundheitsversorgung. In: Haring R (Hrsg) Gesundheit Digital – Perspektiven zur Digitalisierung im Gesundheitswesen. Springer Gabler, Wiesbaden, S 124–140

Lee E, Daugherty J, Hamelin T (2018) Reimagine health care leadership challenges and opportunities in the 21st century. J Perianesth Nurs 34:27–38

Lux T, Breil B, Dörries M, Gensorowsky D, Greiner W, Pfeiffer D, Rebitschek FG, Gigerenzer G, Wagner GG (2017) Digitalisierung im Gesundheitswesen – zwischen Datenschutz und moderner Medizinversorgung. Wirtschaftsdienst 97:687–703

Mangiapane M, Bender M (Hrsg) (2020) Patient:innenorientierte Digitalisierung im Krankenhaus – IT-Architekturmanagement am Behandlungspfad. Springer, Wiesbaden, S 13–46

Martin W (2016) Chefarztposition im Wandel. In: Deitert U, Höppner W, Steller J (Hrsg) Traumjob oder Albtraum – Chefarzt w/m. Ein Rat- und Perspektivgeber. Springer, Berlin/Heidelberg, S 9–15

Matusiewicz D, Aulenkamp J, Werner JA (2019) Effekte der digitalen Transformation des Krankenhauses auf den Wandel des Berufsbildes Arzt. In: Klauber J, Geraedts M, Friedrich J, Wasem J (Hrsg) Krankenhaus-Report 2019 – Das digitale Krankenhaus. Springer, Berlin, S 101–110

Mayring P (Hrsg) (2015) Qualitative Inhaltsanalyse – Grundlagen und Techniken, 12., überarb. Aufl. Beltz, Weinheim

Obermann K, Müller P, Woerns S (2016) Ärzt:innen im Zukunftsmarkt Gesundheit 2016: Digitalisierung des Arztberufs. Stiftung Gesundheit GGMA Gesellschaft für Gesundheitsmarktanalyse mbH. https://www.stiftung-gesundheit.de/pdf/studien/aerzte-im-zukunftsmarkt-gesundheit_2016.pdf. Zugegriffen am 03.03.2023

Oswald J, Goedereis K (2019) Voraussetzungen und Potenziale des digitalen Krankenhauses. In: Klauber J, Geraedts M, Friedrich J, Wasem J (Hrsg) Krankenhaus-Report 2019 – Das digitale Krankenhaus. Springer, Berlin, S 51–54

Pare G, Sicotte C, Jaana M, Girouard D (2008) Prioritizing the risk factors influencing the success of clinical information system projects. J Methods of Inf Med 3:251–259

Petry T (2018) Digital leadership. In: North K, Maier R, Haas O (Hrsg) Knowledge management in digital change. New findings and practical cases. Springer, Berlin, S 209–218

Rippman K (2020) Digitalisierung ist Kulturumbruch – Medizin im Zentrum des Wandels. In: Pfannstiel MA, Rasche C, Braun von Reinersdorff A, Knoblach B, Fink D (Hrsg) Consulting im Gesundheitswesen. Springer Fachmedien, Wiesbaden, S 117–133

Rixgens P (Hrsg) (2017) Führungsstil und Leistungseffektivität im Krankenhaus – Eine Studie zum Führungsverhalten von Pflegekräften und Ärzt:innen. Springer Gabler, Wiesbaden, S 5–250

Robert G, Greenhalgh T, MacFarlane F, Peacock R (2023) Organisational factors influencing technology adoption and assimilation in the NHS: a systematic literature review. Report for the National Institute for Health Research Service Delivery and Organisation, Programme. https://citeseerx.ist.psu.edu/viewdoc/download?10.1.1.473.1471&rep=rep1&type=pdf. Zugegriffen am 03.03.2023

Rohleder B, Reinhardt K (2017) Gesundheit 4.0 – wie Ärzt:innen die digitale Zukunft sehen, Hartmannbund/bitkom research. https://www.hartmannbund.de/fileadmin/user_upload/Downloads/Themen/Hauptseite/eHealth/Downloads/2017_HB-Bitkom_Start-ups.pdf. Zugegriffen am 01.03.2023

Röthlisberger F, Sojer R, Zingg T, Rayki O (2018) Die Digitalisierung aus Ärzt:innensicht (Teil II). Schweiz Ärzt:innenztg 99:1686–1689

Rump J, Eilers S (Hrsg) (2017) Auf dem Weg zur Arbeit 40 – Innovationen in HR. Springer, Berlin, S 20

Schmitz C, Egger M, Berchtold P (2017) Zur Entwicklung ärztlicher Führung. Schweiz Ärzt:innenztg 98:1098–1101

Schrinner A, Handelsblatt Research Institute (2023) Sicherstellung der künftigen Gesundheitsversorgung auf dem Land – Chancen und Herausforderungen. https://www.handelsblatt.com/downloads/27787500/4/gesundheitsversorgung-auf-dem-land.pdf. Zugegriffen am 01.03.2023

Siess AM (Hrsg) (1999) Ärztliche Leitungsstrukturen und Führungsaufgaben – Organisationskonzepte für das moderne Krankenhaus. Springer, Berlin/Heidelberg, S 28–203

Sligo J, Gauld R, Roberts V, Villa L (2017) A literature review for large-scale health information system project planning implementation and evaluation. Int J Med Inform 97:86–97

Stephani V, Busse R, Geissler A (2019) Benchmarking der Krankenhaus-IT: Deutschland im internationalen Vergleich. In: Klauber J, Geraedts M, Friedrich J, Wasem J (Hrsg) Krankenhaus-Report 2019 – Das digitale Krankenhaus. Springer, Berlin, S 18–27

Techniker Krankenkasse (2021) Ländliche Versorgung der Zukunft. https://www.tk.de/resource/blob/2042048/4a207b8a542818d89e6ca57ea5aefc13/tk-position-laendliche-versorgung-der-zukunft-data.pdf. Zugegriffen am 03.03.2022

Urbanek M (2021) Verändertes Arztbild durch Digitalisierung. Hautnah Dermatol 37:67

Villalba-Mora E, Casas I, Lupianez-Villanueva F, Maghiros I (2015) Adoption of health information technologies by physicians for clinical practice: the Andalusian case. Int J Med Inform 84:477–485

Andrius Patapovas und Vera Antonia Büchner

10.1 Ausgangslage

Der demografische Wandel bedingt eine immer älter werdende Gesellschaft. 4,6 Mio. Menschen sind in Deutschland nach dem Pflegeversicherungsgesetz pflegebedürftig (Bundesgesundheitsministerium 2022). Bis 2030 ist mit einem Anstieg an Pflegebedürftigen auf 4,9 Mio. zu rechnen, bis 2040 sind es bereits 5,6 Mio. und 2050 über 6,5 Mio. In der häuslichen Umgebung werden aktuell 80 % bzw. 3,3 Mio. Pflegebedürftige versorgt, davon werden mehr als 2 Mio. Pflegebedürftige in der Regel alleine durch ihre Angehörigen gepflegt (Heger et al. 2021, S. 15; Statistisches Bundesamt 2019). Laut dem Sozioökonomischen Panel (SOEP) 2019 sind von den insgesamt 5,3 Mio. informell Pflegenden parallel 3 Mio. erwerbstätig, 60 % weiblich und betreuen häufig noch Kinder im Haushalt (Bundesministerium für Familie, Senioren, Frauen und Jugend 2022). Die Angehörigen sind für den größten Teil der Pflegeleistungen verantwortlich. Daher wird nicht grundlos die Pflege durch die informell Pflegenden als tragende Säule der pflegerischen Versorgung in Deutschland angesehen (Mainz und Zündel 2017). Auch aufgrund der sich ständig verschärfenden Finanzierungsfrage wird in der Politik seit geraumer Zeit die Vorgabe „ambulant vor stationär" proklamiert. Deshalb bedarf es einer noch stärkeren Einbindung und Unterstützung der Pflegebedürftigen bzw. der informell Pflegenden in der häuslichen Versorgung.

A. Patapovas (✉) · V. A. Büchner
Technische Hochschule Nürnberg, Nürnberg, Deutschland
E-Mail: andrius.patapovas@th-nuernberg.de; antonia.buechner@th-nuernberg.de

A. S. Esslinger, H. Truckenbrodt (Hrsg.), *Digitalisierung von Gesundheitsleistungen für Senior:innen*, https://doi.org/10.1007/978-3-658-42115-1_10

Die (pflegerische) Versorgung durch die informell Pflegenden hat gerade im ländlichen Raum eine besondere Bedeutung. Im Vergleich zu städtischen Strukturen kommen im ländlichen Raum eher tradierte Lebens- und Gemeinschaftsformen bei der Versorgung von zu pflegenden Angehörigen zum Tragen. Gerade auf dem Lande wird noch stärker das Zusammengehörigkeitsgefühl von Familien in den Mittelpunkt gestellt und verstärkt Wert auf die Pflege zu Hause gelegt (Drossel 2019). Die bereits angespannte Situation der informell Pflegenden hat sich durch die Covid-19-Pandemie weiter verschärft. Die Pandemie stellt informell Pflegende vor große Herausforderungen: Der Umfang und zeitliche Aufwand der Betreuung der Angehörigen auch im administrativen-unterstützenden Bereich haben deutlich zugenommen (Zwar et al. 2021). Gleichzeitig hat die Arbeit der informell Pflegenden durch die Pandemie jedoch nicht zunehmend an Sichtbarkeit gewonnen. Durch die Pandemie hat sich die Anzahl an digitalen Angeboten im Bereich der informell Pflegenden vervielfacht. Doch wurden der Bedarf und das Angebot von (digitalen) Hilfe- und Unterstützungsmodellen für informell Pflegende bisher nur unzureichend analysiert (z. B. Drossel 2019).

10.2   Chancen und Herausforderungen informell Pflegender

Ältere Menschen bilden keine homogene Gruppe (Simonson et al. 2013, S. 410). Die Vielfalt von Lebenssituationen und Altersverläufen bedingt sich durch gesellschaftliche Differenzierung und soziale Ungleichheit. Die informell Pflegenden sind an weitere Dienste der Gesundheitsversorgung, die für die Versorgung der Pflegebedürftigen wichtig sind, organisatorisch angebunden (Abb. 10.1).

Die Situation der informell Pflegenden in der häuslichen Pflege ist von einem hohen Belastungsrisiko sowie Informationsdefiziten geprägt. In einer Befragung im Jahr 2010 schätzten 77 % der Hauptpflegepersonen ihre Pflegetätigkeit eher stark bzw. sehr stark belastend ein. Nur 3 % fühlten sich durch die Übernahme nicht belastet (Schneekloth und

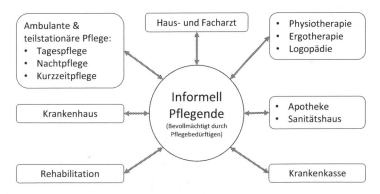

Abb. 10.1 Organisatorische Anbindung der Akteure im Gesundheitswesen mit Fokus auf den informell Pflegenden

Schmidt 2011). In einer Umfrage des Zentrums für Qualität in der Pflege (ZQP 2015) im Jahr 2015 gaben beispielsweise 63 % der Befragten mit persönlicher Pflegeerfahrung an, dass sie unzureichend über gesetzliche Leistungsansprüche und Entlastungsangebote im Falle einer Verhinderung informiert sind. Gleichzeitig besteht eine enge emotionale und soziale Bindung der informell Pflegenden zu den Pflegebedürftigen (ZQP 2015; Mainz und Zündel 2017). Für informell Pflegende existieren insgesamt vier verschiedene elementare Bedürfnisse im Rahmen der Versorgung ihrer zu pflegenden Angehörigen. Darunter zählen Trainingsangebote und der Zugang zu Informationen, professionelle Unterstützung, effektive Kommunikation mit den Akteuren sowie umfassende staatliche und finanzielle Unterstützung (Silva et al. 2013).

Die überwiegende Anzahl an Pflegebedürftigen wünscht sich, so lange wie möglich häuslich versorgt werden zu können (Schneekloth und Wahl 2005). Ziel der Unterstützungs- und Entlastungsangebote muss es daher sein, die Bedürfnisse der informell Pflegenden zu befriedigen und gleichzeitig den Wunsch der Pflegebedürftigen nach einem möglichst langen Verbleib in der Häuslichkeit gerecht zu werden. Bisherige Arbeiten haben gezeigt, dass es bisher keinen systematischen Gesamtüberblick über die Versorgungssituation der informell Pflegenden gibt, die Entlastungs-, Beratungs- und Unterstützungsangebote weder in der Breite bekannt sind noch diese umfassend untersucht wurden (z. B. Isfort et al. 2016; ZQP 2015; Drossel 2019). Wie beschrieben, werden Unterstützungsangebote von informell Pflegenden generell kaum wahrgenommen. Digitale Technologien, auch auf Grundlage von internetbasierten Tools, stellen eine Möglichkeit dar, informell Pflegende zu informieren und zu unterstützen (Newman et al. 2019). Gerade digitale Angebote können den informell Pflegenden einen erleichterten Zugang zu Leistungen mit niederschwelliger und bedürfnisorientierter Ausrichtung ermöglichen. Digitale Angebote stellen somit einen entscheidenden Faktor für den Erhalt oder die Förderung der informellen Pflege dar (Mainz und Zündel 2017). Gerade die Schnittstellen zwischen Akteuren in der Versorgung der Pflegebedürftigen können durch digitale Lösungen gut miteinander verbunden werden (Drossel 2019). Jedoch sind auch die digitalen Angebote von großer Intransparenz geprägt. Die informell Pflegenden haben bei den Angeboten Schwierigkeiten, geeignete Informationen zu finden, zu bewerten und zu selektieren (Mainz und Zündel 2017).

10.3 Digitale Einbindung der informell Pflegenden

Die Versorgung von Pflegebedürftigen stellt ihre Angehörigen vor große Herausforderungen. Nicht nur der Alltag der Pflegebedürftigen, sondern gerade auch die Anbindung an die Dienste der Gesundheitsversorgung müssen bewältigt werden. Die im Jahr 2016 veröffentlichte Studie der Bertelsmann Stiftung systematisierte die „Digital-Health-Anwendungen für Bürger" in sieben Anwendungstypen (Knöppler et al. 2016). Bedeutsam für die Betrachtung in diesem Beitrag mit Bezug auf die informell Pflegenden sind digitale Anwendungen im Kontext der Pflege und Organisation der Pflege. Primärer Fokus für informell Pflegende liegt auf den folgenden sechs Anwendungstypen:

- Stärkung der Gesundheitskompetenzen – Unterstützung bei den Schritten Information & Orientierung, Expertensuche, Interventionsplanung & -entscheidung sowie Validierung
- Direkte Intervention – Veränderung von Fähigkeiten, Verhalten & Zuständen
- Indirekte Intervention – Förderung der Selbstwirksamkeit, Adhärenz & Sicherheit
- Dokumentation – Verwaltung von Gesundheits- und/oder Krankheitsakte
- Organisation und Verwaltung – Unterstützung bei Leistungserbringerterminen und Prozessen der Sozialverwaltung wie Genehmigungen und Abrechnungen
- Einkauf und Versorgung – Unterstützung bei Beschaffung von Arznei-, Hilfs- und Nahrungsergänzungsmitteln

Der siebte Anwendungstyp „Analyse & Erkenntnis" liegt außerhalb der Auseinandersetzung in diesem Beitrag. Aufgrund der Zuordnung zu Lifestyle-Anwendungen, der sensorbasierten kontinuierlichen Erfassung und Auswertung von gesundheits- und umweltbezogenen Informationen im persönlichen Kontext findet der Anwendungstyp keine Anwendung für eine Bewertung der informell Pflegenden. Anhand der ausgewählten funktionalen Anwendungstypen lässt sich im Folgenden die Betrachtung der digitalen Einbindung der informell Pflegenden darstellen.

Stärkung der Gesundheitskompetenzen   Nach § 45 SGB XI stehen Pflegekurse für informell Pflegende unentgeltlich zur Verfügung. Digitale Schulungen ermöglichen einen flächendeckenden niederschwelligen Zugang zu Wissen und vereinen eine individuelle, bedürfnisorientierte Versorgung mit einer nutzerorientierten Usability. Portale wie www.pflege.de und www.angehoerige-pflegen.de bieten umfassende Informationen und Unterstützungsmöglichkeiten.

Direkte Intervention   Mit dem Digitale-Versorgung-Gesetz (DVG) im Jahr 2022 wurden die digitalen Gesundheitsanwendungen zur Verschreibung im Gesetz verankert. Derzeit werden 34 digitale Gesundheitsanwendungen (DiGAs) im Verzeichnis aufgelistet und können den Patient:innen verschrieben werden. Explizit weist keine DiGA auf die gesonderten Funktionalitäten für informell Pflegende hin. Die verschriebene DiGA kann von einem Angehörigen bedient werden. Nicht alle DiGAs eignen sich zur Bedienung von informell Pflegenden. Bei eingeschränkter Sprach- oder Kommunikationsfähigkeit der Pflegebedürftigen eignen sich DiGAs, die über eine Überwachungsfunktion anhand von Sensorik verfügen und somit eine automatische Auswertung von gesundheits- und umweltbezogenen Informationen ermöglichen oder dem informell Pflegenden eine proaktive Dokumentation zum Zustand des Pflegebedürftigen erlauben.

Indirekte Intervention Digitale Anwendungen des Typs „Indirekte Intervention" sollen Selbstwirksamkeit, Adhärenz und Sicherheit fördern. Bisherige Ansätze umfassen die Funktionalität zur Kontrolle, Monitoring, Motivation, Feedback sowie Austausch. Diese wurden in den digitalen Anwendungen wie z. B. Stimmungstagebuch (Depression) abgebildet (Knöppler et al. 2016). Das im Jahr 2021 in Kraft getretene Digitale-Versorgung-und-Pflege-Modernisierungs-Gesetz (DVPMG) setzt die Entwicklung von digitalen Pflegeanwendungen (DiPAs) voraus. Die DiPAs sind für Pflegebedürftige zur Ausführung auf mobilen Endgeräten oder als browserbasierte Webanwendungen bestimmt, um den eigenen Gesundheitszustand durch Übungen zu stabilisieren oder zu verbessern (z. B. Sturzrisikoprävention, personalisierte Gedächtnisspiele für Menschen mit Demenz). Darüber hinaus sollen DiPAs die Kommunikation mit Angehörigen und Pflegefachkräften verbessern (DVPMG 2021).

Dokumentation Mit der Übertragung der elektronischen Gesundheitskarte sind Krankenkassen nach SGB V verpflichtet, elektronische Patientenakten als eine mobile Applikation mit Anbindung zur Telematikinfrastruktur bereitzustellen. Mit Stand November 2022 bietet die Gesellschaft für Telamatik (gematik) GmbH folgende Dienste mit zugrunde liegender Telematikinfrastruktur für Patient:innen (gematik epa 2022):

- Elektronische Patientenakte (ePA) – Verwaltung von Arztbriefen, Befunden, Mutter- und Impfpass und deren Synchronisation zwischen Krankenkassen, Krankenhäusern, Apotheken und Haus-/Fachärzt:innen
- Notfalldatensatz – Ansicht von Medikamentenunverträglichkeiten und Allergien sowie Bevollmächtigten oder Kontaktpersonen im Fall eines Notfalls
- Erfassung und Aktualisierung von elektronischen Medikationsplänen (eMedikationsplan)
- Übermittlung von elektronischen Arztbriefen (eArztbrief)
- Übermittlung von elektronischen Rezepten (eRezept)

Die digitale Einbindung der informell Pflegenden in die Versorgung erfolgt mit der Übermittlung einer Bevollmächtigung an die Krankenkasse des Angehörigen oder durch Hinterlegung des Vertreters in der elektronischen Patientenakte des Angehörigen. Der Zugang zur ePA per App erlaubt, Dokumente einzusehen, hochzuladen oder diese für Arztpraxen freizugeben. Bevollmächtigte informell Pflegende können den Überblick über Behandlungen behalten, ohne selbst vor Ort während des Krankenhausaufenthaltes sein zu müssen (gematik epa 2022).

Organisation und Verwaltung In der häuslichen Pflege stehen mobile Anwendungen wie z. B. die „ease – gemeinsam pflegen"-App zu Verfügung. Die App bietet insbesondere die Möglichkeit, Aufgaben innerhalb eines Teams auf mehrere Beteiligte an der Pflege zu verteilen. Die App ease unterstützt das Team aus informell Pflegenden, Nachbar:innen, Freund:innen, Ehrenamtlichen und auch professionellen Pflegekräften (ease 2022). Die Funktionen beschränken sich auf Koordination, Kommunikation und gegenseitige Information. Die Chat-Funktion erlaubt, sich auszutauschen, die Kalenderfunktion, Termine und Aufgaben zu koordinieren, z. B. wer die pflegebedürftige Person beim Arztbesuch begleitet, und die Erinnerungsfunktion, z. B. die Sicherstellung der regelmäßigen Medikamentengabe zu gewährleisten. Die App ease wurde im Rahmen des Forschungsprojektes „HERO", gefördert vom Bundesministerium für Bildung und Forschung, im Zeitraum von September 2019 bis August 2022 entwickelt. Beteiligte Partner sind Ascora GmbH, Hochschule Osnabrück, Snoopmedia GmbH und Wohlfahrtswerk für Baden-Württemberg (hero 2022). Eine weitere mobile Applikation Nui-App von Nui Care GmbH erweitert den Funktionsumfang der ease-App um einen digitalen Ratgeber zu den Themen Vorsorge oder Demenz, um Checklisten für die Beantragung von Pflegeleistungen und ermöglicht die Beantwortung von Fragen per Chat-Funktion mit verifizierten Pflegeexpert:innen.

Einkauf und Versorgung Seit Dezember 2021 steht der Fachdienst E-Rezept in der Telematikinfrastruktur von gematik bereit. Ein elektronisches Rezept kann in Primärsystemen von Krankenhäusern und Praxen vom ärztlichen Dienst ausgestellt werden und durch die Anbindung an die Telematikinfrastruktur in die persönliche E-Rezept-App übermittelt werden. Zum Abruf des E-Rezeptes auf dem mobilen Gerät benötigt der bevollmächtigte informell Pflegende die elektronische Gesundheitskarte für NFC-Freischaltung, eine PIN und sechsstellige CAN-Nummer der Gesundheitskarte (gematik egk 2022). Das E-Rezept kann über die E-Rezept-App entweder in einer Apotheke vor Ort oder in einer Online-Apotheke eingelöst werden. Um die Beratung gemäß § 20 ApBetrO zu gewährleisten, bieten ausgewählte Vor-Ort- und Online-Apotheken auch eine Videosprechstunde (gematik eRezept 2022).

Im Kontext der Arzneimittelbestellung hat der Zugriff durch Apotheker auf elektronischen Medikationsplan und Notfalldaten des Pflegebedürftigen eine wichtige Bedeutung. Die Prüfung auf Arzneimittelrisiken aufgrund bereits verschriebener Medikation, Selbstmedikation und eingetragener Allergien oder Unverträglichkeiten in Notfalldaten sorgt für die Patientensicherheit (Strumann et al. 2021). Der bevollmächtigte informell Pflegende kann den Zugriff dem Apotheker auf elektronischen Medikationsplan und Notfalldaten des Pflegebedürftigen gestatten (gematik eRezept 2022). Das bestellte Arzneimittel kann vor Ort abgeholt werden. Falls die Option des Botendienstes ausgesuchter Apotheken in der E-Rezept-App angezeigt ist, können Arzneimittel nach Hause geliefert werden (gematik eRezept 2022). Die Beziehungen der beschriebenen Anwendungstypen für die einzelnen Akteure der Gesundheitsversorgung der Pflegebedürftigen rund um den informell Pflegenden sind in Abb. 10.2 zusammengefasst.

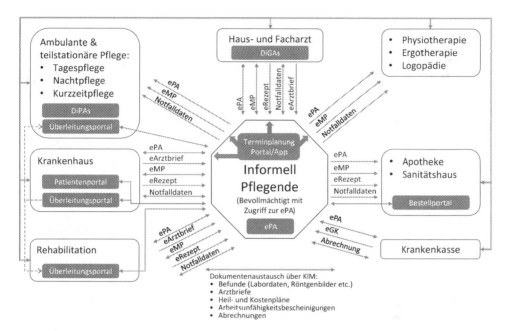

Abb. 10.2 Beziehungen der beschriebenen Anwendungstypen der Akteure im Gesundheitswesen mit Fokus auf den informell Pflegenden

10.4 Digitale Teilhabe und digitale Kompetenzen der informell Pflegenden

Im gesellschaftlichen Miteinander und der persönlichen Lebensgestaltung spielen neue Technologien eine wichtige Rolle. Das Versprechen lautet, dass technische Systeme den Alltag des Menschen erleichtern, die Lebensqualität steigern und vielseitig unterstützen können. Dafür werden verlässliche technische Systeme benötigt und zugleich die Gewährleistung des Schutzes der eigenen Privatsphäre (BMBF 2019). Als Voraussetzung für die Nutzung der digitalen Entlastungs- und Unterstützungsangebote durch informell Pflegende ist es notwendig, dass diese digitale Kompetenzen ausbilden. Der Kompetenzbegriff wird als verbindlicher Orientierungsrahmen im deutschen Bildungssystem, aber auch im Bereich der Gesundheits- und Pflegeberufe verwendet (Brater 2016, S. 197). Das klassische Kompetenzprofil der informell Pflegenden kann in die folgenden Teilkompetenzen untergliedert werden (Büker 2016):

- Fachlich-methodische Kompetenz (Grundlagen der Krankenpflege und Betreuung sowie Branchenkenntnisse des deutschen Gesundheits- und Sozialsystems)
- Handlungskompetenz (Fähigkeit zur Umsetzung von Wissen und Können sowie situationsangemessene Entscheidungen)
- Sozial- und Personalkompetenz (Durchsetzungsfähigkeit, Beziehungsmanagement, ausgewogene Urteilsbildung sowie Kritikfähigkeit)

Erweitert werden muss das bestehende Kompetenzprofil um die digitalen Kompetenzen. Digitale Kompetenzen gehören zu den acht Schlüsselkompetenzen des lebenslangen Lernens (Europäische Kommission 2018) und bilden somit die Grundlage für die digitale Teilhabe der informell Pflegenden. In einer fortschreitenden digitalisierten Welt sollten im Bereich Kompetenzentwicklung auch die grundlegenden Bereiche Digital Literacy (grundlegendes Verständnis von Technologien) sowie Digital Citizenship (sozioökonomischer Einfluss von Technologien) als Basis sowie die individuelle Persönlichkeitsentwicklung mit Blick auf die fächerübergreifenden Kompetenzen in den Fokus gestellt werden (Seufert 2017). Es kann nicht vorausgesetzt werden, dass informell Pflegende umfassende digitale Kompetenzen vorweisen können. Die Studie von Schwinger et al. (2016) untersucht den Altersschnitt von informell Pflegenden. Die informell Pflegenden gehören zum Großteil dem mittleren und hohen Lebensalter (ab 50 Jahre 50 %, ab 66+ Jahre: 17 %) an. Wenn Pflegebedürftige durch ihre eigene digitale Teilhabe oder die ihrer informell Pflegenden länger selbstständig in der Häuslichkeit bleiben können, kann ihr Wunsch nach einer langen Versorgung zu Hause unterstützt werden (Kubicek 2020, S. 29). Die Gesellschaft für Informatik (2017) fordert, die Angehörigen schon frühzeitig digital bei der Versorgung der Pflegebedürftigen miteinzubeziehen (Gesellschaft für Informatik 2017, S. 4). Informell Pflegende sollten im besten Fall selbst digitalaffin sein und über die entsprechenden digitalen Kompetenzen verfügen oder möglichst altersgerechte Bildungsangebote nutzen, um die Kompetenzen auszubauen. Auch dauerhaft stellvertretende Assistenzen werden diskutiert (Kubicek 2020).

Die digitale Kompetenz wird häufig als Sammelbegriff verschiedener Fähigkeiten und Kenntnisse im Bereich der Digitalisierung verstanden, die den Umgang mit digitalen Werkzeugen und digitalen Herausforderungen widerspiegeln. Ziel in der Ausbildung von digitalen Kompetenzen von informell Pflegenden sollte es daher sein, mit dem digitalen Wandel Schritt zu halten, sich über digitale Lösungen zu informieren und ihren Nutzen für die Versorgung der informell Pflegenden einschätzen zu können. Grundlegende Kenntnisse in der Handhabung von Endgeräten sowie bei der Nutzung des Internets sollten als Basiskompetenzen den informell Pflegenden vermittelt werden. Bei der Auswahl von digitalen Lösungen kann der informell Pflegende durch verschiedene Ansprechpartner (z. B. durch Berater:innen in Pflegestützpunkten) unterstützt werden. Das Bewusstsein für den sorgsamen Umgang mit Daten, Datenschutz und Datensicherheit sollte gefördert werden. Auch hier können auf der kommunalen Ebene die Pflegestützpunkte als Staatsorganvertreter agieren (Senatsverwaltung für Gesundheit, Pflege und Gleichstellung 2018). Als Grundvoraussetzung für einen erfolgreichen digitalen Kompetenzerwerb ist es notwendig, dass informell Pflegende gegenüber technischen und digitalen Lösungen offen und neugierig sind. Für einen erfolgreichen Wissenstransfer muss die Bereitschaft zum lebenslangen Lernen, sich also über die gesamte Lebensspanne weiter- und fortbilden zu wollen, gegeben sein und eine positive Haltung der pflegenden Angehörigen gegenüber der Digitalisierung geschaffen werden. Die Pflegebedürftigen sowie die informell Pflegenden sollen durch attraktive Lern- und Beratungsangebote, die auf ihre individuellen Bedürfnisse angepasst sind, motiviert und aktiviert werden. Die Angebote müssen zudem niedrigschwellig gehalten werden und die jeweiligen Lernbiografien und die persönlichen Bedürfnisse der informell Pflegenden abbilden (Senatsverwaltung für Gesundheit, Pflege und Gleichstellung 2018).

10.5   Fazit und Ausblick

Die kontinuierliche und umfassende pflegebedürftigenorientierte Versorgung setzt die Zusammenarbeit zwischen den informell Pflegenden und den Gesundheitsakteuren wie Haus- und Fachärzt:innen, ambulanter Pflege, Krankenhaus, Rehabilitationseinrichtungen und stationärer Kurz- sowie Langzeitpflege voraus. Um die gesamte Kommunikation zwischen Pflegebedürftigen und deren Angehörigen sowie Gesundheitsakteuren zu gewährleisten, müssen die digitalen Hilfsangebote im Einklang mit der kontinuierlichen Versorgung der Pflegebedürftigen bereitgestellt werden und auf die Bedürfnisse der informell Pflegenden ausgerichtet sein. Die Kommunikation in den vorgestellten digitalen Lösungen „ease-App" und „Nui-App" findet außerhalb der Telematikinfrastruktur statt. Eine umfassende Nutzung der dargestellten digitalen Hilfe- und Unterstützungsangebote ist erst möglich, wenn die digitalen Kompetenzen der informell Pflegenden bereits vorhanden sind bzw. ausgebildet werden. Für die Unterstützung der informell Pflegenden in der digitalen Kompetenzvermittlung sollten zentrale Anlaufstellen als Kompetenzstellen eingerichtet werden, an denen die Expertise gebündelt wird und weitere Informationen zu Anwendungen digitaler Lösungen bereitgestellt werden. Angebote sollten niederschwellig und leicht aufzusuchen sein. Den Pflegestützpunkten der Kommunen kommt hier eine besondere Aufgabe zu. Des Weiteren schaffen die Pflegepraxiszentren des Clusters Zukunft der Pflege (bspw. in Nürnberg, Hannover und Freiburg), gefördert durch Mittel des BMBF, Orte der Begegnungen, an denen sich informell Pflegende unter anderem über neue digitale Lösungen in der Pflege informieren, sie ausprobieren und sich auf diese Weise damit vertraut machen können. Neben interaktiven Showrooms stehen auch Musterwohnungen mit digitalen Anwendungen zur Verfügung (Cluster Zukunft der Pflege 2022).

Ziel sollte es sein, durch eine erhöhte Partizipation im Entwicklungsprozess die informell Pflegenden schon frühzeitig in die Forschung und Entwicklung von digitalen Lösungen miteinzubeziehen (idw 2022). Darüber hinaus muss auch eine besondere Gruppe der informell Pflegenden, die jungen Pflegenden, mehr in den Mittelpunkt gestellt werden, und zwar nicht nur aus dem Grund, dass sie als Multiplikatoren die digitalen Kompetenzen in den Haushalten verbreiten können. Als weiterer Schwerpunkt ist aufgrund der Entwicklung der räumlichen Distanz zwischen den Generationen der Bereich „Distance Caregiving" – also die Unterstützung und Pflege auf räumliche Distanz – noch weiter in den Mittelpunkt der zukünftigen digitalen Angebote für informell Pflegende zu setzen (ZQP 2022).

Literatur

Brater M (2016) Was sind „Kompetenzen" und wieso können sie für Pflegende wichtig sein? Pfl Ges 21:197–213

Büker C (2016) Pflegende Angehörige stärken. Information, Schulung und Beratung als Aufgaben der professionellen Pflege, 2., überarb. Aufl. W. Kohlhammer, Stuttgart

Bundesgesundheitsministerium (2022) https://www.bundesgesundheitsministerium.de/fileadmin/Dateien/3_Downloads/Statistiken/Pflegeversicherung/Zahlen_und_Fakten/Zahlen_und_Fakten_Stand_April_2022_bf.pdf. Zugegriffen am 27.11.2022

Bundesministerium für Familie, Senioren, Frauen und Jugend (2022) https://www.bmfsfj.de/bmfsfj/themen/corona-pandemie/informationen-fuer-pflegende-angehoerige. Zugegriffen am 27.11.2022

Cluster Zukunft der Pflege (2022) Cluster Zukunft Pflege. https://www.cluster-zukunft-der-pflege.de/. Zugegriffen am 27.11.2022

Drossel M (2019) Pflege im ländlichen Raum. Pflegezeitschrift 72:53–55

DVPMG (2021) Die Mitteilung zum Digitale-Versorgung-und-Pflege-Modernisierungs-Gesetz. Bundesministerium für Gesundheit. https://www.bundesgesundheitsministerium.de/service/gesetze-und-verordnungen/guv-19-lp/dvpmg.html. Zugegriffen am 26.11.2022

ease (2022) ease – gemeinsam pflegen App. https://play.google.com/store/apps/details?id=de.abels-soft.hero.ease. Zugegriffen am 20.11.2022

Europäische Kommission (2018) Anhang des Vorschlags für eine Empfehlung des Rates zu Schlüsselkompetenzen für lebenslanges Lernen. https://eur-lex.europa.eu/resource.html?uri=cellar:395443f6-fb6d-11e7-b8f5-01aa75ed71a1.0010.02/DOC_2&format=PDF. Zugegriffen am 27.11.2022

gematik eGK (2022) Die elektronische Gesundheitskarte. Gematik. https://www.gematik.de/telematikinfrastruktur/egk. Zugegriffen am 23.11.2022

gematik ePA (2022) Die elektronische Patientenakte. https://www.gematik.de/anwendungen/e-patientenakte. Zugegriffen am 23.11.2022

gematik eRezept (2022) Das E-Rezept. Gematik. https://www.gematik.de/anwendungen/e-rezept/. Zugegriffen am 23.11.2022

Gesellschaft für Informatik (2017) Leitlinien Pflege 4.0. Handlungsempfehlungen für die Entwicklung und den Erwerb digitaler Kompetenzen in Pflegeberufen. https://gi.de/fileadmin/GI/Hauptseite/Aktuelles/Aktionen/Pflege_4.0/GI_Leitlinien_Digitale_Kompetenzen_in_der_Pflege_2017-06-09_web.pdf. Zugegriffen am 27.11.2022

Heger D, Augurzky B, Kolodziej I, Wuckel C, Hollenbach J (2021) Pflegeheim Rating Report 2022. Der Pflegemarkt unter Druck – Zeit für Veränderung, Heidelberg

hero (2022) Das Forschungsprojekt HERO. https://www.projekt-hero.de/. Zugegriffen am 27.11.2022

idw Nachrichten Informationsdienst Wissenschaft (2022) Informell Pflegende. https://nachrichten.idw-online.de/2022/11/22/informell-pflegende-an-forschung-beteiligen. Zugegriffen am 27.11.2022

Isfort M, Rottländer R, Weidner F, Tucman D, Gehlen D, Hylla J (2016) Pflege-Thermometer 2016. Eine bundesweite Befragung von Leitungskräften zur Situation der Pflege und Patientenversorgung in der ambulanten Pflege, herausgegeben von: Deutsches Institut für angewandte Pflegeforschung e.V. (dip), Köln. http://www.dip.de. Zugegriffen am 27.11.2022

Knöppler K, Neisecke T, Nölke L (2016) Digital-Health-Anwendungen für Bürger. Kontext, Typologie und Relevanz aus Public-Health-Perspektive, Entwicklung und Erprobung eines Klassifikationsverfahrens. Bertelsmann-Stiftung, Gütersloh

Kubicek H (2020) Digitale Teilhabe älterer Menschen durch qualifizierende und stellvertretende Assistenz. Blätter der Wohlfahrtspflege 1:29–35. https://doi.org/10.5771/0340-8574-2020-1-29

Mainz M, Zündel M (2017) Digitale Unterstützungsangebote für pflegende Angehörige. In: Pfannen-stiel MA, Krammer S, Swoboda W (Hrsg) Digitale Transformation von Dienstleistungen im Gesundheitswesen III: Impulse für die Pflegepraxis. Springer Gabler, Wiesbaden, S 233–250. https://doi.org/10.1007/978-3-658-13642-0

Newman K, He Wang A, Ze Yu Wang A, Hanna D (2019) The role of internet-based digital tools in reducing social isolation and addressing support needs among informal caregivers: a scoping review. BMC Public Health 19:1495. https://doi.org/10.1186/s12889-019-7837-3

Schneekloth U, Schmidt M (2011) Abschlussbericht zur Studie „Wirkungen des Pflege-Weiter-entwicklungsgesetzes". https://www.bundesgesundheitsministerium.de/fileadmin/Dateien/5_Publikationen/Pflege/Berichte/Abschlussbericht_zur_Studie_Wirkungen_des_Pflege-Weiter-entwicklungsgesetzes.pdf. Zugegriffen am 27.11.2022

Schneekloth U, Wahl HW (2005) Möglichkeiten und Grenzen selbständiger Lebensführung in Privathaushalten (MuG III). Repräsentativbefunde und Vertiefungsstudien zu häuslichen Pfle-gearrangements, Demenz und professionellen Versorgungsangeboten. https://d-nb.info/977682005/34. Zugegriffen am 27.11.2022

Schwinger A, Tsiasioti C, Klauber J (2016) Unterstützungsbedarf in der informellen Pflege – eine Befragung pflegender Angehöriger. In: Jacobs K, Kuhlmey A, Greß S, Klauber J, Schwinger A (Hrsg) Pflege-Report 2016. Schattauer, Stuttgart, S 189–216

Senatsverwaltung für Gesundheit, Pflege und Gleichstellung (2018) „Digitale Kompetenzen für die Pflege" im Rahmen der Initiative „Pflege 4.0 – Made in Berlin". https://www.berlin.de/sen/pflege/_assets/grundlagen/pflege-4-0/workshops/20190611_dokumentation_ws-i_pflege-4-0.pdf. Zugegriffen am 27.11.2022

Seufert S (2017) Digital competences. Paper commissioned by the Swiss Science and Innovation Council SSIC. https://wissenschaftsrat.ch/images/stories/pdf/en/Exploratory_study_3_2017_Excerpt_Digital_Competences_SSIC_EN.pdf. Zugegriffen am 27.11.2022

Silva AL, Teixeira HJ, Teixeira MJC, Freitas S (2013) The needs of informal caregivers of elderly people living at home: an integrative review. Scand J Caring Sci 27:792–803. https://doi.org/10.1111/scs.12019

Simonson J, Hagen C, Vogel C, Motel-Klingebiel A (2013) Ungleichheit sozialer Teilhabe im Alter. Zeitschrift für Gerontologie und Geriatrie 46(5): 410–416. https://doi.org/10.1007/s00391-013-0498-4

Statistisches Bundesamt (2019) Pflege. https://www.destatis.de/DE/Themen/Gesellschaft-Umwelt/Gesundheit/Pflege/Publikationen/Downloads-Pflege/pflege-deutschlandergebnisse-5224001199004.pdf;jsessionid=5D3B7B60094C18D3C361E7A442A5720D.live722?__blob=publicationFile. Zugegriffen am 27.11.2022

Strumann C, Möller B, Steinhäuser J (2021) Einschätzungen zum elektronischen Rezept – eine Querschnittstudie unter Apothekern in Deutschland. Thieme, Stuttgart

Zentrum für Qualität in der Pflege (2015) ZQP-Bevölkerungsbefragung „Information und Beratung bei Pflegebedürftigkeit". https://www.zqp.de/wp-content/uploads/ZQP-Analyse-Pflegeberatung.pdf. Zugegriffen am 27.11.2022

Zentrum für Qualität in der Pflege (ZQP) (Hrsg) (2022) Distance Caregiving – Unterstützung und Pflege auf räumliche Distanz. https://www.zqp.de/wp-content/uploads/Analyse_DistanceCaregi-ving.pdf. Zugegriffen am 27.11.2022

Zwar L, König H-H, Hajek A (2021) Informal caregiving during the COVID-19 pandemic. findings from a representative, population-based study during the second wave of the pandemic in Ger-many. Aging Ment Health. https://doi.org/10.1080/13607863.2021.1989377

Digitalisierung aus Sicht eines Wohlfahrtsverbandes: Herausforderungen und Perspektiven

Thomas Petrak und Frank Gerstner

11.1 Möglichkeiten der Techniknutzung

Unsere digitale Welt bringt nur Vorteile. Oder etwa nicht? Alle Handgriffe gehen gefühlt schneller, Wissen ist unendlich verfügbar und Hilfe in verschiedenen Lebenslagen ist nur einen Mausklick entfernt. Viele junge Menschen, die mit Technik und Digitalisierung aufgewachsen sind, können sich ein „Leben ohne" nicht mehr vorstellen. Doch was ist mit denen, die in einer völlig analogen Welt aufgewachsen sind und sich jetzt im fortgeschrittenen Alter an all die Neuerungen gewöhnen müssen? Neuerungen, die oft nach dem mühsamen Erlernen bereits wieder veraltet sind.

Das Bayerische Rote Kreuz ist einer der größten Anbieter technischer Unterstützungssysteme im ambulanten Bereich. Bundesweit sind z. B. über 60.000 sogenannte „Hausnotrufe" angeschlossen. Der Hausnotruf stellt hierbei die einfachste Form einer Unterstützung dar, die keinerlei technisches Vorwissen erfordert, und ist seit über 40 Jahren Standard in deutschen Seniorenhaushalten. Doch die immer weiter voranschreitende Technisierung und Digitalisierung macht auch vor den Senioren:innen nicht halt. Die Möglichkeiten einer technischen Unterstützung im ambulanten Bereich wachsen. Nur kommen viele der Zielgruppe mit der Entwicklung nicht hinterher. So schreibt das Bayerische Staatsministerium für Familie, Arbeit und Soziales: „[…] gerade für die ältere Generation stellt (der technische und digitale Fortschritt) eine besondere Herausforderung dar. Viele möchten auch im Alter aktiv am gesellschaftlichen und kulturellen Leben teilhaben und sich hier engagiert einbringen. Smartphone, Tablet und Co. bieten eine hervorragende Möglichkeit, diese Wünsche zu erfüllen. Ganz gleich ob es um den Kontakt zu Familie und Freun-

T. Petrak (✉) · F. Gerstner
Bayerisches Rotes Kreuz, Kreisverband Lichtenfels, Lichtenfels, Deutschland
E-Mail: petrak@kvlichtenfels.brk.de; Gerstner@kvlichtenfels.brk.de

A. S. Esslinger, H. Truckenbrodt (Hrsg.), *Digitalisierung von Gesundheitsleistungen für Senior:innen*, https://doi.org/10.1007/978-3-658-42115-1_11

den geht, um gemeinsame Hobbies, kulturelle und informative Interaktion, oder um Erleichterungen im Alltag – ‚online' zu sein bietet bis ins hohe Alter hinein viele Vorteile" (StMAS Bayern 2022). Das Ministerium hat sich mit dem Modellprogramm „Schulungsangebote für ältere Menschen im Umgang mit digitalen Medien", kurz „MuT", des Themas angenommen und in Kooperation mit dem Bundesprogramm „Mehrgenerationenhäuser" sogenannte „MuT-Punkte" geschaffen: „Das Modellprogramm soll der älteren Generation Lust auf die digitale Welt machen und helfen, Ängste gegenüber der Technik abzubauen. Ältere Menschen, für die der Umgang mit Online-Anwendungen bisher noch keine Selbstverständlichkeit war, erlernen hier bedürfnisorientiert die kompetente Nutzung digitaler Medien und vertiefen bereits erworbene digitale Kenntnisse. Im Rahmen des Modellprogramms wird die Generation 60+ dabei unterstützt und begleitet, eine aktive Rolle in der digitalen Gesellschaft einzunehmen. Die Bildungsangebote sind niederschwellig erreichbar und umfassen sowohl spezielle, zielgruppenorientierte Kurse und Fachvorträge – etwa zur Benutzung von Messenger Diensten oder dem Einkauf in Onlineshops – als auch offene Anlaufstellen („Mediensprechstunden") für neugierig gebliebene und ‚MuTige' ältere Menschen. Die Offenheit, auch im höheren Alter noch neue Kompetenzen im Umgang mit digitalen Medien zu erwerben, spiegelt sich auch in dem eigens dafür geschaffenen Logo, dem ‚MuT-Punkt' wider, einem Akronym für ‚Medien und Technik' für die Generation 60+. Derzeit (2022) können alle bayerischen Mehrgenerationenhäuser an dem Programm teilnehmen" (a. a. O.).

11.2 Angebote und Nutzer:innen

Auch das BRK-Mehrgenerationenhaus im bayerischen Michelau in Oberfranken bereitet ältere Bürger:innen auf die technischen Herausforderungen der Gegenwart und Zukunft vor. So laufen seit Jahren verschiedene PC- und Handykurse – für Anfänger bis Fortgeschrittene. Die ehrenamtlichen Kursleiter:innen zeigen in Gruppenkursen grundsätzliche Handgriffe im Umgang mit den digitalen Medien, gehen aber auch in Einzelberatungsstunden auf individuelle Probleme in der Handhabung ein. Grundgedanke ist, dass älteren Bürgerinnen und Bürgern dabei geholfen werden soll, den Anschluss an die moderne Welt zu halten. Sie können „weiter mitreden" und vor allem werden sie an die Möglichkeiten der digitalen Welt herangeführt, um sie für eine spätere Nutzung von technischen Hilfen im fortgeschrittenen Alter empfänglich zu machen. Doch reicht das? Ist die Vorstellung, dass man älteren Menschen einfach alles erklären muss, ausreichend, um sie mit neuen Technologien und Anwendungen vertraut zu machen? Was ist mit denen, die aufgrund von Einschränkungen schon jetzt nicht mehr in der Lage sind, moderne Geräte zu nutzen? Projekte wie „MuT" docken an den aktiven Senior:innen an, an die Generation 60+, an denen, die sich für technische Raffinessen begeistern lassen und die auch noch dazu in der Lage sind, neues Wissen zu erlernen. Aber die heterogene Gruppe der Senior:innen ist vielfältiger und kann nicht auf die „golden oldies" oder „silver ager" – die

Rüstigen – vereinfacht werden. Aus Sicht des BRK-Kreisverbandes Lichtenfels lassen sich im Grunde vielmehr drei Zielgruppen identifizieren:

- Aktive Senior:innen, die sich für technische bzw. digitale Möglichkeiten begeistern lassen und aktiv einen Anschluss an das Wissen der Jugend suchen.
- Senior:innen, die zwar noch in der Lage sind, einfache technische Unterstützungen zu nutzen bzw. deren Gebrauch zu erlernen, jedoch oft von deren Sinnhaftigkeit überzeugt werden müssen.
- Senior:innen, die an einer geistigen Beeinträchtigung leiden (z. B. an einer Demenz) und die nicht mehr in der Lage sind, technische Neuerungen zu erlernen oder auch nur zu nutzen.

Erstere Gruppe kann leicht über offene Bildungsangebote wie das MuT-Projekt erreicht werden. Zugehörige dieser Gruppe kommen aktiv auf die Angebote zu und sind offen für das Erlernen von Neuem. Doch auch in dieser Zielgruppe kann beobachtet werden, dass das Erlernen technischer Neuerungen endlich ist und mit zunehmendem Alter sich immer schwieriger gestaltet. Zudem besteht das Problem, dass das Erlernen länger dauert als bei jüngeren Menschen. Dies hat zur Folge, dass oftmals gerade erworbenes Wissen bzw. er-worbene Fertigkeiten bereits schon wieder veraltet sind, wenn sie endlich beherrscht wer-den. Aber abgesehen von diesem „Problem" haben die Besucher:innen solcher Ver-anstaltungen einen expliziten Vorteil gegenüber ihren Altersgenoss:innen, die nicht daran teilnehmen: Sie erlernen Grundzüge in der Bedienung technischer Geräte: Wischen statt Tippen, Haltung einer Maus (bzw. wie wird ein Mauszeiger richtig bewegt?) etc. werden vermittelt und trainiert. Die Art und Weise, wie man an ein technisches Gerät herangeht und das Selbstvertrauen in der Nutzung, wird ihnen auch später erhalten bleiben, wenn sie auf technische Hilfen angewiesen sind.

Die zweite Gruppe, die bereits auf Hilfen angewiesen ist, nutzt die derzeit bekannten technischen Möglichkeiten wie z. B. Hausnotrufgeräte. Das Problem hier liegt oft darin, dass sie erst von der Sinnhaftigkeit eines solchen Gerätes überzeugt werden müssen, da die Senior:innen noch aus einer „analogen" Generation kommen und außer an die Nut-zung eines A/V-Gerätes und eines Telefons an keine weiteren Geräte gewöhnt sind. Oft-mals entscheiden Angehörige, ein solches Gerät anzuschaffen mit dem Ergebnis, dass es nicht aktiv genutzt wird. Sollte eine Überzeugung zur Nutzung doch gelingen, dann ist in der Regel die Einfachheit das Hauptargument. Die Senior:innen müssen die Nutzung nicht erlernen. Hausnotrufsysteme werden seit Jahren durch wenige große Anbieter bereit-gestellt und durch Wohlfahrtsverbände und private Anbieter vertrieben. Die Systeme sind in der Regel nahezu identisch aufgebaut: Eine Basiseinheit wird an die stationäre Telefon-leitung angeschlossen oder – wo verfügbar – über eine SIM-Karte an das Mobilfunknetz angebunden. Ein Handsender baut über Funk eine Verbindung zur Basiseinheit auf und kann einen Notruf durch aktives Auslösen (Knopfdruck) innerhalb eines definierten Ra-dius um die Basiseinheit absetzen. Einmal ausgelöst, meldet sich eine Hausnotrufzentrale und versucht, einen Sprechkontakt zur Hilfe suchenden Personen aufzubauen, um herauszufinden, ob es sich um einen medizinischen Notfall oder „nur" um eine missliche Lage handelt, die zwar gelöst werden muss, aber keine Akutsituation darstellt. Diese Lösung ist zwar in der Handhabung sehr einfach, jedoch für Senior:innen, die den definierten Radius der Basiseinheit oder gar das Haus verlassen, nicht sinnvoll. Außerdem benötigt das System das aktive Drücken des Knopfes. Personen, die aufgrund einer geistigen Einschränkung, wie z. B. einer Demenz, nicht mehr dazu in der Lage sind, können von einem solchen System nicht profitieren. Die Hersteller der Systeme haben schon vor einiger Zeit auf dieses Problem reagiert und Ergänzungen eingeführt. So sind z. B. Detektoren erhältlich, die Stürze registrieren oder die Anwesenheit einer Person über Lichtschranken oder Kontakte der Basiseinheit mitteilen. Auch Aktoren, die aktiv in Strom-Verbraucher eingreifen können, sind auf dem Markt. Für noch mobile Senior:innen, die auch außerhalb der eigenen vier Wände einen Alarm auslösen wollen, gibt es den Mobilruf, der neben der Alarmierung auch eine Ortung via GPS zulässt.

Das Hauptproblem bei all diesen Lösungen ist die Inkompatibilität zu den Systemen der Jungen. Sie haben ihre Smartphones und Tablets, kennen sich damit aus. Für Senior:innen werden extra Geräte gebaut, die auch nur innerhalb ihrer Konfiguration funktionieren. Eine Vernetzung mit Standard-Plattformen ist oft nicht oder nur sehr rudimentär vorgesehen. Eine Anbindung an vorhandene Hausnotrufzentralen, die die Notrufe 24 h entgegennehmen, ist oft nur mit den ausgewiesenen Sondergeräten möglich, nicht aber (oder nur sehr selten) mit Geräten, die auf Standardplattformen laufen, wie z. B. Android, Apple oder Windows. Einfacher wäre es, wenn die Hersteller, anstatt auf eigene Geräte zu setzen, Module für Router, Tablets oder andere Endgeräte entwickeln. Einige Versuche in diese Richtung werden bereits unternommen. So gibt es einige Notruf-Apps für Android- oder Apple-Geräte oder Notruf-Erweiterungen für Alexa und ähnliche Geräte. Diese sind in der Nutzung aber wieder so kompliziert, dass sie für hochbetagte Senior:innen nicht nutzbar sind.

Für die dritte Gruppe, mit geistiger Einschränkung, reichen die Möglichkeiten eines reinen Alarmierungssystems nicht mehr aus. Sie sind nicht mehr in der Lage, aktiv Geräte zu nutzen. Sie benötigen automatisierte Systeme, die ohne Zutun funktionieren und die bereits vor einem Notfall Alarm schlagen. Die Abfrage von Standard-Werten der Vitalfunktionen, wie z. B. Blutdruck, Puls, Blutzucker, Körpergewicht, kann durch einfache vernetzte Geräte zu Hause durch die Senior:innen selbst erfasst werden, ohne dass sie es merken oder etwas dafür tun müssen. Hierfür können z. B. Erweiterungsmodule für Hausnotrufgeräte genutzt werden, die die Daten an die Arztpraxis automatisch übermitteln. Denkbar sind hier beispielsweise Umhänge-Ketten, Armbandgeräte, Waagen, die die hochbetagten Senior:innen sowieso in ihrem Alltag nutzen und an die sie gewöhnt sind; nur eben mit einer vernetzten Erweiterung. Bahnt sich ein medizinisches Problem an, kann die betreffende Praxis dann schnell reagieren, ohne dass die hochbetagte Person selbst aktiv auf einen Arzt/eine Ärztin zugehen muss. Sinnvoll ist auch die Ergänzung mit einer GPS-Tracking-Technologie, die es ermöglicht, Demenzkranke mit einer Weglauftendenz schnell wiederzufinden.

11.3 Voraussetzungen zur Techniknutzung

Von den benannten automatisierten telemedizinischen Geräten können schließlich alle Personen profitieren. Denn selbst wenn noch keine geistige Einschränkung vorliegt, können gerade bei chronisch Kranken sich anbahnende Probleme erkannt werden, bevor eine schwierige Situation zu einem akuten Notfall wird. Die Nutzung solcher Systeme hat allerdings ein paar Voraussetzungen, die derzeit (noch) nicht immer gegeben sind:

- Die Hausärzt:innen vor Ort müssen mitziehen und die Einbindung telemedizinischer Geräte in ihrem Sprechstundenalltag zulassen. Viele Hausärzt:innen, gerade in ländlichen Gebieten, sind jedoch selbst bereits in einem höheren Alter und nicht gewillt, eine neue Technik zu erlernen oder in sie zu investieren.
- Die Hersteller von Notrufsystemen müssen Plattform-offener werden, um eine höhere Kompatibilität zu gewährleisten.
- Von einer höheren Kompatibilität würden auch Hausnotrufzentralen profitieren, die so neue technische und digitale Möglichkeiten besser in ihre Angebots-Palette einbauen können.
- Die zügige Aufnahme neuer technischer Geräte in den Hilfsmittelkatalog der Kassen ist oftmals langwierig. Dadurch wird es gerade für finanzschwache Senior:innen nicht möglich, sie zu nutzen. Auch hier wäre eine höhere Kompatibilität die Lösung, da nicht jedes neue Gerät extra beschrieben und geprüft werden müsste.
- Die vernetzte Übermittlung von personenbezogenen Daten, gerade Gesundheitsdaten, ist in Deutschland ein heikles Thema. Seit Jahren wird hier seitens der Politik diskutiert, wie dies datenschutzkonform geschehen kann. Die Diskussion um die Gesundheitskarte und deren Speicherumfang kann als Beispiel angeführt werden. Ohne eine Einigung in den Übermittlungsstandards wird die breite Nutzung der telemedizinischen „Heimgeräte" nicht flächendeckend von der Bevölkerung akzeptiert werden.

11.4 Fazit

Bereits heute gibt es viele Möglichkeiten, eine Versorgung im ambulanten Bereich technisch und digital zu unterstützen. Je mehr der aktuell fitten Senior:innen der Generation 60 + sich über Digitalisierungsprojekte für neue technische Möglichkeiten begeistern lassen, umso einfacher wird es, sie später von der Nutzung von technischen Unterstützungssystem in der ambulanten Versorgung zu überzeugen. Bisher sind viele Systeme noch nicht untereinander und zu den Standard-Plattformen kompatibel. Dies ist aber für den breiten Ausbau von automatisierten Systemen, die gerade für geistig beeinträchtigte Hochbetagte wichtig wären, von hohem Vorteil: Die Nutzer (vor allem die Angehörigen) können auf Systeme zurückgreifen, deren Bedienung sie bereits kennen und die sie mit Hilfe ihrer eigenen Endgeräte (PC, Handy, Tablet) administrieren können. Die Beteiligten der

Hilfekette (Ärzte, Notrufzentralen, Notrufanbieter) müssen nicht in unterschiedliche Systeme investieren und können auf Schulungen der Mitarbeiter für die unterschiedlichen Systeme verzichten. Für eine breite Nutzung von telemedizinischen „Heimgeräten" müssen endlich einheitliche datenschutzrechtliche Standards geschaffen werden, um eine Akzeptanz in der Bevölkerung zu erzeugen.

Literatur

StMAS Bayern (2022) Modellprogramm „Schulungsangebote für ältere Menschen im Umgang mit digitalen Medien". https://www.stmas.bayern.de/senioren/aktives-altern/digitalisierung-im-alter. php. Zugegriffen am 11.02.2022

Tableteinsatz bei Älteren – Ein Erfahrungsbericht aus dem Landkreis Hersfeld-Rotenburg

Dirk Hewig und Antje Tiedt

12.1 Ausgangslagen

Der Landkreis Hersfeld-Rotenburg liegt zentral in der Mitte von Deutschland und besteht aus 20 Kommunen (4 Städte und 16 Gemeinden) mit 121.826 Einwohner:innen,[1] die in 169 Dörfern und Stadtteilen leben. Insgesamt ist die Region stark ländlich geprägt. Auch die demografischen Veränderungen sowie eine damit verbundene Alterung der Bevölkerung sind bei der Betrachtung der Ausgangslage relevant. So sind 29.899 Menschen über 65 Jahre (dies entspricht rund einem Viertel der Gesamtbevölkerung) und 14.748 Einwohner:innen bereits über 75 Jahre alt (HSL 2023). Die Wohnsituation ist überwiegend mit dem Begriff Eigenheim verbunden. Durchschnittlich über 80 % aller Einwohner:innen im Landkreis leben in einer eigenen Wohnimmobilie. Befragungen in unserem Landkreis haben wiederholt gezeigt, dass die Menschen auch im Alter und trotz zunehmender Hilfsbedürftigkeit bevorzugt in ihrer eigenen Wohnung oder in ihrem eigenen Haus leben wollen. Viele der heute 70- bis 85-Jährigen leben bereits seit 40 und mehr Jahren im gleichen Haus und am gleichen Ort (HSL 2023). Auch wenn die meisten Gemeinden noch über grundlegende Versorgungsstrukturen wie einen Hausarzt und einen Lebensmittelmarkt verfügen, ist eine Versorgung bei abnehmender Mobilität des Einzelnen schwer umsetzbar. Der Einsatz digitaler Medien ist somit auf dem Lande kein Modetrend, sondern wird zunehmend zu einer unumgänglichen Notwendigkeit für ein selbstbestimmtes Leben. Die

---

[1] Hessisches Statistisches Landesamt, Stand: 30.06.2022.

D. Hewig (✉) · A. Tiedt
Fachdienst Senioren im Landkreis Hersfeld-Rotenburg, Hersfeld-Rotenburg, Deutschland
E-Mail: dirk.hewig@hef-rof.de; antje.tiedt@hef-rof.de

© Der/die Autor(en), exklusiv lizenziert an Springer Fachmedien Wiesbaden GmbH, ein Teil von Springer Nature 2023
A. S. Esslinger, H. Truckenbrodt (Hrsg.), *Digitalisierung von Gesundheitsleistungen für Senior:innen*, https://doi.org/10.1007/978-3-658-42115-1_12

Nutzung eines Lieferservices von Apotheken und Lebensmittelmärkten, Terminvergaben beim Arzt per Mail oder die Online-Buchung eines Termins im Impfzentrum, wie es während der Corona-Pandemie notwendig war, sind nur noch über Internet und auf digitalen Wegen möglich. Dadurch wird hier eine ganze Generation an Bürger:innen nicht nur in ihrem subjektiven Empfinden abgehängt, sondern wirklich vor existenzielle Herausforderungen gestellt. Wie im 7. Altenbericht (Altenbericht 2016) festgestellt, kommt der Kommune eine zentrale Rolle in der Gestaltung zukunftssicherer Unterstützungs-, Versorgungs- und Pflegestrukturen zu. Hier bündeln sich Angebote der Gesundheitsförderung, Prävention, Rehabilitation, Versorgung, Pflege und Lebensgestaltung (Altenbericht 2016; HSL 2023)

12.2   Förderprojekt „Zuhause.Gut.Vernetzt"

Zwar ist es ein politisches Ziel, gleichwertige Lebensverhältnisse in ganz Deutschland zu schaffen, gleichwohl aber ist die Zukunft von ländlichen Räumen vom Wegbrechen der Basisdienstleistungen und der Grundversorgung bedroht, wie zum Beispiel durch das Wegbrechen kleinerer Lebensmittelgeschäfte, die sich nicht mehr halten konnten und aufgrund der verminderten Kund:innenzahlen schließen mussten. Durch ein Förderprogramm des Hessischen Ministeriums für Soziales und Integration (HMSI) zur Umsetzung der UN-Behindertenrechtskonvention (Modellregion Inklusion) konnte unter dem Titel „Zuhause.Gut.Vernetzt" im März 2019 ein Projekt zur „Umsetzung und Verbesserung von Digitaler Teilhabe für ältere Menschen und Menschen mit Behinderung" im Landkreis Hersfeld-Rotenburg angestoßen werden. Die Praxiserfahrungen aus diesem insgesamt 3-jährigen Förderprojekt bilden die Grundlage dieses Berichtes. Bei der Konzeption des Projektes, das in der Ausgestaltung als Kernthema „Digitale Teilhabe für alle Menschen ermöglichen" hatte, waren die folgenden Ziele von besonderer Bedeutung:

- Die Erhaltung und Verbesserung der Lebensqualität älterer und/oder behinderter Menschen.
- Die Ermöglichung eines selbstbestimmten und möglichst langen Lebens im vertrauten Wohnumfeld, der eigenen Wohnung oder in der eigenen Wohnimmobilie.
- Die Erhaltung und Verbesserung der physischen und psychischen Gesundheit.
- Eine Steigerung des Sicherheitsgefühls von Menschen mit Beeinträchtigungen und Senior:innen.
- Eine bessere Vernetzung von Unterstützungsangeboten zwischen Nutzer:innen und Anbietern.
- Die Erleichterung der Nutzung von Kommunikationsmöglichkeiten und eine Stärkung der sozialen Interaktion.
- Die Sicherstellung der Grundversorgung und Mobilität von Menschen mit entsprechenden behinderungs- oder altersbedingten Einschränkungen.

Für den Landkreis Hersfeld-Rotenburg sind diese Ziele bereits seit vielen Jahren „Leit-planken", in denen Projekte, Planungsvorhaben, Aktionen und die seniorenpolitische Arbeit ausgerichtet werden. Auch bei zunehmender Hilfs- und Betreuungsbedürftigkeit sollen die Menschen in unserem Landkreis so lange wie möglich in ihrer angestammten Wohnimmobilie leben können, eben nach dem Grundsatz „ambulante vor stationäre Ver-sorgung". Das Hinauszögern von Aufnahmen in einer institutionalisierten Wohnform (z. B. einem Alten- und Pflegeheim) erspart dem Landkreis als Sozialhilfeträger zudem jährlich erhebliche Kosten. Innerhalb des Landkreises ist für die Umsetzung von Projek-ten und Maßnahmen in diesem Bereich der Fachdienst Senioren der Kreisverwaltung zuständig. Hierfür gibt es unter anderem einen Altenhilfe- und Pflegestrukturplaner und eine Sozialpädagogin für die operative Projektarbeit. Ein weiterer wichtiger Akteur bei der Entwicklung der Projektidee sowie ein wichtiger Impulsgeber bei der Umsetzung des Projektes „Zuhause.Gut.Vernetzt" ist die „Zukunftsakademie im Landkreis Hersfeld-Rotenburg". Ein Verein, der sich als Forum für einen interdisziplinären Dialog und Wissenstransfer im Landkreis versteht, um im Zusammenwirken von Betroffenen, Ex-perten und Entscheidungsträgern kreative Lösungsansätze zu entwickeln. Hier wurde unter dem Titel „AAL-Arbeitsgruppe" ein Fachgremium zum Thema Altersgerechte Assistenzsysteme eingerichtet, in dem Vertreter:innen aus Handwerk, Wirtschaft und Verbraucher:innen mit einbezogen waren (mehr Informationen unter: www.zukunft-hef-rof.de).

Insbesondere der 8. Altenbericht der Bundesregierung (Altenbericht 2020) hebt das Thema digitale Kompetenz und Teilhabe als ein besonders wichtiges hervor. Die Be-fähigung älterer Menschen im souveränen Agieren mit digitalen Technologien spielt auf drei Ebenen eine Rolle, die zeitgleich auch in unserer Projektumsetzung betrachtet wer-den müssen:

1. Die individuellen Kompetenzen der Nutzer:innen
2. Die Ebene der Organisationen, Institutionen und Netzwerke, die für die Bereitstellung der Rahmenbedingungen und Unterstützungsstrukturen Sorge tragen
3. Die Ebene der gesellschaftlichen Rahmenbedingungen, wie z. B. die Schaffung von Standards und Regelungen zu Datensicherheit und Datenschutz

Eine weitere entscheidende Erkenntnis aus ebendiesem Bericht ist, dass digitale Bildungs-arbeit und Kompetenzentwicklung im Sozialraum vor Ort gestaltet werden müssen. In den letzten Jahren sind hierfür bereits zahlreiche Programme und Projekte aufgelegt und erprobt worden. Auch konnten wir von den Lernmaterialien und Downloads aus Quellen wie z. B. „Digitale-Chancen.de" (Digitale Chancen 2018), „Digital-Kompass.de" (Digital Kom-pass 2023), „Digitale-Nachbarschaft.de" (Digitale Nachbarschaft 2023) und „wissensdurstig. de" (Wissensdurstig 2023) profitieren.

12.3   Projektumsetzung

Im ersten Schritt ging es darum, durch ausgewählte Apps eine nutzerfreundliche, einfach zu bedienende, internetbasierte und Hardwareanbieter-unabhängige Plattform einzurichten. Zunächst stellte sich die Frage, ob ein Anbieter einer vorgefertigten Plattform akquiriert und genutzt werden soll oder eine eigene Lösung geschaffen werden muss. In Sitzungen der AAL-Arbeitsgruppe wurden verschiedenste am Markt verfügbare Softwarelösungen zum Teil von den Herstellern vorgestellt sowie getestet. Wichtige Auswahlkriterien waren:

1. Die Nutzbarkeit; wie einfach ist die Lösung?
2. Lässt sich die Plattform auf Einschränkungen anpassen (Menschen mit Seh- und/ oder Hörbeeinträchtigungen)?
3. Offenheit des Systems; über welche Funktionen und Eigenschaften können Nutzer:innen entscheiden?
4. Wie gut muss der Netzausbau sein?
5. Technische Voraussetzungen (Erweiterbarkeit der Plattform und Nutzung im Wohnraum) sind erforderlich?
6. Werden (mehrere) Technikpartner vor Ort benötigt?
7. Welche Kosten fallen für was in welcher Höhe für die Nutzer:innen an?
8. Welche Kosten werden für die Betreiber der Plattform entstehen?
9. Wo werden Daten gespeichert und wie verhält es sich mit den Eigentumsverhältnissen der Daten (Datenschutz)?
10. Wie kann die Sicherstellung der Funktionsfähigkeit (Systemadministrator) erfolgen?
11. Gibt es bereits Praxisbeispiele; mit wie vielen Nutzern wird ein neues Projekt begonnen?

Die Entscheidung für eine unabhängige Lösung fiel insbesondere mit Blick auf die zum Teil hohen Installations- und Wartungskosten für die Nutzer:innen, besonders bezüglich einer dauerhaften projektunabhängigen Verwendung. Auch sollen jeweils individuelle Lösungen, die den Bedarfen der einzelnen Teilnehmer:innen entsprechen, ermöglicht werden können. Je nach Bedürfnis der Nutzer:innen sollen die Bereiche Kommunikation, Deckung des täglichen Bedarfs, Sicherheits- und Gesundheitsaspekte, häusliche Dienst- und Betreuungsleistungen und ggf. die Steuerung einzelner Bereiche in der Wohnung abgedeckt werden. Da dies mit einem Produkt und einem Anbieter nicht realistisch umsetzbar schien, wurde eine andere Strategie gewählt. Die Nutzer:innen sollen selbst entscheiden, welche Soft- und Hardware sie je nach Vorliebe, Kosten und Marktverfügbarkeit für ihre Bedürfnisse einsetzen möchten. Die große Herausforderung ist dabei nun, die Nutzer:innen zur Nutzung zu befähigen. Dabei sind Beratung, Betreuung und Schulung zentrale Elemente. Lediglich für den Bereich der Kommunikation haben wir einen einheitlichen Partner ausgewählt. Hier fiel die Entscheidung auf die Kommunikationsplattform „nebenan.de"® der

GoodHood GmbH. Ein Nachbarschaftsnetzwerk, das eine gute Infrastruktur zum Austausch von Informationen, Veranstaltungshinweisen usw. bietet. Zudem können sich Gruppen virtuell vernetzen und Chatfunktionen niedrigschwellig genutzt werden.

12.3.1 Ausgewählte Modellkommunen

Für den Start der operativen Arbeit konzentrierten wir uns auf fünf Modellkommunen, die sich auf Bewerbung der jeweiligen Bürgermeister gefunden haben. Die so projektbeteiligten Kommunen sind zufälligerweise in Größe, Alters- und zahlreichen Infrastrukturmerkmalen sehr gut miteinander vergleichbar, zudem gibt es auch keine signifikanten Abweichungen zu den Durchschnittsparametern der Gemeinden im Landkreis insgesamt (Tab. 12.1). So beteiligten sich die in Tab. 12.1 aufgelisteten Gemeinden (Daten zum Zeitpunkt der Auswahl der Kommunen (HSL 2019).

Als Kommunikationsplattform wurde in den Modellkommunen die Social-Media-Anwendung „nebenan.de"® (nebenan.de 2023) eingeführt. Bei „nebenan.de"® handelt es sich um eine Social-Media-Anwendung, die als Hauptziel die Möglichkeit der Gestaltung von Treffen und Begegnungen im realen Leben hat, die mit dem digitalen Hilfsmittel vereinbart werden können. Der Slogan der Plattform lautet: „Verabredung im digitalen Raum, Treffen im realen Leben!" In den Gemeinden fanden entsprechende Informationsveranstaltungen zu den potenziellen Inhalten und dem Umgang mit der Plattform statt. Nach Anfragen von Bürger:innen anderer Orte wurde die Oberfläche auch für nicht im Projekt eingebundene Städte und Gemeinden geöffnet. So wurde „nebenan.de"® zunächst für die

Tab. 12.1 Beteiligte Gemeinden von „Zuhause.Gut.Vernetzt"

Kommune	Einwohner	Über 65-Jährige	Über 80-Jährige	Sonstiges
Hauneck	3159	776	197	7 Ortsteile, aktiver Seniorenbeirat, Internet-Café für Senioren (HICS), Betreutes Wohnen mit 20 Wohneinheiten, Hausarzt und Lebensmittelmarkt
Friedewald	2401	610	198	4 Ortsteile, aktiver Seniorenbeirat, Pflegeheim mit 61 Plätzen, Hausarzt und Lebensmittelmarkt, Bürgerbus
Ludwigsau	6482	1375	459	13 Ortsteile; App für Senior:innen, Bürgerbus, 2 Pflegeeinrichtungen mit 70 und 81 Plätzen, Lebensmittelmarkt und Hausarzt
Schenklengsfeld	4357	1057	328	14 Ortsteile, Hausarzt und Lebensmittelmarkt, Gemeinde-Sozial-Lotsin, aktive VDK-Ortsgruppe
Philippsthal	4153	1076	381	6 Ortsteile, Hausarzt und Lebensmittelmarkt, 2 Pflegeheime mit 59 und 60 Plätzen

Kreisstadt Bad Hersfeld, dann im März 2020 im gesamten Landkreis freigeschaltet. Um auf der Plattform einzelne „Sozialräume" zu definieren, die im System „Nachbarschaft" genannt werden, sind zunächst jeweils die einzelnen Städte und Gemeinden mit ihren Ortsteilen zusammengefasst worden. Lediglich die Kreisstadt wurde noch etwas weiter in mehrere Nachbarschaften aufgeteilt. Durch die Einbindung der Bürgermeister in den Modellkommunen zeigte sich, dass die Plattform auch für kurzfristige Informationen der Gemeindeverwaltungen bürgernah genutzt werden kann. Beispielsweise eine Schließung der Verwaltung, Ausfall der Linienbusse oder Änderungen in der Müllabholung können hier spontan mitgeteilt werden. Besonders die Gemeinde Hauneck hat die Plattform als generationenübergreifendes Medium entdeckt. Im Kindergarten und in der örtlichen Grundschule werden hierüber Informationen mit Eltern ausgetauscht und Veranstaltungen an alle Bürger:innen kommuniziert. Gerade bei unseren Senior:innen findet „nebenan. de"® einen willkommenen Mehrwert. Ohne die Telefonnummer der einzelnen Nutzer:innen zu kennen, können Nachbarn im Austausch bleiben. So wird nach fehlendem Werkzeug gefragt oder Ernte aus dem eigenen Garten angeboten. Kurze Anfragen bei der alleinstehenden Nachbarin, ob alles in Ordnung ist, sind auf direktem und doch unaufdringlichem Wege möglich.

12.3.2 Maßnahmen

12.3.2.1 Verleih digitaler Endgeräte und die Nutzerbetreuung

Der nächste Schritt war die Versorgung der Zielgruppe mit Hardware. Es wurde eine Leihmöglichkeit für digitale Endgeräte geschaffen, die eine Grundlage unserer Arbeit bildet. Zunächst sind 40 Tablets mit Android-System angeschafft worden. Dies zeigte sich als vorteilhaft, da bei Handynutzer:innen dieses System am häufigsten zum Einsatz kommt und die Parallelen in den Einstellungen zwischen Smartphone und Tablet die Nutzung erheblich erleichtern. Die Tablets sind fertig eingerichtet mit wesentlichen Apps, beispielsweise nebenan.de, lokalen Zeitungen und Spielen zum Gedächtnistraining. Für einen Internetzugang müssen die Teilnehmer:innen selbst aufkommen. Dies ist in der Regel problemlos, da WLAN-Zugänge in den Wohnungen meistens schon existieren. Ein Bedarf an mehr Geräten bestand entgegen unseren Erwartungen lange Zeit nicht, da Endgeräte oft vorhanden sind (z. B. Geschenke von Kindern und Enkeln), die zuvor jedoch meist ungenutzt blieben. Wir verleihen die Geräte kostenfrei durch den Fachdienst Senioren mit einer Nutzungsvereinbarung für einen Zeitraum von drei bis sechs Monaten. Danach zeigt sich, ob Interesse besteht und ein Gerät wirklich genutzt wird. Dann wird die Anschaffung eines eigenen Tablets oder Handys als sinnvoll empfohlen. Gerne raten wir unseren Nutzer:innen, sich ein neues Gerät von den Kindern oder Enkeln zum Beispiel zum Geburtstag schenken zu lassen. Dies bindet die Angehörigen stärker noch in die Unterstützung ein und nimmt die Schenker auch bei der Einrichtung der Geräte in die Pflicht. Die notwendige Einzelbetreuung von Erst-Nutzer:innen während der ersten Kontakte gestaltet sich sehr zeitintensiv und bedarf eines langen Prozesses zum Aufbau einer Vertrauensbasis. Denn erste Gespräche finden oft am „Küchentisch" statt, der Router steht im Wohnzimmer oder Keller und so muss sich die Betreuungskraft im Haus bewegen dürfen. Auch das Einrichten der Tablets für individuelle Belange wird zur persönlichen Angelegenheit, wenn Personendaten und Passwörter erfragt oder erstellt werden. Doch möchten wir hier ausdrücklich betonen, dass wir bei den Beratungsterminen immer freundlich und dankbar aufgenommen worden sind. Die Nutzer:innen wissen das Angebot sehr zu schätzen.

Erst-Nutzer:innen benötigen eine persönliche Einführung in die Handhabung eines Gerätes. Allein die Installation individuell benötigter Apps, die Erstellung der Erstkonfiguration und die individuellen Einstellungen für die Betriebsfähigkeit benötigen einen Zeitaufwand von durchschnittlich zwei Stunden. Wegen dieses Zeitaufwandes kann dieser aufsuchende Dienst nur begrenzt durch hauptamtliche Mitarbeiter:innen der Verwaltung geleistet werden. Ehrenamtliche Unterstützer:innen – neben Familienangehörigen – sind unersetzlich. Zudem brauchen die zum Teil sehr unsicheren Nutzer:innen eine Ansprechstelle für ihre technischen Probleme, die konstant und verlässlich vorgehalten werden sollte. Ein kleines Beispiel aus der Nutzer:innenbetreuung macht dies deutlich: „Gestern ist es mir runtergefallen und heute sind alle Apps durcheinander gepurzelt", erklärt Rita T. am Telefon. Ein nächtliches Systemupdate auf ihrem Tablet macht die Seniorin ratlos. Eine sehr wesentliche Erfahrung aus dem Projekt ist: Ohne personelle Ressourcen (haupt- und/oder ehrenamtlich) sind eine digitale Chancengleichheit und Teilhabe für Senior:innen nicht erreichbar. Zunächst wurde der Tabletverleih in den Modellkommunen erprobt, um später allen Menschen mit Behinderung und Einschränkungen sowie Senior:innen im Landkreis angeboten zu werden.

12.3.2.2 Einrichtung von Internet-Cafés und Digital-Treffen
Durch eine enge Zusammenarbeit mit dem „Haunecker Internet Café für Senioren (HICS)" (siehe Beitrag 14 in diesem Band von Frank Scheerer) konnte eine weitere Unterstützung von Ehrenamtlichen für Nutzer:innen gewährleistet werden. In offenen Treffs werden Fragen von Senior:innen durch kompetente technikaffine Senior:innen zur Einrichtung und Nutzung von Endgeräten und deren Software beantwortet. Diese ehrenamtliche Arbeit in Peergroups zeigt sich als positiv und effektiv. Der Aufbau von Internet-Cafés für Senior:innen in weiteren Gemeinden sollte priorisiert werden. Planungen hierzu wurden durch uns getätigt, doch erschwerten pandemiebedingte Kontaktbeschränkungen die Umsetzung. Es bedarf weiterhin einer flächendeckenden Beratungsinfrastruktur im Landkreis sowie in den Dörfern vor Ort. Auch Schulungen in Kleingruppen zu Themen rund um digitale Medien, Sprechstunden und Hausbesuche müssen kontinuierlich angeboten werden, um die Komplexität der digitalen Welt für jeden Einzelnen transparent zu machen. Dabei müssen sich die Angebote an den Bedarfen und Wünschen der Zielgruppe orientieren.

12.3.2.3 Safer-Internet-Day – Generationsübergreifend
In Kooperation mit einem Mediennetzwerk in unserem Landkreis (netw@ys[2]), das wiederum sehr gut mit den Schulen vernetzt ist, wurden jährliche Veranstaltungen mit dem

---

[2] www.netways@hef-rof.de.

Schwerpunkt „Sicherheit im Internet" durchgeführt. Die Veranstaltungen fanden am internationalen „Safer-Internet-Day" im Februar statt. Schüler:innen haben sich hierfür bereits mehrere Wochen vor dem Termin auf bestimmte Themen vorbereitet, wie zum Beispiel Abwicklung von Zahlungen im Internet mit Klarna oder PayPal, Fahrkartenkauf bei der DB, was ist WhatsApp oder Facebook usw. Dabei mussten sich die Schüler:innen selbst intensiv mit den Themen auseinandersetzen und haben viel über die Nutzung, Hintergründe und ggf. Gefahren erfahren. Der Höhepunkt dieser Lerneinheit ist es dann, am Safer-Internet-Day vor Senior:innen kleine Vorträge zu halten und in Gruppenarbeiten die Themen zu vermitteln.

Aber auch Projekttage an einzelnen Schulen, in denen Schüler:innen den Senior:innen zum Beispiel Funktionen auf ihrem Smartphone erklären, haben sich bewährt.

12.3.3 Analyse von Nutzer:innen

Eine extern durchgeführte Analyse des Nutzerverhaltens von digitalen Medien durch die Zielgruppe und eine Erhebung der Bedarfe von Anwendungen auf deren Tablet und Smartphone unterstützen die zielgerichtete Ausweitung von Angeboten und liefern eine zuverlässige Erhebung zum Umgang der Zielgruppe mit digitalen Medien im ländlichen Raum. Eine der daraus abgeleiteten Handlungsempfehlungen ist die Weiterführung der begonnenen Beratungsarbeit mit aufsuchendem Dienst. Hierzu ist im Rahmen des Projektes eine Befragung als Vollerhebung bei allen Menschen über 65 Jahren in 2 Modellkommunen durchgeführt worden. Es wurden insgesamt 1313 Fragebögen versendet. 411 gültige Rückmeldungen konnten ausgewertet werden, was einer Rücklaufquote von 31,3 % entspricht. Die Ergebnisse sind insbesondere für die Begründung weiterer Projekte und Maßnahmen sowie die Verstetigung unserer Arbeit von Bedeutung.

Zur Darstellung des Projektstandes ist allerdings die Auswertung der im Projekt erreichten Nutzer:innen wesentlich relevanter, diese werden im Folgenden dargestellt. Die Altersstruktur der Nutzer:innen ist über den gesamten Projektverlauf kontinuierlich gleich geblieben. Bei einer Altersspanne von 51 bis 88 Jahren findet sich die überwiegende Mehrzahl in der Altersgruppe der 70- bis 74-jährigen. Bei vielen Frauen in unserer Beratung war die innerfamiliäre Rollenverteilung bislang so, dass sich um alle technischen Angelegenheiten eher der Mann gekümmert hat. Mit zunehmendem Alter kommen allerdings auch die Männer an gewisse Grenzen. Das Verständnis und die Kompetenzen komplexer werdender Bedienabläufe nachzuvollziehen und damit bei den technischen Entwicklungen mithalten zu können, lassen deutlich nach. Die Frauen nehmen vielfach das Problem aktiv in die Hand und melden Unterstützungsbedarf an, auch im Kontext der Familie. Einer der ersten Bedarfe in der Beratung ist häufig das Einrichten von Bildtelefonie und das Verschicken von Bildern an die Kinder und Enkel. „Nicht abgehängt sein" ist für die Senior:innen notwendig und auch ein bedeutsamer Wunsch aller Familienmitglieder. Wir begegneten lange Zeit einer hohen Skepsis gegenüber unserem Tabletverleihs. Kostenfrei ein Gerät, das für viele einen hohen Wert hat, zu leihen, wurde nicht bedenkenlos angenommen. Die Frage nach einer Kostenbeteiligung musste immer wieder intensiv besprochen werden. Erst seit Beginn des Jahres 2022 ist der Verleih ein „Selbst-läufer" geworden. Nutzer:innen fordern nun häufig Erst-Nutzer:innen auf, sich bei uns zu melden. Eine besondere Bereicherung ist der Einsatz von Tablets in Gruppen zum Ge-dächtnistraining in zwei Ortsteilen der Gemeinde Schenklengsfeld. Diese Gruppen wer-den überwiegend von hochbetagten Senior:innen besucht. Die Gemeindebetreuerin nutzt bekannte Spiele, wie Solitär, Mahjong oder Puzzle, in den Trainingsstunden. So gelingt eine erste Einführung in den Umgang mit dem Tablet. Konzentration und Motorik werden geschult. Uns zeigt dies immer wieder, wie schwierig es ist, als Anfänger:in auf dem Tab-let zu tippen und zu wischen. Auch der Umgang mit plötzlich eingeblendeter Werbung – der Nachteil von unentgeltlich genutzten Apps – stellt diese vor Herausforderungen, wenn das Symbol zum Beenden nicht gut sichtbar ist.

12.3.4 Herausforderungen durch die Covid-19-Pandemie

Natürlich beeinflusst die Covid-19-Pandemie die praktische Arbeit und erfordert immer wieder neue Ausrichtungen. Ab März 2020 konnten Kontakte zur Zielgruppe – die der so-genannten Risikogruppe angehört – zeitweise nur erschwert erfolgen. Mit dem ersten Shut-down mussten Einrichtungen wie das HICS ihre Schulungsangebote weitgehend einstellen. Einige Gespräche führten wir in den Sommermonaten im Freien (auf Terrasse und im Gar-ten). Doch ergaben sich meist nur Kontakte über das Telefon oder per E-Mail. In den Fra-gen rund um die Technik, meist Fragen zum Umgang mit Apps, zeigten sich die Hürden, die eine intensive Beratung im persönlichen Kontakt überwindet, wenn man gemeinsam vor einem Bildschirm sitzt. Zunehmend wurden in den Gesprächen zu dieser Zeit häusliche Belange thematisiert. So konnten wir zu unseren Teilnehmer:innen vertrauensvollen Kon-takt halten. Kontakte per Videotelefonie (Skype) fanden mit Erst-Nutzer:innen an den Tab-lets nicht statt. Auch hier zeigte sich, dass eine Einrichtung einzelner Tools an Geräten nur mit individueller Begleitung gelingt. Auch die Bereitstellung eines Lehrvideos brachte an-scheinend keinen Nutzen. Gelegentlich konnten Endgeräte noch über Kinder von Nut-zer:innen verliehen werden, um den direkten Kontakt zu Älteren zu umgehen. Dies setzte voraus, dass eine Betreuung und Einführung durch Familienangehörige vorgenommen wurden. Insgesamt ergab sich für uns der Eindruck, dass sich ehrenamtlich Engagierte über die Notwendigkeit der Abstandsregeln hinaus zurückzogen und sich auf eigene Belange im häuslichen Umfeld konzentrierten. Dieses Phänomen zeigte sich in fast allen Bereichen der ehrenamtlichen Arbeit. So meldeten uns die meisten Gemeinden des Landkreises, dass Ein-richtungen wie Seniorenbeiräte bis heute nicht mehr aktiv sind. Hinzu kommt das Alter der Teilnehmer:innen, in dem sich innerhalb von zwei Jahren ein Gesundheitszustand und körperliche Mobilität stark verändern können. Positiv zeigte die Pandemie hingegen den Sinn der Kommunikationsplattform nebenan.de®. Diese wurde als Hilfsmittel, um mit an-deren in Kontakt zu bleiben, für viele Senior:innen ein tolles Instrument.

12.4 Fazit

Es bleibt eine Herausforderung, sich in der digitalen Welt zurechtzufinden. Auch nach Erklärungen von ehrenamtlichen Expert:innen ist der Umgang mit dem Internet, das Verschicken von Mails oder Online-Bestellen für viele ältere Menschen eine Herausforderung. Wir sind beeindruckt von den älteren Menschen und Menschen mit Behinderung, die sich nicht dem Gefühl „digital abgehängt zu werden" ergeben, sondern aktiv darum bemühen, mit dem Zeitgeist Schritt zu halten. Es wird weiterhin eine große Herausforderung bleiben, ältere Menschen zu ermutigen, ihre Zurückhaltungen gegenüber digitaler Technik abzulegen und sich für die Erlernung von Bedienroutinen zu öffnen. Freiwillige zu akquirieren und motivieren, Angebote der Technikberatung und -unterstützung zu betreiben, die sich an den Bedarfen der Nutzer:innen orientieren und verlässlich, regelmäßig erreichbar sind, ist eine weitere große Hürde, die es für die zukünftige kommunale Arbeit im Bereich der Förderung digitaler Teilhabe zu überwinden gilt.

Literatur

Altenbericht (2016) Siebter Altenbericht – Sorge und Mitverantwortung in der Kommune – Aufbau und Sicherung zukunftsfähiger Gemeinschaften. Bundesministerium für Familie, Senioren, Frauen und Jugend (Hrsg), Berlin
Altenbericht (2020) Achter Altenbericht – Ältere Menschen und Digitalisierung. Bundesministerium für Familie, Senioren, Frauen und Jugend Referat Öffentlichkeitsarbeit (Hrsg), Berlin
Digital Kompass (2023) Gemeinsam Barrieren überwinden, unter: https://www.digital-kompass.de. Zugegriffen am 03.03.2023
Digitale Chancen (2018) Leitfaden: Digitale Kompetenzen für ältere Menschen. https://www.digitale-chancen.de/materialien/detail/leitfaden-digitale-kompetenzen-fuer-aeltere-menschen. Zugegriffen am 03.03.2023
Digitale Nachbarschaft (2023) Startseite. https://www.digitale-nachbarschaft.de. Zugegriffen am 03.03.2023
HSL (2019) Bevölkerung im Landkreis Hersfeld-Rotenburg; Hessisches Statistisches Landesamt, Stand: 31.12.2018
HSL (2023) Bevölkerung im Landkreis Hersfeld-Rotenburg; Hessisches Statistisches Landesamt, Stand: 31.12.2022
Nebenan.de (2023) Startseite. https://nebenan.de/. Zugegriffen am 05.03.2023
Wissensdurstig (2023) Startseite. https://www.wissensdurstig.de/. Zugegriffen am 03.03.2023

Digitalisierung und Alter – wie geht das zusammen? Erfahrungen aus einer Ehrenamtsperspektive vom Dorf

13

Frank Klein

13.1 Ausgangslage

Die Digitalisierung ist nicht mehr aufzuhalten – und für Seniorinnen und Senioren mit zunehmender Gebrechlichkeit ein theoretisch gutes Werkzeug, um die Einsamkeit zu durchbrechen und soziale Kontakte zu pflegen. Zweifellos kann dies in einer idealisierten Umgebung passen und dann tatsächlich die Kontakterhaltung voranbringen, aber es gibt eine Menge Hemmnisse zu überwinden. Dies wurde in allen Einschränkungen zur prinzipiellen Möglichkeit, sich als alter Mensch aktiv mit den technischen Möglichkeiten der Hardware (PC, Tablet, Smartphone) und der verbindenden Software (APPs) anzufreunden, in einer Veröffentlichung im Jahre 2021 (Scherenberg und Dogan 2021) eindrücklich betont. Gibt es tatsächlich mehr Hemmnisse als Unterstützungsmöglichkeiten, um Ältere an die Nutzung moderner Medien heranzuführen und die gewonnenen Fertigkeiten dauerhaft adäquat und individuell gewinnbringend zu nutzen?

In meinem Heimatort Schenklengsfeld, einer Großgemeinde von etwa 4300 Einwohnern, ist seit etwa zehn Jahren der „Beirat Miteinander" aktiv. In diesem Beirat der Aktiven der Gemeinde wurden verschiedene Projekte gestartet, um den Verbleib in der Häuslichkeit für die älteren Mitbürger:innen zu erreichen. Als ein Baustein sollten dabei die Möglichkeiten des digitalen Zeitalters der Großelterngeneration nähergebracht werden. Initial mit dem Gedanken, dieses Medium einfach vorurteilsfreier zu nutzen.

F. Klein (✉)
Facharzt für Allgemeinmedizin, Dr. med. Frank Klein,
Schenklengsfeld, Deutschland

13.2   Grundkompetenz entwickeln: Zugang schaffen und Basiswissen nutzen

In Kooperation mit der Gesamtschule Schenklengsfeld wurden während über drei Jahren insgesamt fünf Kurse zum Thema „Mein Handy – das unbekannte Wesen" und vier Kurse „Internet – ist das nicht auch was für mich?" für die Zielgruppe 70 + angeboten. Die ehrenamtlichen „Dozent:innen" waren jeweils die engagierten Schüler:innen der Klassen 9 und 10, die „Student:innen" im Großmutter- und Großvateralter zeigten sich engagiert und wissbegierig. Neben dem Erlernen und Verstehen der technischen Gegebenheiten und Möglichkeiten ergaben sich folgerichtig Situationen, die das Miteinander der Generationen förderten und einfach zu einer gegenseitigen Wertschätzung führten. Die Seniorinnen und Senioren nutzten nach diesen Kursen ihr elektronisches Equipment häufiger und sicherer. Frappierend war die Mehrnutzung des Smartphones, initial nur zum Telefonieren, dann aber zunehmend auch zur audiovisuellen Kommunikation mit Kindern oder Enkelkindern in der Ferne. Die audiovisuellen Möglichkeiten (FaceTime oder Skype) wurden als sehr angenehm und häufig angewandt von der älteren Generation beschrieben. Das Internet per Tablet oder PC wurde zum Informieren bzw. zum Bestellen von Dingen des täglichen Bedarfs sowie für Hobbys zunehmend häufig genutzt.

13.3   Potenziale heben – ältere Menschen bilden

Eine Zunahme der sozialen Kontakte innerhalb der Generation auf der Basis dieser edukativen Phasen fand zunächst initial nicht statt. Dies veränderte sich erst, als die Kontaktpflege innerhalb der Seniorengeneration durch den Einsatz einer Gemeinde-Sozial-Lotsin initiiert wurde. Über diese Koordination wurde ein Mehrwert sozialer Integration geschaffen. Hier wurden Gruppentreffen für Seniorinnen und Senioren im Rahmen von „FibA-Gruppen" (FibA = Fit und beweglich im Alter) alle 14 Tage für 90 min initiiert und angeboten, um gemeinsam Denksportaufgaben zu lösen, ein wenig körperliche Gymnastik zu betreiben und sich einfach auszutauschen. Aus einer Gruppe am Anfang wurden bis zum Beginn der Covid-19-Pandemie drei Gruppen. Aktuell zeigen sich die Nachwirkungen der sozialen Isolation über nahezu zwei Jahre, denn die Gruppenangebote werden nun deutlich seltener genutzt. Gleichermaßen in den Jahren der Covid-19-Pandemie zeigte sich allerdings ein Vorteil der informierten und EDV-affinen Senior:innen. Sie hielten leichter Kontakt mit den Mitgliedern ihrer Familien – trotz offizieller Lockdowns oder selbst induzierter Isolation zum Schutz der Eltern-/Großeltern-Generation. Auch wenn es nur ein zweidimensionaler Kontakt war, es war mehr als ein rein auditiver Kontakt, eben audiovisuell. Auch die Einbindung der Seniorinnen und Senioren in die familiären Aktivitäten durch Versenden von Schnappschüssen und Selfies wurde von der Großelterngeneration wertgeschätzt. Sie trug wesentlich zu einer weniger belastenden Akzeptanz der Kontakte ohne persönliche Begegnungen bei. Natürlich wurde nicht nur mit der Familie die Kontaktpflege erleichtert, auch mit den Gleichaltrigen in der Gemeinde wurde kommuniziert – und eben nicht nur telefoniert. Auch schwanden die Ängste, Dinge des täglichen Lebens online zu bestellen, da die etablierten Versorgungsstrukturen im Rahmen der Covid-19-Pandemie zerbrachen oder nur mit viel Umstand aufrechtzuerhalten waren. So wurden Nahrungsmittel online bestellt und vom jeweiligen Geschäft ausgeliefert (hier entwickelten sich neue Angebote) oder über die Gemeinde-Sozial-Lotsin Lieferwege durch Ehrenamtliche etabliert. Online-Rezeptbestellungen beim Arzt wurden und werden von den motivierten Älteren genutzt. Videokonferenzen mit dem Hausarzt wurden selten genutzt, da ärztliche Hausbesuche im gewohnten Rahmen nahezu unverändert (den Pandemienvorgaben angepasst) durchgeführt wurden. Die Teilnahme an öffentlichen Diskussionen in Social-Media-Foren wie zum Beispiel Facebook oder Instagram wurde von den Senior:innen rundweg abgelehnt. Diese Art von Aussprache und Offenbarung sei nicht das, „was uns etwas angeht oder wie wir uns allen präsentieren wollen", so deren Aussagen. Ein Medium wie „nebenan.de" mit lokalen und bekannten Kontaktpartnern (und „Echtnamen") sei dagegen wie „eine Dorfzeitung" zu betrachten und erfreute sich zu Beginn eines regen Austausches. Dennoch wurden letztendlich bald wieder die realen Kontakte oder das Telefonieren vorgezogen.

13.4 Fazit

Zusammenfassend bleibt trotz der positiven Teilaspekte festzuhalten, dass ohne die persönliche Ansprache und wiederholte Motivation von außen die meisten der Senior:innen in unserer Gemeinde der Welt der digitalen Medien eher ablehnend gegenüberstehen. In Familien mit einem hohen sozialen Zusammenhalt wird die Aufgeschlossenheit dem Neuen gegenüber von der Enkel- auf die Großelterngeneration übertragen und gepflegt. Ohne unmittelbaren, wiederholten und motivierenden Kontakt scheitern die gut gemeinten Ansätze bereits im Kern, da die Skepsis überwiegt, „diesen neumodischen Kram brauche ich doch nicht, nicht mehr in meinem Alter". Persönliche Kontakte per Telefon werden den anonymen Kontakten in sozialen Medien vorgezogen, am wichtigsten bleiben persönliche Gespräche bei gegenseitigen realen Treffen der Großelterngeneration unter sich oder auch mit anderen Altersgruppen. Perspektivisch planen wir, das Angebot in Zukunft durch Lotsen unterstützt weiterlaufen zu lassen. Lotsen, die ebenfalls im Seniorenalter sind, aber zu den körperlich und geistig Fitten gerechnet werden können; ies mit dem Hintergedanken, dass sich Gleichaltrige leichter verstehen und die gegenseitigen Sorgen und Nöte besser akzeptieren können – und auch ein gleiches „Lern- und Verständnistempo" haben. Diese Lotsen sollen die digitalen Medien in ihrer Altersgruppe protegieren und die Neugierde und Akzeptanz für diese Medien erhöhen, zum Beispiel durch eine Vernetzung mit dem Projekt „HICS" in unserer unmittelbaren Nachbarschaft, der Gemeinde Hauneck.

Literatur

Scherenberg V, Dogan C (2021) Digitalisierung – Fluch oder Segen für ältere Menschen? Dr. Mabuse 249:51–52. https://www.researchgate.net/publication/349506101_Digitalisierung_-_Fluch_oder_ Segen_fur_altere_Menschen. Zugegriffen am 05.03.2023

Das HICS: Haunecker Internet Café für Senioren – Senioren gehen online

Frank Scheerer

14.1 Idee und Etablierung

Das HICS besteht nunmehr seit acht Jahren. Als ich im Laufe des Jahres 2015 mit der Idee zum damaligen Bürgermeister unserer Gemeinde kam, eine Einrichtung ins Leben zu rufen, in der man älteren Mitbürger:innen den Einstieg in die digitale Welt nahebringen könnte, war dieser sofort bereit, mich zu unterstützen. In einer Auftaktveranstaltung im Bürgerhaus Unterhaun, zu der alle interessierten Bürger unserer Gemeinde eingeladen waren, erläuterte ich unser Vorhaben. Etwa 20 Interessierte meldeten sich spontan zur Teilnahme. Um dieser Nachfrage gerecht zu werden, war es notwendig, 4–5 freiwillige Trainer:innen zu finden, die bereit waren, mit mir im Team arbeiten zu wollen. Dies gelang nach zahlreichen Gesprächen mit Bekannten aus der Gemeinde. Mit Hilfe der Gemeindeverwaltung und des Förderprogramms LEADER konnten die finanziellen Grundvoraussetzungen für die Arbeit des HICS gelegt werden. Von diesen Fördergeldern der EU wurde eine Grundausstattung in Form der notwendigen Hardware (Laptops, Tablets, Smartphones, Beamer und Drucker) angeschafft. Darüber hinaus stellte uns die Gemeinde einen Schulungsraum mit der erforderlichen Infrastruktur (insb. eigenes WLAN) zur Verfügung. Hier finden seitdem die Übungsstunden, Treffen und Vortragsveranstaltungen statt. Das Haunecker Internet Café für Senioren (HICS) konnte schließlich im Herbst 2015 eröffnet werden.

Inzwischen arbeiten regelmäßig 4–7 Trainer:innen ehrenamtlich mit. Alle sind im Rentenalter, sie kommen aus den unterschiedlichsten Berufsfeldern und haben mehr oder weniger Erfahrung im Umgang mit den digitalen Instrumenten. Bei Fragen zu speziellen

F. Scheerer (✉)
Haunecker Internetcafé, Hauneck, Deutschland

© Der/die Autor(en), exklusiv lizenziert an Springer Fachmedien Wiesbaden GmbH, ein Teil von Springer Nature 2023
A. S. Esslinger, H. Truckenbrodt (Hrsg.), *Digitalisierung von Gesundheitsleistungen für Senior:innen*, https://doi.org/10.1007/978-3-658-42115-1_14

Hardwareproblemen (zum Beispiel PC-Aufrüstung) verweisen wir auf die ortsnahen professionellen Fachleute. Die Einladungen der Teilnehmer:innen sowie die Einteilung der Trainer:innen werden von mir koordiniert. Die Benachrichtigung an die Teilnehmer:innen erfolgt per (Mobil-)Telefon, per E-Mail oder über WhatsApp/Signal, je nach technischer Ausstattung der Lernenden oder deren digitalen Kompetenzen und Geübtheit mit den digitalen Medien. Bei Neueinsteiger:innen wird oft die Einrichtung eines E-Mail-Accounts oder die Aktivierung von WhatsApp als erster Kommunikationsschritt gewünscht, sodass sie schnell an den Verteiler angeschlossen werden können. Nach der Einsteigerphase laufen alle Absprachen über diesen Weg. Je nach Verfügbarkeit der Trainer:innen werden entsprechend viele Teilnehmer:innen eingeladen, sodass ein Betreuungsverhältnis zwischen Lehrenden und Lernenden von 1:1 besteht. Die Schulungseinheiten dauern jeweils eine Stunde. Das Thema und das Medium (Laptop/Tablet/I-/Smartphone) bringen die Teilnehmer:innen selbst mit, d. h., sie bestimmen jeweils, was sie an ihren eigenen Geräten lernen und üben möchten. Dies erfordert von den Trainer:innen ein hohes Maß an Flexibilität, da die zu bearbeitenden Fragen erst zu Beginn der Sitzung bekannt werden. Sollte sich ein:e Trainer:in als nicht kompetent für ein Thema erklären, wird die Frage an andere Trainer:innen weitergegeben. Sollte eine Fragestellung auftauchen, die niemand bearbeiten kann, so werden entsprechende Hinweise an den/die Teilnehmer:in gegeben, wo er oder sie möglicherweise professionelle Hilfe im ortsnahen Fachgeschäft erhalten kann. **Diese Eins-zu-eins-Betreuung hat sich als sehr effektive Übungsform erwiesen und sie wird von den Teilnehmer:innen als überaus hilfreich eingeschätzt.**

14.2   Ziele

Seit der Eröffnung des HICS nahmen mehr als 100 Bürger:innen der Gemeinde Hauneck und umliegender Gemeinden an unserem Angebot teil. Einige kamen nur ein- oder zweimal, um ein spezielles Problem zu klären, andere kommen inzwischen regelmäßig, um sich immer sicherer in der digitalen Welt bewegen zu können. Daneben spielt auch für manche der soziale Kontakt eine wichtige Rolle. Der gegenseitige Austausch von Erfahrungen im Umgang mit dem Tablet oder Smartphone unterstützt die Einzelnen auf dem Weg zur Akzeptanz für diese Medien. Vor allem wird den meisten schnell bewusst, dass es ständiger Wiederholung einzelner Übungsschritte bedarf, um sicherer zu werden. Diese Erfahrung machen alle Neueinsteiger und sind nach Aussage eines Teilnehmenden „erleichtert, dass es anderen auch so geht".

Neben dem bloßen Einüben von Handlungsschritten beispielsweise zur Bedienung eines Tablets gibt es eine Reihe von grundlegenden Zielen, die mit unserem Angebot verknüpft sind:

1. **Teilhabe am täglichen Leben ermöglichen**: Unsere Zielgruppe sind die älteren Menschen in unserer ländlich strukturierten Gemeinde. Von den rund 3200 Einwohnern sind zirka 800 Personen älter als 65 Jahre. Die Versorgung mit schnellem

Internet ist in allen sieben Ortsteilen gut. Die Gemeinde ist Teil der LEADER-Region Hersfeld-Rotenburg. Ein Schwerpunkt der regionalen Entwicklungsstrategie ist die gute Versorgung älterer Menschen im eigenen Zuhause. Durch die Akzeptanz und den vermehrten Gebrauch der digitalen Medien bleibt auch die Teilhabe am täglichen Leben möglich. Homebanking, Internet(ver)kauf, Terminabsprachen und ELS-TER-Nutzung sind häufig gefragte Themen.

2. **Sicherung und Neuaufbau sozialer Kontakte**: Die Teilnahme am HICS bietet die Möglichkeit, bestehende soziale Kontakte zu festigen, Kommunikationspraktiken einzuüben und neue soziale Kontakte aufzubauen. Das Internet, mit seinen technischen Möglichkeiten der erleichterten Kontaktaufnahme, ist eines der meistgefragten Themen der Teilnehmer. Sie fragen konkret: „Emailen, skypen, whatsappen, wie geht das?" Eine E-Mailadresse und einen Account beim Messenger-Dienst einrichten, dies sind quasi die ersten Schritte, um soziale Kontakte zu erhalten, zu festigen oder neu aufzubauen. Die regelmäßigen Treffen führen als Nebeneffekt auch zu gemeinsamen Unternehmungen außerhalb des HICS. In diesem Zusammenhang werden ebenso die sozialen Netzwerke (Facebook, Instagram, YouTube, Twitter und Co. und deren Vor- und Nachteile/Gefahren) kritisch beleuchtet.

3. **Neue Sinngebung in der nachberuflichen Phase**: Der Eintritt in den Ruhestand ist mit einem Verlust beruflicher Aufgaben verbunden. Strukturierte Abläufe fehlen, die neu erworbene Freizeit muss sinnvoll und erfüllend gestaltet werden, um das psychische Gleichgewicht zu erhalten. Hierbei kann die Beschäftigung mit den unendlichen Möglichkeiten der digitalen Welt helfen. Ausgehend von speziellen Hobbys oder Interessengebieten kann das HICS Anstöße geben, um gezielte Informationen im World Wide Web zu finden oder interessante Apps und Spiele herunterzuladen.

4. **Geist und Sinne; lebenslanges Lernen**: Aus der Lernsituation im HICS ergeben sich zwangsläufig psychologische Effekte, die sich positiv auf die intellektuelle Beweglichkeit und die mentale Gesundheit auswirken. Dazu gehören etliche Bereiche. So wird erstens die *geistige Beweglichkeit* gesteigert: Die gezielte Beschäftigung mit einem neuen Thema fördert die geistige Beweglichkeit. Diese Flexibilität hilft, den Anforderungen des Alltags in einer sich immer rascher wandelnden (digitalen) Welt gewachsen zu bleiben. Dazu wird zweitens die *Neugier* geweckt: Das Kennenlernen, die intensive Auseinandersetzung und schließlich das Beherrschen neuer Techniken führen auch dazu, dass das Selbstbewusstsein gestärkt wird. Man wird neugierig auf verwandte Themen, traut sich mehr zu, beginnt nachzuforschen, findet neue Wege und kann anderen darüber berichten. So berichtet eine Person: „Ich kann jetzt auch mit dem Tablet umgehen und mir und anderen Fragen beantworten." Zudem wird drittens die *Lesefrequenz* gesteigert: Durch die intensivere Nutzung von Tablet oder Handy wird zwangsläufig die Lesefrequenz intensiviert. Auch die Sicherheit beim Erfassen und Verfassen von Texten erhöht sich. Mit speziellen Apps zur Wortfindung kann spielerisch der Wortschatz erweitert werden. Auch werden viertens die *Sinne trainiert* (Wahrnehmung): Der Blick auf ein Display – egal auf welchem Gerät – erfordert eine gezielte Wahrnehmung, um schnell relevante von unwichtigen Inhalten unterscheiden zu lernen.

Schrift, Zeichen, Icons, Videos, Hinweistöne müssen differenziert wahrgenommen werden. Die individuelle Gestaltung des Displays wird vorgenommen. Hinzu kommt fünftens, dass das *Vorstellungsvermögen* erweitert wird: Das Sich-Zurechtfinden auf einem Display und vor allem das Auffinden gesuchter Inhalte im Rechner erfordern ein erhöhtes Maß an Vorstellungskraft. So muss man sich beispielsweise die Ablagestruktur von Ordnern visuell einprägen können, um das Gesuchte schneller finden zu können. PC-technische Verknüpfungen/Speicherorte merken/logische Abfolgen sind Übungsthemen im Unterricht. Es wird sechstens die *Auge-Hand-Koordination* trainiert: Bei einigen Teilnehmern bereitet die Verwendung einer Maus besondere Schwierigkeiten. Es bedarf längerer gezielter Übung, um zum Beispiel Icons anklicken zu können. Hier können verschiedene Bedienungshilfen den individuellen Bedürfnissen angepasst werden. Schließlich werden siebtens die *Handlungsabläufe verinnerlicht*: Die Aktivierung von Programmen auf dem Rechner erfordert eine Verinnerlichung von Handlungsabfolgen. Durch gezieltes Üben werden Handlungsschritte verfestigt. Dazu können auch sogenannte „Eselsbrücken" hilfreich sein. Auch technische Alternativen (Suchfunktionen) werden erläutert.

5. **Eingeschränkte Mobilität kompensieren**: Die mit dem fortschreitenden Alter einhergehende Einschränkung der Mobilität kann durch die Nutzung digitaler Medien und Akzeptanz elektronischer Hilfsmittel sowie KI-gesteuerter Geräte (Alexa/Siri und Co.) teilweise kompensiert werden. Ein Alexa-Gerät steht uns zur Verfügung. Hier hilft das HICS, die Skepsis und Angst vor diesen Angeboten und Techniken zu reduzieren.
6. **PC-Einstellungen den individuellen Bedürfnissen/Handicaps anpassen**: Schlussendlich gilt, dass aufgrund der technischen Möglichkeiten insgesamt Einschränkungen kompensiert werden können, denn zum Beispiel einer Sehschwäche oder einem Handtremor kann mit sprachgesteuerten Apps begegnet werden, ebenso lässt sich die Mausgeschwindigkeit anpassen. Schriftgrößen sind änderbar und Darstellungen lassen sich kontrastreicher wählen. Alle notwendigen Bedienungshilfen eines Smartphones oder Tablets werden bei Bedarf individuell angepasst und eingeübt.

Somit wird deutlich, dass das HICS insgesamt auf alle Dimensionen der multidimensionalen Lebensqualität wirkt. Es wirkt präventiv zum längeren Erhalt der Autonomie und Selbstständigkeit unserer Senior:innen im Einzugsgebiet. Insgesamt trägt das Angebot zum subjektiven Wohlbefinden der Bevölkerung bei.

14.3   Corona-Zeit und danach

Vor der Covid-19-Pandemie fanden sogenannte „Offene Treffs" statt. Zu einem festen wöchentlichen Termin öffneten wir das HICS für jedermann. Ohne Einladung stand das HICS jedem offen, der im weitesten Sinne Interesse an unserem Angebot zeigte. Ohne Anmeldung konnte man in dieser Zeit einfach vorbeikommen, sich mit Gleichgesinnten treffen oder „Expert:innen" befragen und sich helfen lassen. Dabei wurde eine Tasse

Kaffee angeboten und zum Teil selbst gebackener Kuchen mitgebracht. Es entwickelten sich Gespräche und gegenseitige Hilfe unter den Teilnehmer:innen, sodass die Trainer:innen nur bei Bedarf hinzugerufen wurden. So entstanden teilweise kleine Lerngruppen, die sich mit dem gleichen Thema beschäftigten. Die Trainer:innen mussten nur unterstützend agieren und kurze Hilfestellungen geben. Diese Form der Wissensvermittlung wurde jedoch durch die Auflagen der Hygienemaßnahmen im Zusammenhang mit der Covid-19-Welle gestoppt. Es folgte eine Zwangspause von 18 Monaten. Heute öffnen wir wieder einmal die Woche für zwei Stunden. Eingeladen werden so viele Teilnehmer:innen, wie Trainer:innen an diesem Tag zur Verfügung stehen. Die Übungszeit pro Teilnehmer:in beträgt eine Stunde. Die Teilnahme am HICS ist kostenfrei. Aus den Einnahmen aus einer Spendenbox werden laufende Kosten wie Druckerpapier/-patronen, Anschaffung von Büchern und ein Handy-Vertrag finanziert. Kaffee und Getränke werden von der Gemeindeverwaltung bereit gestellt. Im Rahmen der Seniorenbetreuung der Gemeinde wird unser Angebot empfohlen und unterstützt. Im Amtsblatt der Gemeinde, dem „Hauneck-Boten" werden die Öffnungszeiten und spezielle Angebote des HICS regelmäßig bekannt gegeben. Darüber hinaus wird von uns die Plattform „nebenan.de" genutzt, um auf das HICS aufmerksam zu machen. Das HICS pflegt eine eigene Internetseite unter www.hics2015.jimdo-free.com. Es besteht darüber hinaus eine Zusammenarbeit mit dem „Fachdienst Senioren der Kreisverwaltung Hersfeld-Rotenburg. Dieser verleiht Tablets an ältere Mitbürger:innen und weist bei Bedarf auf unser Angebot hin (siehe Beitrag in diesem Band von Hewig und Tiedt „Tableteinsatz bei Älteren – ein Erfahrungsbericht aus dem Landkreis Hersfeld-Rotenburg"). Wir übernehmen dann auf Wunsch die Einführung in den Umgang mit dem Tablet. Die Koordination erfolgt über die Gemeindeverwaltung. Mit dem Bürgermeister gibt es regelmäßige Treffen, um die Aufgaben abzustimmen. Hier werden auch die Ziele für das HICS diskutiert: Die Gemeinde will den Senioren die Teilhabe am täglichen Leben ermöglichen, Neugier wecken, die Kommunikation mit der Familie – die unter Umständen weit weg lebt – über neue Medien ermöglichen sowie die Koordination der Sinne trainieren und stärken. „So tun wir alle etwas für unsere mentale Gesundheit, das ist unsere Motivation."

Das HICS – unser „Haunecker Internet Café für Senioren" wurde über die Zeit zu einem festen Bestandteil in der Senior:innenarbeit der Gemeinde Hauneck. Wenn vom HICS die Rede ist, weiß inzwischen jeder, was diese Abkürzung bedeutet, sie ist zu einem Markenzeichen geworden. Das HICS unterstützt damit das Vorhaben der digitalen Vernetzung und zeigt eine praktische Möglichkeit, wie dies auch in einer Kommune im ländlichen Raum gelingen kann.

Erratum zu: Nutzerzentrierte Entwicklung von digitalen Assistenzsystemen in Smart-Home-Umgebungen für die Zielgruppe der Senior:innen Ü65

Jessica Rietze, Isabell Bürkner, Monika Schak, Rainer Blum und Birgit Bomsdorf

---

Erratum zu: Kapitel 7 in: A. S. Esslinger, H. Truckenbrodt (Hrsg.),
Digitalisierung von Gesundheitsleistungen für Senior:innen,
https://doi.org/10.1007/978-3-658-42115-1_7

Aufgrund eines Versehens seitens Springer Nature wurde in Kapitel 7 nicht die korrekte Abbildung 7.10 veröffentlicht. Die Abbildung wurde inzwischen ausgetauscht und die korrekte Version wird auch hier wiedergegeben.

Die aktualisierte Version des Kapitels finden Sie unter
https://doi.org/10.1007/978-3-658-42115-1_7

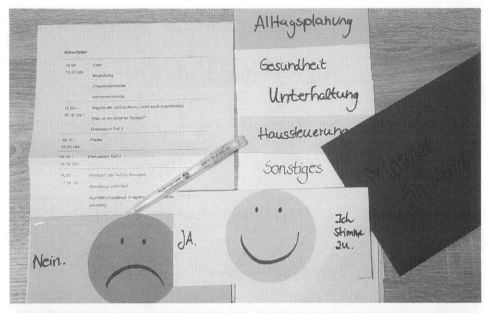

Abb. 7.10 Screenshot aus der Online-Fokusgruppe während der Verwendung der Ja/Nein-Karten sowie Beispiel einer Postsendung mit verschiedenen Materialien. (Quelle: Rietze et al. 2021)

Printed in the United States
by Baker & Taylor Publisher Services